Ilina · Aljona Savchenko

Alexandra Ilina

Aljona Savchenko

Der lange Weg zum olympischen Gold

Arete Verlag Hildesheim

Bibliografische Information der Deutschen Nationalbibliothek
Die Deutsche Bibliothek verzeichnet diese Publikation in der Deutschen Nationalbibliografie; detaillierte bibliografische Daten sind im Internet über http://dnb.ddb.de abrufbar.

www.arete-verlag.de

Titelfoto: imago/ZUMA Press
Layout und Satz: Composizione Katrin Rampp, Kempten
Umschlaggestaltung: Composizione Katrin Rampp und Liam Cross
Druck und Verarbeitung: Cuno Druck, Calbe
ISBN 978-3-96423-031-7

Inhaltsverzeichnis

Vorwort Aljona Savchenko

»Folge Deinen Träumen, sie kennen den Weg.«

Als ich am 15. Februar 2018 Olympiasiegerin wurde, ging mein großer Traum in Erfüllung. Viele Menschen sprachen mich daraufhin an und meinten, meine Lebensgeschichte könne verfilmt werden oder man sollte darüber ein Buch schreiben. Ich wollte immer aufzeichnen, wie steinig mein Weg zum olympischen Gold war. Ich wollte darlegen, was in zahlreichen Interviews verschwiegen blieb. Ich wollte erzählen, was bisher verborgen war. Mit anderen Worten: Ich wollte meine Geschichte mit vielen Menschen teilen und sie damit vielleicht motivieren, ihren Träumen zu folgen. Und ja, es gab viel zu sagen und es gab auf meinem Weg zum Traum viele Steine, die ich wegzuräumen hatte.

Ich weiß, dass die eine oder andere Situation von anderen unterschiedlich wahrgenommen wird, aber ich schilderte Alexandra Ilina alles aus meiner Sicht – so wie es für mich war, wie ich es empfand und wie ich es fühlte (Alex, danke Dir, ich bin sehr glücklich, dass du sofort zugesagt und unglaublich viel Zeit in das Buch investiert hast – das weiß ich sehr zu schätzen!). Ich erinnerte mich bei diesen Gesprächen an zahlreiche Situationen, Dialoge, Gespräche, Wettkämpfe, Trainings und verstehe jetzt, dass jede einzelne Szene, jede Situation ein kleiner Schritt zum großen Ziel war.

Ich bin vielen Menschen, die in diesem Buch erwähnt werden und auch denen, die ich vielleicht vergessen habe, dankbar. Ohne sie wäre ich nicht die Aljona Savchenko geworden, die Ihr kennt. Meine Eltern haben von Anfang an an mich geglaubt und meinen Traum trotz der finanziellen Schwierigkeiten unterstützt. Sie sind meine größten Fans, die mich ständig unterstützten und mich motivierten, selbst dann, wenn ich nicht weiterwusste. Sie bedeuten für mich alles und ich bin ihnen unendlich dankbar für das, was sie für mich getan haben. Sie haben mir das schönste Leben geschenkt und mir meinen Weg aufgezeigt, als sie mir die ersten Schlittschuhe schenkten. Ohne ihre Unterstützung hätte ich mein Ziel nie erreicht. Mama, Papa, ich liebe Euch!

Ich bin allen meinen Paarlauf-Partnern – Stanislav Morozov, Robin Szolkowy und Bruno Massot dankbar. Mit Stas begann ich auf der »großen Bühne« aufzutreten. Mit Robin lief ich mehrere Jahre zusammen und wir wurden fünf Mal Weltmeister, mit Bruno – er hat mein Leben komplett verändert und mit ihm bin ich endlich Olympiasiegerin geworden. Merci Bruno! Ohne Bruno hätte ich meinen Mann Liam nicht kennengelernt – und die Liebe meines Lebens nicht finden können.

Ich bin auch Ingo Steuer dankbar, der aus einem Mädchen aus der Ukraine die »eiserne« Aljona Savchenko schmiedete. Ich bin glücklich, dass Bruno und ich bei Alexander König und Jean-François Ballester trainieren durften. Leider ist Jeff nicht mehr bei uns, aber er bleibt immer in meinem Herzen. In Alex König habe ich einen Mentor gefunden, der uns, Bruno und mich, so warm aufgenommen hat und sich aufopfernd um uns kümmerte. Er hat mir geholfen, endlich den »Schlüssel« zu finden, nach dem ich so lange gesucht habe, um damit die Tür zum Olymp zu öffnen. Ja, ich kann an dieser Stelle nicht alle Menschen, alle meine lieben Fans erwähnen, aber zum Schluss möchte ich auch Folgendes sagen:

Ich danke all denen, die über meine Träume gelacht haben, denn sie haben meine Fantasie inspiriert. Ich danke allen, die mich in ihre Interessen einbinden wollten, denn sie haben mich den Wert der Freiheit gelehrt. Ich danke allen, die mich angelogen haben, denn sie haben mir die Macht der Wahrheit gezeigt. Ich danke all denen, die nicht an mich geglaubt haben, mich abgeschrieben haben, mich verlassen und verraten haben. Denn sie haben meinen Mut geweckt und mir den Raum zum Gestalten gegeben. Sie ließen mich immer wachsam sein. Ich danke all denen, die mich verletzt haben, denn sie haben mich gelehrt, in Schmerzen zu wachsen. Noch wichtiger ist aber für mich hervorzuheben, dass ich mich bei allen bedanke, die mich so lieben, wie ich bin. Sie geben mir die Kraft zu leben und meinen neuen Träumen zu folgen.

Aljona Savchenko, Dezember 2019

Vorwort Alexandra Ilina

Es ist immer schwierig, eine Geschichte von Anfang an zu erzählen und sie anschließend zu einem guten Abschluss zu bringen. Nicht alle Geschichten führen zu einem Happy End oder der Weg dorthin dauert so lange, dass viele es nie erreichen oder auch nicht mehr erreichen wollen, manche geben unterwegs auf oder verwerfen ihre innigsten Träume. Oft gibt es einfach kein Happy End. Die Geschichte, die hier erzählt wird, ist eine ganz besondere. Eine mit Unendlichkeitszeichen, im wahrsten Sinne des Wortes.

Angefangen hat die Geschichte mit einem kleinen Mädchen aus dem weit entfernten Obukhov nahe Kiew in der Ukraine, als es begann, von einem Olympiasieg zu träumen und sich jeden Tag auf einen weiten Weg zum Training begab. Fortgesetzt wurde die Geschichte von einer jungen ambitionierten Frau, die ihre Familie verließ und in die Fremde ging, um ihr Glück zu finden und ihren Kindheitstraum zu verwirklichen. Sie wollte in ihrem Leben etwas erreichen. Nach vielen Jahren hat eine selbstbewusste Frau diese Geschichte nicht nur zu Ende gebracht, sondern sie hat »Geschichte geschrieben«. Aus dem Mädchen wurde eine Frau und aus einem »nicht für Eiskunstlauf geeigneten Kind« wurde eine Olympiasiegerin. Es ist die Geschichte von Aljona Savchenko.

Eigentlich braucht man die »Paarlaufgöttin« Aljona Savchenko nicht vorzustellen. Die statistischen Daten sind aber zu trocken, um die Achterbahn ihrer Gefühlswelt und das Leben dieser Frau zu beschreiben.

Mit drei Jahren begann Aljona eiszulaufen, mit 34 ist sie Olympiasiegerin geworden. Sie hat insgesamt an fünf Olympischen Spielen mit drei verschiedenen Partnern teilgenommen. Bei Weltmeisterschaften hat sie sechsmal Gold gewonnen – fünfmal mit Robin Szolkowy und einmal anschließend mit Bruno Massot. Bei den anderen Weltmeisterschaften hat sie drei Silber- und zwei Bronzemedaillen geholt. Bei den Europameisterschaften gab es für Aljona vier Gold- und fünf Silbermedaillen. Nicht zu vergessen ist auch der Titel der Juniorenweltmeisterschaft, den sie noch für die Ukraine mit Stanislav Morozov gewann. Legt man all ihre Medaillen auf eine Waage, würden sie vermutlich mehr wiegen als diese zierliche, nur 153 Zentimeter große »kleine« Frau.

Wenn man alle anderen Wettbewerbe und Grands Prix auflistet, bei denen Aljona mit verschiedenen Partnern auf dem obersten Podest stand, würden sicher einige Seiten beschrieben werden. Jahrelang beherrschte sie die Paarlaufwettbewerbe der Welt, viele Eiskunstläufer beendeten ihre Karriere, begannen selbst als Trainer zu arbeiten, doch Aljona kämpfte weiter. Der Partner, mit dem sie an den ersten Olympischen Spielen teilnahm und mit dem sie Juniorenweltmeisterin wurde – Stanislav Morozov – trainierte längst ihre härtesten Konkurrenten. Nicht nur ältere Eiskunstläufer verschwanden aus der Szene und neue Konkurrenten kamen hinzu, es änderte sich auch das gesamte System »Eiskunstlauf«. Als Aljona Juniorenweltmeisterin wurde und an ihren ersten Olympischen Spielen teilnahm, herrschte noch das alte Bewertungssystem mit der begehrten Note 6,0. Die Regeln wurden geändert, es stiegen immer jüngere Paare in die Weltspitze auf und sie wurden immer stärker. Aljona war stets ein Teil dieser Entwicklung. Sie wartete nicht auf das Glück. Sie schmiedete ihr Glück ständig und beständig selbst. Sie passte sich den neuen Regeln an, wechselte ihre Partner, zog nach Deutschland, löste zahlreiche Probleme mit diversen Verbänden und fand Lösungen, um all das zu finanzieren. Sie verschwendete keinen Gedanken daran, jemals aufzugeben.

Jeder von uns kennt das Spiel »Mensch ärgere dich nicht«, in dem Püppchen ihren Weg laufen und kurz vor dem Ziel vom Spielfeld geschlagen werden und wieder am Anfang stehen. Man ärgert sich, flucht, schlägt mit der Faust auf den Tisch, fängt trotzdem wieder von vorne an und wirft den Würfel in der Hoffnung auf die »Sechs« und das Glück, dass man wieder starten darf. Allerdings dauert der Weg in diesem Brettspiel höchstens zwanzig bis dreißig Minuten. Nichtsdestotrotz kann man sich an diesem Beispiel genau vorstellen, was es bedeutet, kurz vor dem Ziel wieder an den Startpunkt zurückgeworfen zu werden.

Der Weg von Aljona Savchenko zum ersehnten Olympiasieg dauerte lange, dazwischen lagen zahlreiche Titel, Ups and Downs, Schicksalsschläge, Partnerwechsel – in diesen dreißig Jahren ist aus dem Mädchen eine äußerst selbstbewusste Frau geworden, aber der Traum ... der Traum blieb immer derselbe – Olympiasiegerin zu werden. Stattdessen wurde sie mehrfache Weltmeisterin, Europameisterin, gewann zwei Mal Bronze bei den Olympischen Spielen. Das olympische Gold aber fehlte.

Andere Sportler können von so vielen Titeln nur träumen und Millionen Eiskunstlauffans aus der ganzen Welt vergötterten sie, auch ohne dieses Gold, sie nannten sie »eiserne Lady« und hatten riesengroßen Respekt vor dieser enormen Leistung. Andere hingegen beneideten diese »eiserne Lady« und stellten sie als eine gefühllose, von Ehrgeiz zerfressene Sportlerin dar, die nur ihre Ziele egoistisch vor Augen hat und über »Leichen« geht, bloß um diese Ziele zu erreichen.

Aber so einfach ist es nicht und das Bild stimmte auch nicht. Sie ist nicht aus Stahl geschmiedet worden und ihr Herz war und ist nicht aus Eis – zwar lernte sie bereits als Kind ihre Gefühle zu verstecken, doch das heißt noch lange nicht, dass sie keine hat. Aljona, die Eisprinzessin, das goldene Mädchen, die eiserne Lady, die Paarlaufgöttin suchte einzig nach dem Schlüssel zum Olymp. Sie hat alle Laufstile interpretiert, alle Musikrichtungen, scheute vor keiner Darstellung zurück und war immer aufgeschlossen für das Neue. Angels and Demons, Schindlers Liste, Lost in Space, Pina, Out of Africa, Cirque de Soleil, The Mission, When Winter comes, Flamenco Bolero, Korobushka, Send in The Clowns, Once Upon a Time in Mexico, Casablanca, Sabre Dance, Moonlight Sonata, The Pink Panther, The Man in the Iron Mask – sie tauchte in diese Rollen ein und verzückte ihre Fans immer wieder auf der Suche nach einem perfekten Programm, auf der Suche nach sich selbst und nach dem passenden Schlüssel zum Erfolg. Jedes dieser Meisterstücke bleibt in Erinnerung und war ihre Visitenkarte. Bis »La Terre Vue du Ciel« kam. Die Kür, die mit einem Unendlichkeitszeichen beginnt, die nur vier Minuten dauert, eine Kür für die Ewigkeit und das krönende Ergebnis der vielen Opfer in ihrem Sportlerleben.

Ein Mädchen aus dem Schrank

»Aller Anfang ist schwer.«

»Lachen sie etwa über mich?« – immer wieder musste Aljona an das gestrige Training denken. Sie war neu in dieser Trainingsgruppe, viele Kinder waren älter als sie und konnten auch viel mehr. Mit ihren neun Jahren war sie eine der jüngsten in der Gruppe. Aber wieso lachten sie? Vielleicht hatte jemand einen Witz erzählt und das war der Grund dafür gewesen und nicht, dass sie wieder stürzte. Klar, man kann nicht sofort alles können. Um etwas zu können, muss man üben, üben, üben. Das hatte ihr schon ihr Vater beigebracht, als sie zum ersten Mal in ihrem Leben als dreijähriges Kind auf einem zugefrorenen See gestanden hatte. Und sie übte.

Obwohl sie damals noch sehr klein war, wusste Aljona noch ganz genau, wie ihr Vater ihr zu ihrem dritten Geburtstag die ersten Schlittschuhe geschenkt hatte und sie beide zum zugefrorenen See hinter dem Haus gegangen sind. Zuerst konnte sie nicht begreifen, warum diese weißen Stiefelchen so komisch aussahen, sie zog sie an, sie wackelte und stürzte ständig – aber sie stiefelte weiter über die Eisfläche. Erst später begriff die kleine Aljona, dass sie auf diesem gefrorenen Wasser nicht gehen, sondern gleiten musste – immer nach vorne, etwas zur Seite und immer schneller. Seitdem ist dieses Rauschen der Kufen, damals auf dem gefrorenen See und heute in den besten Eishallen der Welt, für sie zur schönsten Musik geworden, die sie sich unentwegt anhören könnte.

Ein Jahr später, als Aljona vier wurde, bat sie ihren Vater, sie in eine große Eishalle zu bringen – sie wollte es ja »professionell« trainieren, wie die ganz Großen! Aber der Vater sagte, sie solle weiter auf dem See üben und zunächst dort Schlittschuh laufen. Damals konnte die kleine Aljona kaum begreifen, selbst wenn ihre Eltern es ihr erklärt hätten, warum sie sie nicht zu der Eishalle bringen konnten. Zum einen lag die Eishalle weit weg in Kiew, aber die

Entfernung war nicht das große Problem. Die Familie konnte es sich schlicht und einfach nicht leisten, so viel Geld für Eiskunstlauf auszugeben. Erst wenn sie sehen würden, dass es ihre Tochter wirklich ernst meint und ihr die Übungen auf dem See nicht mehr reichten, würden sie Aljona nach Kiew bringen. Aber das kleine Mädchen meinte es wirklich ernst und als Aljona fünf wurde, sprach sie ihren Vater wieder an. Nach einigen Monaten hat er seine Tochter dann doch nach Kiew gebracht und in die Listen eingetragen. Endlich durfte sie in einer großen Eishalle trainieren!

Dort hat sie ihre erste Trainerin Inna Anatolievna kennengelernt, die ihr die ersten Grundlagen, die ersten Schritte und Figuren zeigte. Aljona schaute ihr nach und versuchte, jede Bewegung genauso zu wiederholen. Es sah so schön aus! Und jetzt konnte Aljona erkennen, was möglich ist, was sie sich auf dem See nicht zugetraut hatte. Inna lief so schön auf dem Eis und Aljona wollte es genauso machen – und noch besser!

Zunächst musste Aljona ihr Können unter Beweis stellen. Zwar hatte sie viel auf dem See trainiert und konnte schon einiges, doch die junge Trainerin betrachtete das Kind skeptisch und zeigte ihr eine Übung, die Aljona wiederholen sollte. Aljona tat ihr Bestes. Sie übte und übte und übte und wiederholte diese kleine Übung unentwegt. Niemand stoppte sie und niemand korrigierte sie – sie machte es immer weiter.

»Nehmen Sie meine Tochter in Ihre Gruppe auf?«, fragte ihr Vater nach einer Weile die junge Trainerin. Doch diese schien ein bisschen verlegen zu sein. Sie schaute kurz auf Aljona, die immer noch dabei war, die Übung hartnäckig zu wiederholen, und musste ehrlich zugeben, Aljonas Bemühungen nicht verfolgt zu haben. Sie hatte schlicht und einfach vergessen, dass das Kind sozusagen eine »Aufnahmeprüfung« ablegte.

»Wissen Sie was, ich habe zwar Ihre Tochter vergessen, es tut mir unendlich leid, aber sie hat die ganze Stunde geübt! Ich nehme sie! Sie hat einen starken Willen!« Aljona durfte die Übung abschließen und lächelte. Sie hatte es geschafft!

Mit dieser jungen Trainerin durfte Aljona zum ersten Mal ins Trainingslager fahren, sie war erst sechs Jahre alt und war stolz darauf, dass sie ohne Mama und Papa so weit reisen durfte. Sie fühlte sich schon etwas erwachsen! Dabei brachte ihr ihre Trainerin nicht nur bei, wie man Schlittschuh läuft, sondern auch wie man die eigene Wäsche waschen muss. Wenn schon, denn schon! Auch eine Sechsjährige musste sich um die Sauberkeit ihrer Wäsche selbst kümmern können. Diese Trainingslager, bei denen kleine Eiskunstläufer mit den anderen Sportlern trainieren durften, waren für die kleine Aljona ein großes Abenteuer, ein erster Blick in das Leben der Erwachsenen.

***

Seitdem sind fast vier Jahre vergangen, Aljona war häufig in Trainingslagern, sie übte nicht mehr auf einem See, sondern in Kiew in einer großen Eishalle, in einer Trainingsgruppe. Sie war vom Eislaufen immer noch so begeistert wie am ersten Tag. Diese Geräusche der Kufen, das Gefühl von Freiheit, wenn sie schnell lief, doch sie lief eigentlich nicht, sie schwebte und dachte immer, sie könne jederzeit davon fliegen.

Das Eis faszinierte sie und zog sie wie ein Magnet an. Wenn sie einige Stunden nicht auf dem Eis war, vermisste sie es. Ihre Freundin, das Nachbarmädchen, konnte dies wahrscheinlich nicht verstehen. Sie fragte immer, ob Aljona mit ihr spielen wolle oder spazieren gehe. Aljona hätte es auch gerne getan, soweit sie Zeit gehabt hätte, aber in den meisten Fällen sagte sie ab. »Ich habe Training«, erklärte sie, »sonst würde ich gerne mitkommen!«. Wie konnte Aljona ihr erklären, was für ein tolles Gefühl es ist, wenn man auf dem Eis steht und die ersten Schritte macht, und dann läuft man schneller und noch schneller und irgendwann hebt man ab und springt. Dass es weh tut, wenn man auf das Eis fällt, verschweigt sie natürlich. Aber es war doch auch nicht das Eis Schuld, dass sie Schmerzen und blaue Flecken hatte, sondern sie selbst. Sie musste noch mehr üben.

Heute wird es bestimmt klappen. Aljona lächelte und freute sich schon jetzt auf das Nachmittagstraining. Sie wird viel üben. Deshalb wollte sie heute ein bisschen früher nach Kiew fahren, um eher in der Eishalle zu sein. So hätte sie mehr Zeit, sich warmzulaufen.

Aljona wollte gerade ihre Schlittschuhe in die Tasche packen, als sie den Schlüssel an der Tür hörte. Es konnte nur ihre Mutter sein, die zwischen zwei Schulstunden nach Hause kam. Ihre drei Brüder Russlan, Valentin und der jüngste Rostislav, alle nannten ihn nur Rostik, waren noch in der Schule bzw. im Kindergarten.

Eigentlich müsste Aljona für eine Stunde zur Schule gehen und dürfte erst dann zur Bushaltestelle laufen. Ohne lange zu überlegen, klemmte sie die Tasche unter den Arm, rannte zum großen Kleiderschrank und versteckte sich.

»Aljona? Bist du noch da?«, die Stimme ihrer Mutter klang nahe. Sie trat ins Zimmer ein. »Aljona? Schon weg oder wie?«

Aljona hörte die Schritte ihrer Mutter, aber auch das eigene Herzklopfen. Sie saß still und wagte nicht sich zu bewegen, sie wollte nicht zur Schule gehen, nicht weil sie faul war, sondern weil sie mehr Zeit fürs Training gewinnen wollte. Und diese Zeit wollte sie nutzen, um zu üben. Dann hörte sie, wie die Mutter in die Küche ging und Tee aufsetzte. Eigentlich müsste sie in 15 Minuten wieder zur Schule gehen und dann könnte Aljona sich schnell fertig machen und nach Kiew fahren.

Es war dunkel im Schrank. Aber sie hatte keine Angst, schließlich war sie schon ein großes Mädchen und mit neun Jahren durfte sie sogar alleine, ohne Begleitung nach Kiew fahren. Das hatte sie schon ein paarmal gemacht und war unheimlich stolz darauf. Und es war wirklich ein langer Weg! Zunächst musste sie fast zwei Stunden über diverse Landstraßen mit gefühlt hunderten Haltestellen mit einem Bus fahren, der meistens voll war. Es war ein großes Glück, einen freien Platz zu ergattern. Sonst musste sie stehen und warten, bis jemand ausstieg. Dann fuhr sie mit der U-Bahn weiter zur Eishalle.

Früh morgens fuhr sie noch mit ihrem Vater oder ihrer Mutter nach Kiew. Dafür mussten sie um vier Uhr aufstehen. Dass sie so früh allein in der Dunkelheit unterwegs wäre, kam nicht in Frage. Manchmal fragten die Eltern Aljona, ob sie eventuell das morgige Training ausnahmsweise verpassen wolle, damit die ganze Familie an diesem Tag ein bisschen länger schlafen könnte, aber Aljona war nicht zu stoppen. Sie sprang aus dem Bett, wusch sich und zog sich flink an. Und schon musste einer der Eltern mit.

Manchmal brachte der ältere Bruder Russlan Aljona nach Kiew. Er war acht Jahre älter als sie und konnte seine kleine Schwester bis zur Eishalle begleiten, falls die Eltern keine Zeit hatten. Aber seit einiger Zeit konnte er dies nicht mehr so oft tun, weil er schwer krank wurde. Aljona musste sogar an einigen Tagen bei den Kollegen ihrer Mutter übernachten, als ihre Mutter bei ihrem Bruder auf der Intensivstation lag und der Vater arbeitete und gleichzeitig auf den kleinen Bruder aufpasste. Sie konnte zunächst nicht verstehen, was mit ihrem starken Bruder los war, und das Wort »Epilepsie« sagte ihr auch nichts. Erst später begriff Aljona, dass es sehr ernst war. Ihre Eltern haben ihr sogar erklärt und gezeigt, was sie zu tun hatte, um ihrem Bruder zu helfen, falls es ihm plötzlich schlecht ging und Aljona mit ihm alleine unterwegs war. Sie sah, wie Russlans Krankheit ihre Mutter mitgerissen hatte und wie diese darunter litt, dass sie nichts für ihren Sohn tun konnte. Aber auch in dieser, für die ganze Familie schwierigen Zeit, standen ihr ihre Eltern bei. Sie glaubten weiterhin an sie und es war keine Rede davon, dass Aljona nicht mehr nach Kiew in die Eishalle fahren sollte oder sie jetzt kein Geld mehr dafür hatten. Deshalb konnte Aljona auch nicht anders, sie musste nicht nur 100 Prozent, sondern 200 … nein – 1000 Prozent geben und sich mit ihren Leistungen bei ihren Eltern für diese großartige Unterstützung bedanken. Mehr konnte sie von ihrer Seite leider nicht tun. Die Eisfläche, die Bewegungen, die Geräusche ihrer Kufen faszinierten sie so stark, dass sie kaum an etwas anderes denken konnte als an das. Sie wollte perfekt sein. Sie wollte es schön und gut machen. Und sie wollte ihren Eltern Freude bereiten. Sie würden sich so freuen, wenn ihr alles gelänge und sie vor ihren Augen eine schöne Pirouette dreht. Oder springt.

In ihren Gedanken versunken, versuchte Aljona die Tasche, die sie immer noch in den Armen hielt, leise zur Seite zu bewegen. Oder sollte sie aus dem Schrank klettern und ihrer Mutter Bescheid sagen, dass sie doch da sei? Sie hörte, wie die Mutter das Geschirr in der Küche abräumte. Aljona verstand, dass dieses Versteckspiel ihre Eltern wohl nicht erfreuen würde, genauso wenig wie die Tatsache, dass sie jetzt nicht in der Schule war. Schließlich waren ihre Eltern selbst Lehrer. Ihre Mutter unterrichtete Ukrainisch und Russisch und ihr Vater Sport. Aljona erinnerte sich genau an die Worte ihres Vaters, als er sie vor drei Jahren vor die Wahl stellte.

»Aljona, jetzt muss du deine Wahl treffen – entweder Eiskunstlauf oder Klavier.« Denn Klavierspielen war ihre zweite Leidenschaft. Sie hörte jeden Tag, wie das Nachbarmädchen Klavier spielte, und wollte es auch lernen. Die Klänge waren so wunderschön, dass Aljona sich nicht zurückhalten konnte und dazu tanzen musste. Das wäre doch toll, selbst einmal so spielen zu können!

»Dann wähle ich … Eiskunstlauf«, sagte Aljona damals, ohne lange zu überlegen und schaute ihren Vater bestimmt an. Für sich hatte sie es schnell entschieden. Erstens gehörte die Musik auch zum Eiskunstlaufen … und Eiskunstlaufen kann man ja auch zu Klaviermusik … Hm … Das wäre doch was … und zweitens, sie hatten ja einen Kassettenrekorder und die Klaviermusik konnte sie damit hören. Ach ja, dann geht's. Keine schwierige Wahl!

»Ja, ich möchte Eiskunstlaufen«, wiederholte Aljona laut und dachte, dass sie irgendwann das Klavierspielen nachholen könnte. Mag sein, wenn sie erwachsen ist.

»Gut, aber dann musst du bei deinem Training wirklich 100 Prozent geben. Und das ist dann deine Arbeit! Verstehst du?«, sagte ihr Vater, ihr tief in die Augen blickend.

»Verstehe ich und das werde ich tun!«, versprach Aljona und lächelte. Und sie wusste damals schon, dass sie ihr Versprechen halten würde. Schon als kleines Kind verstand sie, dass ihre Familie nicht zwei Hobbies für sie finanzieren konnte. Auch wenn sie es gewollt hätten, sie konnten es sich nicht leisten. In der Ukraine war der Lehrerberuf zwar gut angesehen, aber gering bezahlt, deshalb mussten ihre Eltern es sich zwei Mal überlegen, wofür sie wie viel Geld ausgeben konnten. Wenn es nach ihr ginge, würde sie eine Million Prozent geben und noch Zusatzstunden nehmen, um zu üben. Aber die Eishalle war so weit entfernt …

Jetzt saß sie im Schrank und dachte nach. »Ich gebe 100 Prozent dem Eiskunstlauf. Deshalb gehe ich früher zu meinem Training«, wiederholte sie immer wieder in Gedanken ihr Versprechen. Sie hörte, wie das Schloss knackte. Ihre Mutter war wieder in die Schule gegangen.

Aljona saß noch kurz im Schrank, falls die Mutter etwas vergessen hatte, und dann kam sie aus ihrem Versteck. Sie packte schnell ihre Schlittschuhe in die Tasche, nahm ihre Trainingsjacke und rannte zur Bushaltestelle. Gerade rechtzeitig, der Bus fuhr an die Haltestelle heran, sodass sie die letzten Meter noch schneller rennen musste, damit ihr der Bus nicht vor der Nase wegfuhr.

Während der neunzigminütigen Fahrt dachte sie, dass sie heute unbedingt diesen einen Sprung sauber zeigen wollte. Bei anderen Mädchen klappte es schon, nur bei ihr nicht. Und das ärgerte sie. Wieso nicht? Warum? Eigentlich machte sie alles genauso wie die anderen. Anlaufen, drehen, abspringen, landen. Nur, wenn die anderen auf ihren Kufen landeten, landete sie auf der Eisfläche. Sie fühlte keinen körperlichen Schmerz mehr, aber es schmerzte sie innerlich, dass sie es noch nicht schaffte. Aber sie wusste, sie würde es hinbekommen.

Aljona guckte durch das Fenster des Busses, kleine Häuser rauschten vorbei, Wiesen, Wäldchen, jetzt konnte sie einzelne Hochhäuser sehen – in 10 Minuten musste der Bus in Kiew ankommen. Wenn man diese Strecke viermal pro Tag fährt, kennt man alle Häuser und Laternen persönlich. Jetzt musste Aljona noch ein paar Stationen mit der U-Bahn fahren.

»Hallo?« – eine Männerstimme riss sie aus ihren Gedanken, als sie am U-Bahnhof-Eingang stand. Aljona blickte sich um, wollte sie der Mann etwa ansprechen?

»Mädchen? Mit wem bist du hier oder fährst du alleine?«, ein U-Bahn-Schaffner näherte sich ihr.

»Ich?«, Aljona blickte sich um. Was sollte sie sagen? Eigentlich brauchte sie noch kein Ticket, weil sie noch jung war. Sie durfte kostenlos fahren, allerdings nur in Begleitung eines Erwachsenen. Sie aber war alleine.

»Ja, du!«

Der Mann schien riesig zu sein, er stand vor ihr und versperrte ihr den Weg. Konnte sie weglaufen und sich dann in der Menschenmenge verstecken und es nochmals probieren, in die U-Bahn zu kommen, wenn er in eine andere Richtung schaute? Sie musste heute zum Training. Auf jeden Fall. Wieso dürfen Kinder diese zwei Stationen nicht alleine fahren? Sie kannte den Weg genau. Und jetzt sollte sie umkehren? Nur weil dieser blöde Kerl sich an die Vorschriften hielt? Aljona sah ihn erneut kurz an und blickte dann wieder zum Boden. Rennen? Sie wollte gerade loslaufen, als sie eine bekannte Stimme hörte.

»Ach, das Mädchen gehört zu uns! Lassen Sie uns bitte durch«, eine Kollegin ihrer Mutter packte die versteinerte Aljona samt ihrer Tasche am Arm und zog sie durch die Schiebetür. Nach weiteren 20 Minuten war Aljona endlich an der Eishalle angekommen – in ihrem Königreich aus Eis, wo sie ihre jetzige Trainerin Galina Kuhar in Empfang nahm. Aljonas erste Trainerin war schwanger geworden und konnte Aljona nicht mehr trainieren. Galina glaubte an Aljona und nahm das Mädchen ab und zu mit zu sich nach Hause, damit Aljona früh morgens ein bisschen länger schlafen konnte und nicht zum frühesten Bus in Obukhov laufen musste.

***

Eine andere Trainerin hingegen mochte Aljona anscheinend nicht und fand immer etwas, was sie zu kritisieren hatte, obwohl Aljona von Anfang an in der olympischen Fördergruppe trainieren durfte. Erst gestern hatte Aljona das Gespräch zwischen ihr und ihrer Mutter mitgehört. Die Trainerin wiederholte immer wieder, dass Aljona kein Talent habe, dass sie sich nicht weiterentwickele, dass sie eine komische Figur habe, kurz und gut – total ungeeignet sei.

»Verstehen Sie, sie vergeudet nur ihre Zeit. Aber auch unsere. Sie kann nicht springen, sie …«

»Egal, wir möchten bloß, dass unsere Tochter Sport treibt", antwortete ihre Mutter mit fester Stimme. Vielleicht lächelte sie dazu, aber Aljona konnte es nicht sehen, weil sie hinter einer Wand stand.

»Nein, Sie verstehen nicht …«

»Doch, aber wir haben Zeit und es muss doch nicht alles sofort gelingen«, erwiderte ihre Mutter. »Sie kann ja einfach so laufen, weil es ihr Spaß macht, und dann sehen wir, wie sie sich weiterentwickelt.«

»Und ich werde mich weiterentwickeln!«, versprach Aljona sich selbst und befestigte ihre Schnürsenkel mit Tesafilm. »Ich schaffe es, ich muss!«

Steve wusste es

»Der Schmerz, den du heute fühlst, ist die Kraft, die du morgen spürst.«

Aljona stand neben der Bande und beobachtete andere Paare, die gerade das Eis betreten hatten. Ihre Trainingszeit war leider vorbei, aber sie spürte gar keine Müdigkeit und konnte gleich noch eine Trainingseinheit anhängen, wenn ihre Trainerin nichts dagegen hätte. Noch vor ein paar Jahren galt die »unproportionierte« Aljona Savchenko als ein für den Eiskunstlauf ungeeignetes Mädchen, doch heute mit 15 Jahren war sie für die Ukraine bei der kommenden Juniorenweltmeisterschaft eine Medaillenanwärterin. Aber die Trainingszeiten waren auch für Favoriten streng geregelt und ihr jetziger Partner Stas (Stanislav Morozov) war bereits vor fünf Minuten in der Umkleidekabine verschwunden. Ja, sie ist tatsächlich Paarläuferin geworden!

Als Aljona 11 Jahre war, hatte ein Trainer sie in einem Trainingslager spaßeshalber mit einem Jungen laufen lassen. Aber der Junge wollte von diesem »kleinen« Mädchen nichts wissen, Aljona sei viel zu jung gewesen, um selbst bei den Juniorenweltmeisterschaften zu laufen. Von daher wollte er keine Zeit »mit diesem Kind« verlieren. Ein paar Monate später bildete sie ein Paar mit einem anderen Jungen, Dmitri Boenko, und durfte mit ihm später zu ihrer allerersten Juniorenweltmeisterschaft reisen, bei der sie und Dmitri den 13. Platz belegten. Danach gingen sie aber getrennte Wege. Seitdem lief sie mit Stas und Galina Vladislavovna Kuhar betreute die beiden.

»Willst du ewig hier stehen oder kommst du mit?« Aljona hatte gar nicht bemerkt, wie ihr Partner wieder auftauchte und sich mit seiner Trainingstasche unter dem Arm neben sie stellte.

»Ich gehe auch gleich.« Aljona drehte sich um und lächelte. Aljona hatte inzwischen eine Mietwohnung, die nicht weit von Stas Wohnung war. Von daher kam es ab und zu vor, dass sie zusammen die Eishalle verließen und nach Hause gingen. Aber jetzt wollte Aljona alleine sein, um sich ein bisschen zu sortieren und zu konzentrieren. Immer wieder ging sie die Elemente der neuen Kür im Kopf durch, sodass sie sie auf dem Eis automatisch ausführen konnte. Vor allem wenn die Programme noch nicht eingelaufen und neu choreografiert sind, ist es eine Herausforderung für Eiskunstläufer, die richtige Reihenfolge der Elemente zu verinnerlichen. Erst wenn die Reihenfolge der Elemente »sitzt«, kann man an der Darstellung von Emotionen arbeiten und Kunst und Sport verflechten. In dieser Phase der intensiven Vorbereitung auf die Juniorenweltmeisterschaften im bayerischen Oberstdorf wollte sich Aljona nicht allein auf das Glück verlassen. Sie wollte vielmehr arbeiten, arbeiten, arbeiten – oder sogar schuften, wiederholte sie wie ein Mantra in ihrem Kopf und schliff an jeder Kleinigkeit der Programme, bis sie wirklich perfekt saßen und sie sie automatisch ausführen konnte.

Stas wollte noch etwas sagen, aber stattdessen beobachtete er Aljona eine Weile und schüttelte dann mit dem Kopf: »Wirst du überhaupt irgendwann einmal müde?«

»Vom Eis? Niemals!«, Aljona lachte. »Wenn ich einen Hund hätte, könnte ich jetzt noch paar Runden mit dem joggen gehen. Vielleicht renne ich gleich sogar noch eine Runde.«

»Hund? Das habe ich schon gehört. Dann kauf dir doch einen, meine Güte!« – Stas nahm seine Tasche in die andere Hand und ließ ein kleines Mädchen in die Umkleidekabinen gehen.

»So einfach ist es nicht! Aber geh schon mal, warte nicht auf mich, ich muss mich noch umziehen und brauche noch ein wenig Zeit für mich. Wir sehen uns dann am Abend beim Training.«

In der Umkleidekabine zog Aljona den Reißverschluss ihrer Tasche zu, in der sie ihre schweren Schlittschuhe gepackt hatte und ging langsam Richtung U-Bahn-Station. Leider hatten sie in der Eishalle keine Schließfächer, sodass sie jedes Mal alles mitschleppen musste. Auf das Joggen hat sie verzichtet, sie wollte ihre Kräfte für das Abendtraining schonen. Sie lief die Treppe zur U-Bahn-Station hinunter, wich den eilenden Menschen aus und manövrierte sich ziemlich schnell zum Bahnsteig. Ihr Blick blieb an einer Frau hängen, die neben der Wand stand und die Passanten beobachtete. Zu ihren Füßen lag ein Hund, genauer gesagt eine Hündin, denn neben ihr lagen zwei Welpen. Wie im Rausch näherte sich Aljona den Tieren.

In ihrer Schnauze hielt die Hündin eine rote Rose und es kam Aljona vor, als ob diese Hündin ihr diese Rose anbieten wollte. Aljona kniete vorsichtig vor der Hündin nieder.

»Darf ich, darf ich sie streicheln?«, fragte sie die Frau leise und berührte behutsam die Hündin, ohne wirklich auf die Antwort zu warten.

»Klar! Wir müssen leider ihre Welpen abgeben und suchen jemanden, der Interesse hätte.«

»Verstehe«, antwortete Aljona und berührte vorsichtig auch einen der schwarz-weißen Welpen, der sich zu ihr umdrehte und mit dem Schwanz wedelte. Eigentlich war er schwarz, nur seine Brust und die Pfötchen waren weiß und seine schwarzen Augen glänzten wie zwei kleine goldene Knöpfe im Tunnellicht und musterten das blonde Mädchen ganz genau, so als ob der Winzling sie fragte – na, was bist du denn für eine?

»Du bist so süüüß, wenn ich könnte, würde ich dich sofort mitnehmen!« Aljona spürte, wie der junge Hund seine Nase in ihre Hand stieß und sich plötzlich noch mehr Streicheleinheiten von dem blonden Mädchen holen wollte. »Leider kann ich dich nicht mitnehmen. Aber ich hoffe, du findest eine tolle Familie!« Aljona blickte kurz hoch zu der Frau und ihre Augen glänzten. Die Tränen konnte sie nur mühsam zurückhalten.

»Es ist ein Er, und der andere Welpe ist ein Mädchen!« erklärte ihr die Frau und lächelte, »falls Sie sich dafür interessieren.«

»Ich würde so gerne einen haben – aber es ist zu schwierig«, Aljona seufzte und kraulte dem kleinen Hund zwischen den Ohren. Aljona würde gerne so einen vierbeinigen Freund haben, aber sie konnte ihre Möglichkeiten genau einschätzen. Als Sportlerin war sie ständig unterwegs, selbst jetzt als Juniorin und sie wollte sich ja weiterentwickeln. Klar, für die Zeiten ihrer Abwesenheit könnten sich ihre Eltern um das Tier kümmern, aber sie wollte sie damit nicht noch zusätzlich belasten. Ihre Familie musste jede Grivne zweimal umdrehen und Ausgaben für einen Hund standen nicht in ihrem Plan. Sie lebten schon zu sechst in der Wohnung, Aljona war zwar ständig weg, vor allem wochentags, und für einen Hund trägt man eine große Verantwortung.

An diese Begegnung in der U-Bahn, an die rote Rose und den schwarz-weißen Welpen mit so klugen Augen, dachte Aljona noch nach einer Woche. Sie dachte nicht ständig daran – dafür hatte sie zu viele andere Sachen im Kopf –, aber jedes Mal, wenn sie an dieser Stelle vorbei lief, machte ihr Herz einen Sprung. So genau schwebte ihr dieses Bild vor den Augen, sie wollte die Hunde noch einmal besuchen, aber in den folgenden Tagen waren sie nicht mehr auf dem U-Bahn-Bahnsteig. Sie konnte nur hoffen, dass jemand die Welpen genommen hatte und sich sehr gut um sie kümmern würde.

Auch an diesem Morgen hat sie weder die Frau noch die Hunde in der U-Bahn gesehen, obwohl sie gleich zweimal auf dem Bahnsteig war. Aber sie durfte nicht mehr daran denken, jetzt musste sie sich voll und ganz auf das Training konzentrieren. Denn wenn Aljona Savchenko auf dem Eis stand, waren alle unnötigen Gedanken ausgeblendet, um dann, wenn die Schlittschuhe wieder verpackt waren, sie nachzuholen. Die Zeit auf dem Eis war für Aljona so wertvoll, dass sie keine Sekunde davon für etwas anderes verschwenden wollte.

Selbst an ihrem Geburtstag hatte das Training für sie die höchste Priorität. Und traditionsgemäß galt dieser Tag als der kälteste des Jahres – der 19. Januar –, wenn der Frost gar keinen Halt vor nichts machte. Ja, sie war ein echtes Wintermädchen, das ihren Spaß und ihre Liebe auf und zu dem Eis vor vielen Jahren verinnerlicht hatte.

Ihren 16. Geburtstag wollte sie aber nicht feiern, schließlich war ihre Familie in Obukhov, sie könnten später alle zusammen, vielleicht am Wochenende, wenn sie wieder nach Hause käme, nachfeiern. Aljona lief nach dem Training noch kurz zu einem Lebensmittelgeschäft, um frisches Obst und Gemüse für einen Salat zu kaufen, den sie am Abend zubereiten wollte, und ging dann mit schnellen

Schritten nach Hause. Der Frost nahm abends zu. An eine Torte dachte sie nicht. Sie war jetzt geschult, auf ihr Gewicht zu achten. Früher konnte sie es nicht ganz nachvollziehen, warum sie ständig hungern musste, und ärgerte sich immer, wenn sie für jede klitzekleine Gewichtszunahme hart bestraft wurde. Besonders hart war es bei den Trainingslagern, die an verschiedenen Orten stattfanden und bei denen sie und ihre Freundinnen außerhalb des Trainings sich selbst überlassen wurden. Öfter trainierten sie mit Athleten aus anderen Sportarten zusammen und sie konnte nur voller Neid beobachten, wie z. B. die großen und schweren Gewichtheber so viele Süßigkeiten essen durften, wie sie wollten. Für die kleinen Eiskunstläufer war Süßes aber tabu. Die Trainer sammelten die Süßigkeiten von den Tischen ein, sodass ihre Schützlinge gar nicht erst in Versuchung kamen. Und wenn, dann gab es harte Strafen. Dreimal am Tage wurden die Mädchen gewogen. Falls das Gewicht von der »Norm« abwich, mussten sie im Stadion zusätzliche Runden joggen. Aljona hatte ständig Hunger. Viel durfte sie nicht essen und wenn sie Glück hatte, konnte sie mit anderen Freundinnen bei den Mitarbeitern der Kantine nach Brot fragen, falls sie sie am Seitenausgang trafen. Niemand durfte es wissen! Alles, was sie zusätzlich an Essen in ihr Zimmer schmuggelten, versteckten sie unter den Kissen oder sonst wo – in der Hoffnung, dass diese »Schätze« bei der Durchsuchung der Zimmer nicht entdeckt werden würden.

An eine Situation erinnerte sich Aljona auch nach einigen Jahren noch und musste selbst lachen. Sie und ihre Freundinnen hatten irgendwo Walnüsse ergattert und ins Zimmer geschmuggelt. Und klar, sie mussten sie bis zu der nächsten Zimmerdurchsuchung aufessen, aber wie? Aljona wusste nicht, wer die glorreiche Idee hatte, die Walnüsse in die Türleibung zu stecken und die Tür zu schlagen, um sie knacken. Eigentlich war die Idee genial, wenn die Aktion nicht so viel Lärm verursacht hätte!

»Was ist denn hier los?«, eine Trainerin öffnete die Tür und entdeckte die »Nussknackerinnen«. »Nichts«, antwortete Aljona und versuchte, die Walnussschalen mit ihren Füßen zu verstecken. Ihre besten Freundinnen Tanja und Nastja standen daneben und sagten auch nichts – was konnten sie auch noch sagen? Es war ja klar, was sie hier getrieben hatten. Das war ein netter Versuch, doch die Trainerin konnte eins und eins zusammenzählen. Zwei Stunden bzw. 50 Runden durfte Aljona wegen dieser Aktion bei 40 Grad Hitze im Stadion von Feodossija laufen. Nichtsdestotrotz war es eine schöne Zeit mit schönen Erinnerungen.

Mit Tanja und Nastja hatte sich Aljona viele Tricks ausgedacht, um den Trainern auf der Nase herum zu tanzen und die Waage zu überlisten. Besonders begehrenswert waren für sie grüne unreife Äpfel. Sie waren echt Gold wert! Wenn die Mädchen zu viel davon aßen, bekamen sie unmittelbar Durchfall. Wenn sie die Aktion zeitlich gut geplant hatten, kamen sie am nächsten Morgen mit einigen Gramm weniger auf die Waage. Wenn die Trainer ihnen allerdings auf die Schliche kamen, dann Halleluja … dann mussten sie büßen: laufen, laufen, laufen, laufen …

Aljona schmunzelte bei diesen Erinnerungen, sie wusste natürlich, wie sehr sie auf ihr Gewicht achten musste, und würde gar nicht auf die Idee kommen, eine Schokolade oder gar ein Eis zu kaufen. Schließlich musste ihr Partner sie leicht heben können. Von daher kam es nicht in Frage, an ihrem Geburtstag ein Stück Torte zu essen. Es wäre verantwortungslos gewesen.

»Was machst du hier?«, abrupt blieb Aljona stehen und trat langsam auf Stas zu. Sie war so in ihre Gedanken und Erinnerungen vertieft, dass sie ihn fast umrannte. Eigentlich wohnte er nicht weit entfernt von ihr und ab und zu trafen sie sich zufällig in einem Lebensmittelgeschäft oder auf der Straße, aber jetzt stand er direkt vor ihrer Haustür und schien auf sie zu warten. Dabei hatten sie sich erst vor zwei Stunden getrennt.

»Ist was passiert?« Aljona wollte sofort wissen, aus welchem Grund Stas nun hier auf sie wartete. Und er musste einen Grund haben, denn sein plötzliches Erscheinen war äußerst merkwürdig.

»Nee«, schüttelte er den Kopf und gab ihr eine große Tasche, die sie nicht sofort bemerkt hatte. »Ich glaube, das wäre was für dich, und dann hörst du endlich auf, zu jammern, dass du einen Hund willst. Und ja – noch mal herzlichen Glückwunsch!«

»Hund?«, wiederholte Aljona und blickte hastig nach unten in die Tasche. »Wahnsinn! Oh Gott! Nein! Echt jetzt? Danke dir! Aber, du hast mir heute schon beim Training gratuliert …« Aljona konnte ihre Überraschung samt Freude kaum in Worte fassen. Stas hat ihr einen Hund geschenkt! Stas hat ihr einen Hund geschenkt! Der Gedanke kreiste wie in einer Endlosschleife in ihrem Kopf und war trotzdem kaum zu begreifen. Stas hat ihr einen Hund geschenkt! Hat sie wirklich so oft laut davon geredet, dass sie sich einen wünschte? Dabei hatte Stas beim Training kein Wort darüber verloren, dass wohl noch ein Geschenk auf sie wartet. Sie haben viel an den Würfen gearbeitet, sogar ein wenig gezankt – aber konstruktiv – und er ließ sich wirklich nichts anmerken, dass diese Überraschung kommt. Stas hat ihr einen Hund geschenkt!

Er schien ihre Gedanken lesen zu können: »Ich konnte ihn ja schlecht zum Training mitbringen.« Aber Aljona hörte nicht mehr zu, ihr Herz machte einen Sprung, denn die Tasche begann sich zu bewegen. Ihr schaute ein schwarz-weißer Welpe entgegen, genau der, den sie in der U-Bahn sehnsüchtig in den letzten Tagen vermisst hatte.

»Das gibt's doch nicht!«, flüsterte sie und kniete nieder, ihre Knie stießen auf den Schnee, aber Aljona spürte die Kälte und den Frost nicht. Sie sah nur diese kleinen Augen und Öhrchen und die schwarze, neugierig hervorlugende Nase, die alles, was in Sicht war, beschnupperte.

»Doch! Nimmst du ihn oder nicht? Ich glaube, er muss Gassi gehen, damit kannst du jetzt sofort anfangen …« Stas lachte, »du wolltest doch einen Hund haben! Jetzt hast du ihn! Und dann hört dein tägliches Jammern endlich auf!«

»So schlimm war es auch nicht. Aber … Danke dir!«, Aljona umarmte Stas kurz und herzlich und kniete sich wieder vor die Tasche.

»Es soll ein Terrier sein und ein Junge«, erklärte Stas und kniete sich neben sie. »Ich hoffe, er gefällt dir …?«

Und der Hund gefiel tatsächlich nicht nur Aljona, was sowieso klar war, sondern auch ihrer Familie. Vor allem der jüngste Bruder

Rostik war schnell in den Hund vernarrt und Aljona konnte insgeheim aufatmen – sie konnte den Hund, den sie Steve nannten, ihrem Bruder anvertrauen, wenn sie verreiste.

***

»Steve …, du bist der Beste!« Aljona saß im Badezimmer auf dem Boden und lächelte, obwohl ihr die Tränen über die Wangen rannen. Ihr Bauch tat ihr fürchterlich weh, dazu kam eine enorme Übelkeit und sie musste sich fast alle fünf Minuten übergeben. Der schwarz-weiße Steve saß mit ihr auf den Fliesen und schien mit ihr zu weinen. Er legte seine Schnauze auf Aljonas Oberschenkel und seufzte, er verstand wohl, wie dreckig es seinem Frauchen ging. Aljona lächelte wieder und streichelte Steve.

»Weiß du noch, wie Stas dich mir vor dem Haus schenkte?« Bei dem Gedanken an diesen Tag vor einigen Monaten musste Aljona trotz Bauchweh lächeln, um sich dann vor Schmerz wieder zu krümmen.

»Aljona? Geht es dir besser?« Die Stimme ihrer Mutter nahm sie zwar wahr, aber sie hatte keine Kraft zu antworten. Dass sie sich nun alle zehn Minuten und nicht mehr alle fünf Minuten übergeben musste, könnte Besserung verheißen, aber es war keine. Die Übelkeit hatte sie voll im Griff.

Sie waren mitten »im Experiment«, eine ganz neue Diät zu machen – ihr Vater hat darüber gelesen und meinte, es müsste ganz toll sein. Und wie immer hatte er bereits alles an sich selbst ausprobiert. Es war zwar nicht so brutal wie vor einigen Jahren, als er ihr einen Löffel Kerosin zum Schlucken gegeben hatte … Als sie neun war, hatte ihr der Vater einen Löffel Kerosin eingeflößt. Ihre Eltern setzten viel auf Naturmedizin und Kerosin war wohl damals als heilsames Entgiftungsmittel in diversen Quellen gepriesen worden. Niemals hätte ihr Vater seiner Tochter etwas Schlimmes angetan, aber in vielen Gesundheitsforen und Zeitschriften schwärmte man von der Methode. Er kaufte für die Lampen Kerosin, das in extra kleinen Behältern verkauft wurde, und wollte damit ihr Blut

»reinigen«. Na ja, im Nachhinein konnten sie alle nur darüber schmunzeln und Scherze machen – sie war mit Kerosin »betankt« und konnte dann auf dem Eis richtig »Feuer« geben. Aber zunächst musste sie dieses neue Diät-Experiment überstehen.

Eine Woche lang trank Aljona nur Apfelsaft, danach gab es eine Woche Kefir und jetzt zum Abschluss wurde ihr ein Glas Olivenöl mit Zitronensaft verabreicht. Allein bei dem Gedanken daran kam die Übelkeit wieder hoch. Sie schaffte es nur bis zur Hälfte und dann war endgültig Schluss mit Experimentieren.

Aljona kraulte den Hund am Kopf und schloss die Augen. Na ja, Wirkung hatte es auf jeden Fall, nur nicht die, die erzielt werden sollte. »Weißt du, die Rezepte von Omi sind doch besser. Als ich Schmerzen in den Füßen hatte, behandelte sie mich mit Pusteblumen.« Steve hörte ihr aufmerksam zu und brummte zustimmend.

»Was meinst du, Steve, wenn ich das Zeug insgesamt geschluckt hätte, würde ich später auf dem Eis wohl Feuer und Flamme versprühen?« Aljona wollte lachen, aber konnte nicht. Sie legte sich flach auf den Boden und zog den Hund an sich heran. »Alles wird gut Steve, noch paar Stunden und dann bin ich wieder wie neu … versprochen … Irgendwann werde ich das Eis so zum Glühen bringen, dass die Flammen unter meinen Kufen lodern.« Als amtierende Juniorenweltmeisterin wusste Aljona, wovon sie sprach. Das war der erste große Titel für sie und Stas, den sie im bayerischen Allgäu gewonnen haben.

Diese Juniorenweltmeisterschaft war wirklich eine wunderbare Erinnerung. Es war eine schöne Weltmeisterschaft in Deutschland, in einem kleinen Ort, Oberstdorf, in den verschneiten Alpen gelegen. Und abgesehen von allem, war es ein erfolgreicher Wettbewerb mit Stas, damals träumten sie noch von einer gemeinsamen Sportzukunft. Zu diesem Zeitpunkt schien die Zukunft noch sicher zu sein und nach dem ersten Schritt in die richtige Richtung müsste alles klappen. Aljona wusste noch, wie euphorisch sie gewesen war, als sie ihre Wertung gesehen hatte.

Und das war die erste Stufe einer großen imaginären Leiter, die nach ganz oben führen sollte. Sie durfte nur nicht übermütig werden, sondern musste zum Erreichen jeder weiteren Stufe hart arbeiten und so ihren Zielen näher kommen. Sie würde es schaffen. Auch der heftige Schmerz und diese Übelkeit sind nur eine Randnotiz, an die sie in paar Tagen nicht mehr denken wird. Sie musste nur noch ein paar Stunden diese Übelkeit aushalten und dann wäre die Welt wieder in Ordnung.

Steve schaute kurz auf sein Frauchen, das noch gekrümmt auf den Fliesen lag, weinte, aber gleichzeitig in sich hinein lächelte. Er wedelte mit seinem Schwänzchen. Vielleicht ahnte Steve schon etwas – etwas, worauf sein Frauchen noch einige Jahre warten musste.

Was war hier noch zu überlegen?

»Manchmal gewinnst du und manchmal lernst du!«

Aljona saß alleine in der Küche und starrte vor sich hin. Sie war da und gleichzeitig nicht da. Vier Jahre ist sie mit Stas gelaufen. Als Aljona 1998 mit ihm ein Paar bildete, war sie voller Hoffnungen. Sie träumte von vielen internationalen Wettkämpfen, von glanzvollen Auftritten, von einer großen Zukunft. Sie hatten auch viele Auftritte und Wettbewerbe und als sie 2000 Juniorenweltmeister geworden sind, durften sie auch von einer großen Zukunft träumen ... Es war eine schöne Zeit und sie konnte viele wertvolle Erfahrungen sammeln – die Probleme und Streitigkeiten kamen erst später. Aljona erinnerte sich an die ersten kommerziellen Showläufe mit Stas – in Vietnam! Für sie war es wie ein großes Abenteuer und das erste verdiente Geld. Sie wusste noch, wie sie sich freute, als sie sich von diesem Geld das Parfüm, von dem sie so lange träumte, kaufte. Es war ein blaues Fläschchen von Davidoff Blue Water. Die erste gewonnene ukrainische Meisterschaft, die Teilnahme an der Europameisterschaft und dann der erste große Titel der Juniorenweltmeister! Sie erinnerte sich noch ganz genau, wie Stas sich freute, sie umarmte und nichts deutete darauf hin, dass dieser erste Titel ihr letzter gemeinsamer sein sollte.

Jetzt lag diese Goldmedaille bei ihren Eltern im Schrank und sie waren unheimlich stolz darauf, dieses Erinnerungsstück zu besitzen. Bei ihnen war sie sicherer, denn es gab Zeiten, als Aljona ihre Goldmedaille, die sie bei der Juniorenweltmeisterschaft gewonnen hatte, verkaufen wollte, um an Geld zu kommen, so verzweifelt war sie. Sie stand ein paarmal vor einem Pfandhaus, aber jedes Mal ging sie nicht hinein. Es war ihre erste Medaille, ihr erster großer internationaler Titel, und diese Medaille war ihr viel mehr wert als das Geld, das sie dafür bekäme. Sie würden sie sowieso nur nach Gewicht bewerten und jemand würde sie irgendwann kaufen – aber würde dieser jemand wissen, was eigentlich dahinter steckte? Wie viele Stunden harter Arbeit, wie viele Jahre Training und wie viele schmerzhafte Stürze? Würde dieser jemand es schätzen können, wie viel Glück und Freude und wie viele Tränen zugleich in diesem Stück Gold verschmolzen waren? Nein, sie konnte die Medaille nicht verkaufen, egal wie dringend sie das Geld brauchte, deshalb ging sie immer wieder nach Hause und hat sie letztlich ihren Eltern geschenkt.

Nach dieser Juniorenweltmeisterschaft ging irgendwie alles bergab. Jede Kleinigkeit konnte zu einem neuen Streit zwischen ihr und Stas führen. Falsche Bewegung, falscher Gesichtsausdruck, falscher Blick …

Ihre Frage, warum er sie nur mit beiden Händen und nicht mit einer Hand hochhebt, führte vor einigen Monaten zu einer Eskalation. Bei einer Hebefigur im Übungssaal ließ er sie los, sodass Aljona flach auf den Betonboden krachte. Die Schmerzen durchdrangen ihren ganzen Körper. Sie lag auf dem Boden und konnte sich kaum noch bewegen. Es tat fürchterlich weh und es war kalt und in ihrem Kopf waren nur noch Leere und Schmerz – Diagnose »schwere Gehirnerschütterung«. Aber Aljona wollte unbedingt zu den Olympischen Spielen, deshalb musste sie sich zusammenreißen, den Streit, soweit es ging, vermeiden und hart weiterarbeiten.

Bei diesen Olympischen Spielen 2002 in Salt Lake City haben Stas und sie den 15. Platz belegt. Elena Bereschnaja und Anton Sicharulidse aus Russland wurden Olympiasieger, die Kanadier Jamie Sale und David Pelletier ebenso. Aljona versuchte gar nicht zu verstehen, wie es dazu kam und was da los war, obwohl sich alle Gespräche im Olympischen Dorf nur darum drehten. Man sprach darüber im Hotel, in den Bussen, in Umkleidekabinen. Erst später erfuhr sie, dass beide Paare anschließend mit Gold ausgezeichnet wurden.

Sie wollte damals nur nach Hause. Das einzige, was für sie zählte, war die Leistung. Aber wie sollte sie weitertrainieren, wenn sie kein

Vertrauen mehr zu ihrem Partner hatte? Wie sollte es bloß funktionieren?

Unter anderem scheiterten Aljona und Stas bei ihren ersten Olympischen Spielen an diesem verflixten Wurf im Kurzprogramm zu »Sabre Dance«. Zwar landete sie den Wurf – was wohl keine Kunst war, denn sie hatte statt drei nur eine Drehung gemacht –, so etwas erlaubte sie sich nicht einmal im Training. Selbst ein Sturz hätte besser ausgesehen als dieser Blindflug. Anscheinend waren sie und Stas zeitlich nicht gut genug aufeinander abgestimmt. Beide verloren ihr Tempo und dann ... Aljona versuchte, sich zusammenzureißen und ihr Tempo wieder zu finden. Stas auch. Aber im Sport gibt nun einmal kein »Wenn und Aber« ... Das olympische Kurzprogramm hatten sie schlicht und einfach vergeigt.

Beim Training vor der Kür fragte Stas sie, ob sie wieder stürzen wolle ... Aljona fühlte sich sofort an den Tag erinnert, als sie hart auf den Betonboden geknallt war. Nach dieser ironischen Frage war ihr jegliche Lust vergangen, überhaupt anzutreten. Sie lief zur Bande, wollte schon die Schlittschuhschoner und die Filzjacke überziehen und gehen. Aber dies war kein kleiner Wettbewerb der B-Kategorie, wo sie sich solche Streitigkeiten vor einem Auftritt erlauben durften, sondern sie waren bei den Olympischen Spielen – bei diesem Wettbewerb gibt es kein »Ich will nicht«, sondern nur ein »Ich muss«. So trank sie ein paar Schlucke aus der Wasserflasche, um sich ein wenig zu beruhigen. Die Trainerin hatte nichts von der Anspannung bemerkt. Aljona drehte sich um und trainierte weiter.

Diese anhaltende trübe Stimmung und die ständigen Zankereien beeinflussten auch die Kür. Zu einem anderen Zeitpunkt würde sie diese Kür genießen können, sie mochte es wirklich gerne, die Mondscheinsonate, diese wunderschöne Klaviermusik, die sie seit ihrer Kindheit so faszinierte. Sie fühlte jede Note dieser Musik und durchlebte diese Kür quasi mit jeder ihrer Bewegungen. Ihre Kostüme waren in einem schlichten Schwarz gehalten und einzelne Glitzersteine schimmerten wie Sterne an einem Nachthimmel. Stas und sie waren wie zwei Vertraute, die sich auf ihrem Weg durch die Dunkelheit nur auf Mond und Sterne verlassen, um das gemeinsame Ziel zu erreichen. Der Mond führte das Paar durch das Programm – allerdings an diesem Tag nicht. Auch bei der Kür in Salt Lake City waren sie wie »Schatten ihrer Selbst«. Sie verliefen sich in dieser Dunkelheit und es schien, dass selbst der Mond ihnen zeigte, dass sie demnächst getrennte Wege gehen müssten.

Zu einer anderen Zeit hätte sich Aljona für diese Leistung geschämt, aber dieses Mal war sie nur unendlich traurig. Sie saß in der »Kiss and Cry«-Area, schaute auf das Tableau, auf dem die Ziffern 1 und 5 leuchteten und den 15. Platz markierten und versuchte, die Tränen zu unterdrücken. Sie weinte nicht wegen der Noten oder der Platzierung, sie weinte, weil sie selber nicht mehr weiterwusste. Sie suchte verzweifelt nach einem Lichtstreif in dieser Finsternis, doch weder Mond noch Sterne konnten ihr eine Antwort geben, wie es weitergehen sollte.

Die Olympischen Spiele, die für jeden Sportler ein Grund zur Freude sein sollten, waren für sie zu einer riesigen Enttäuschung geworden. Aljona wollte nur noch weg, deshalb wartete sie nicht auf die Abschlussfeier und buchte sofort die Tickets um und flog nach Kiew.

Zu Hause hat sie sich trotzdem zusammengerissen und begann, weiterzutrainieren, um doch noch bei der WM, die einen Monat später beginnen sollte, anzutreten. Sie trainierte – egal, wie zerrissen die Beziehung zwischen Stas und ihr war, sie konzentrierte sich voll und ganz auf sich selbst und hat dabei nicht realisiert, wie alles aus dem Ruder lief. Sie stritten bei jedem Training weiter, Stas beschimpfte sie wieder, sie schimpfte zurück, beide wurden laut und lauter und offenbar hat jemand von den in der Eishalle anwesenden Eltern der anderen Sportler ihrer Mutter oder ihrem Vater davon berichtet. Sie selbst erzählte zu Hause nichts, damit sich die Eltern nicht aufregten und keine Gedanken um sie machten.

Zur Weltmeisterschaft sind sie dann nicht mehr gefahren – das Eislaufpaar Aljona Savchenko und Stanislav Morozov existierte nicht mehr.

Nun saß sie ganz alleine zu Hause in der Küche, alle anderen Familienmitglieder waren unterwegs. Ihre Teetasse war längst leer, was sie aber kaum bemerkte. Sie hielt sie weiter fest in der Hand und dachte nach. In ihren Gedanken war sie weit weg und versuchte die ganze Zeit, die Ereignisse des letzten Jahres zu ordnen. Die Trennung von Stanislav nach den Olympischen Spielen in Salt Lake City 2002 stellte sie vor eine neue Herausforderung. Sie brauchte dringend einen neuen Partner, um ihre Karriere fortsetzen zu können. Aber wen? Das war die große Frage.

In Gedanken versunken, stand sie auf und wusch die Teetasse ab, trocknete sie mit einem Handtuch, doch ihre Bewegungen wirkten mechanisch. Ihre Gedanken waren weit weg – im Irgendwo.

Ja, sie begann, in dieser Zeit nach einem neuen Partner zu suchen, nicht weil Stas verletzt war und sie auf ihn nicht warten wollte. Sie musste später schmunzeln, als sie eine entsprechende Erklärung in der Presse las. Sie suchte nach einem neuen Partner, weil diese Entscheidung längst überfällig war. Und sie spürte es schon seit einiger Zeit – sie hatten als Paar keine Entwicklung mehr, ihre Grenze wurde erreicht und mehr konnten sie zusammen nicht gewinnen.

Vor ein paar Monaten hat sie ihr Glück noch mit einem russischen Paarläufer, Anton Nimenko, versucht. Er war sogar bereit, in die Ukraine zu gehen, um dort mit ihr zu trainieren. Allerdings waren weder die Ukraine noch Russland gewillt, das neue Paar zu finanzieren. Aljona wollte es trotzdem versuchen. Sie wollte nicht an der fehlenden Finanzierung scheitern und ihre Karriere deswegen so früh beenden.

Ihre Eltern haben für sie in diesen Jahren so viel gemacht und diese Wochen mit Anton sogar selbst finanziert. In der kurzen Zeit, in der sie mit Anton trainierte, wohnte er in der elterlichen Wohnung und sie haben ihm sogar Tagegeld gezahlt. Aber das gemeinsame Training funktionierte nicht so richtig und ihre Eltern hatten auch kein Geld mehr, um diesen Versuch weiter zu finanzieren. Nach einem zweiwöchigen Trainingslager hat sich Aljona von Anton getrennt. Nicht nur wegen der Finanzierung. Sie passten auch nicht zueinander.

Jetzt saß sie in dieser Küche und ihre Gedanken kreisten um die Ereignisse der vergangenen Monate. Ihre Freundin, die sehr talentierte ukrainische Eiskunstläuferin Lena Ljaschenko, die für Aljona ein besonderes Vorbild war, empfahl ihr wegzuziehen bzw. die Ukraine zu verlassen. Mit diesem Gedanken spielte sie auch selbst schon seit einiger Zeit, obwohl es ihr sicherlich schwerfallen würde. Aljona wollte stets ihr Heimatland bei Wettbewerben vertreten.

»Mach das!«, sagte ihr die Freundin und schaute ihr tief in die Augen. »Hier hast du gar keine Perspektiven.« Und sie hatte Recht. Es gab keine Finanzierung, es gab keinen Partner, es gab nichts. Hier zu bleiben und zu hoffen, dass sich etwas ändert, wäre eine Sackgasse gewesen.

Aber ihre Mutter wollte, dass Aljona zunächst in der Ukraine ihr Glück versucht und nicht so weit weg von der Familie lebt. Aber wo war dieses Glück? Wo? Schon damals war es Aljona nicht gewohnt, auf das Glück zu warten, sie wollte ihr Glück selbst schmieden. Als Lena ihr eine Telefonnummer von einem russischen Journalisten besorgte, der in Deutschland lebte, hat sie diesen daher sofort angerufen. Eine andere Alternative hatte sie sowieso nicht. Arthur Werner konnte ihr vielleicht in einem anderen Land einen Laufpartner empfehlen, der für sie Interesse hätte oder wenigstens einen Kontakt zu den Personen herstellen, die ihr bei der Partnersuche helfen könnten. Deshalb wartete sie mit Sehnsucht seit Wochen auf irgendwelche Nachrichten. In den ersten Briefen hatte Werner ihr geschrieben, dass es einen Trainer und einen Partner in Frankreich gäbe. Aber Frankreich kam ihr so fremd vor. Sie wollte eigentlich nach Deutschland. Irgendwie fühlte sie sich immer zu diesem Land hingezogen, wusste aber nicht, wieso. Vielleicht weil sie in Deutschland ihren ersten Titel gewonnen hatte. Vielleicht war es einfach intuitiv gewesen. Aber irgendwie war sie von Deutschland fasziniert. Schon als sie 15 war, hat sie einmal ihrer Mutter verkündet, dass sie nach Deutschland ziehen werde, wenn sie volljährig wird. Die Mutter schmunzelte damals nachsichtig und schüttelte nur den Kopf in dem Sinne – na ja, so so, fahr mal … träumen kann man immer.

***

Der lang ersehnte Anruf kam ein paar Tage später – kurz nach ihrem 18. Geburtstag im Januar. Und obwohl Aljona mit Sehnsucht die ganzen Tage darauf gewartet hatte, war sie trotzdem irgendwie unvorbereitet. Ihre Mutter hob den Hörer ab und sagte … kein Wort.

»Gib mir den Hörer«, Aljona nahm den Hörer, aber weder ihre Mutter noch sie konnten etwas verstehen. Der deutsche Trainer am anderen Ende der Leitung versuchte zwar, auch ein bisschen Russisch zu sprechen, aber sie konnte sich nur halbwegs etwas zusammenreimen. Er wollte wohl wissen, ob sie bereit wäre, zu einem Probetraining nach Chemnitz zu kommen.

»Ja«, sagte sie, »ja!« Was war hier noch zu überlegen?

Aljona spürte, wie ein großer Stein von ihrem Herzen fiel, jetzt konnte es endlich weitergehen. Und sie würde alles Mögliche und selbst Unmögliche machen, damit es klappt.

Sie musste noch paar Monate warten, bis alle Formalitäten erledigt waren, sie musste ein Visum beantragen, sie musste sich mit ihrem ukrainischen Verband treffen, sie musste Tickets kaufen. Und sie wollte bereits jetzt beginnen, Deutsch zu lernen. Sie konnte endlich etwas machen und nicht mehr nur warten. Jetzt war der lang ersehnte Lichtstreif am Horizont deutlich zu erkennen und sie musste dem Licht nur folgen, um aus der Finsternis der vergangenen Monate herauszutreten und sich der Sonne anzunähern.

Allerdings wusste sie noch nicht, wer ihr Partner sein sollte. Sie wusste, dass der Trainer Ingo Steuer heißt, und deshalb schaute sie ganz genau bei der Europameisterschaft, mit welchen Sportlern er bei diesem Wettkampf antrat. Schließlich müsste Aljona später mit ihnen in einer Gruppe trainieren. Vielleicht könnten sie ihre Freunde werden, vielleicht war der zukünftige Partner auch dabei.

»Mama, weißt du, in Deutschland gibt es sogar einen dunkelhäutigen Jungen, der im Paarlaufen auftritt«. Aljona saß auf ihrem Bett im Zimmer, das sie mit dem kleineren Bruder Rostik teilte. Ihre Mutter setzte sich zu ihr.

»Ja und?«

»Stell dir vor, er wird mein Partner!« Aljona lächelte und sah ihre Mutter ungeduldig an. Sie hatte diesen Jungen schon bei anderen Wettkämpfen gesehen und alle Mädchen aus ihrer nächsten Umgebung waren von ihm fasziniert, nur den Namen hatte sie vergessen. Erstens wirkte er durch sein Äußeres so exotisch und sah dadurch so toll auf dem Eis aus. Und zweitens war er auch noch ein Hübscher!

»Er sieht toll aus, ich habe ihn ja 2000 gesehen. Wir beobachteten ihn damals in Oberstdorf.«

»Aljona, hör auf zu fantasieren!«, ihre Mutter stand wieder auf und ging zum Fenster.

Irgendwie war Nina Savchenko selbst hin und her gerissen. Einerseits wollte sie, dass ihr einziges Töchterchen unter vier Kindern zu Hause bleibt und nicht so weit entfernt von der Familie lebt, aber andererseits, was konnte sie ihr geben, welche Zukunft erwartete sie in der Ukraine? Sie war eine einfache Lehrerin in der Schule, ihr Mann unterrichtete auch und es war oft so, dass sie nicht genug Geld hatten, um für die große Familie genug Lebensmittel zu kaufen. Russlan war krank und brauchte teure Medizin. Sie unternahmen alles, was ihnen möglich war, sich um die Bedürfnisse der Kindern zu kümmern und sie bei allem zu unterstützen, ihre Zukunft zu sichern, aber auch sie hatten ihre Grenzen. Klar, wenn es in der Ukraine selbst eine klitzekleine Chance für Aljona gäbe, würden sie alles daran setzen, dass sie bleiben könnte. Aber es gab keine. Das verstand sie. Das verstand ihr Mann und das verstand auch Aljona. Sie musste ihre Tochter loslassen. Sie wusste, dass Aljona in einem anderen Land mehr Chancen bekäme, sich durchzusetzen und glücklich zu werden. Und wenn Aljona glücklich wäre, wären sie auch glücklich, selbst wenn ihre Tochter weit, weit entfernt leben wird.

Aljona war immer ihre kleine Kämpferin und es wäre unfair, ihr diesen Weg zu versperren. Nina Savchenko wusste wie keine andere, wie zielstrebig ihre Tochter war. Als sie und ihr Mann Valentin die dreijährige Aljona zu einem gefrorenen See gebracht und auf Schlittschuhe gestellt hatten, machte diese einen Schritt und stürzte. Kaum wollten sie das Kind trösten, stand die Dreijährige auf, ohne einen »Mucks« zu sagen oder gar zu schreien oder zu weinen und machte wieder einen Schritt.

Ihre Kollegen in der Schule predigten ihr ständig, dass sie viel Geld bei sowieso so knappen Gehältern in den Sand setzte, um das teure »Hobby« ihrer Tochter zu finanzieren. Aber sie und ihr Mann Valentin glaubten an Aljona und wollten, dass sie ihr Glück findet. Selbst wenn sie mittlerweile die einzigen mit diesem Glauben waren, würden sie nie aufhören, ihre Tochter zu unterstützen.

Als eines Tages die Trainer behaupteten, dass Aljona bei einem Trainingslager, anstatt vernünftig zu trainieren, Jungen ins Zimmer brachte, glaubte sie ihnen kein Wort.

»Mama, ich bin 11, welche Jungs?«, fragte damals Aljona. Das Mädchen, mit dem sie das Zimmer teilte, hatte die Jungen eingeladen. Aljona fühlte sich dadurch nur abgelenkt. Aber eigentlich brauchte sie sich gar nicht zu rechtfertigen. Nina Savchenko wusste genau, dass ihre Tochter jede freie Minute auf dem Eis verbringen wollte und gar keinen Gedanken daran verschwendete, Diskos zu besuchen oder Jungen ins Zimmer zu schleppen. Sie war damals schon mit 11 Jahren voll und ganz auf das Eislaufen konzentriert. Das war ihr Traum, das war ihr Leben, das Eis war alles für sie.

Und wie konnte sie jetzt ihrer Tochter diesen Traum rauben, bloß um sie bei sich zu halten? Sie musste Aljona loslassen, egal wie schwer es ihr fiele. Auch ihr Mann war der gleichen Meinung. Nina und Valentin Savchenko waren die treuesten Fans ihrer Tochter und die schärfsten Kritiker zugleich. Und selbst wenn es nicht gelänge, würden sie ihre Aljona unterstützen. Aber es würde klappen, schließlich kannte Nina ihre Tochter sehr gut. Aljona wird Feuer und Flamme sein, sie wird alles tun, um mit dem deutschen Trainer und mit dem neuen Partner erfolgreich zu werden.

»Die Deutschen finden schon einen guten Partner für dich, Ali, und dann wirst du sehen«, lächelte Nina ihre Tochter an.

Aber Aljona konnte nicht aufhören zu fantasieren. Sie sprang auf, rannte durch das Zimmer und war in ihren Gedanken immer noch bei diesem dunkelhäutigen Jungen.

»Aber, Mama, guck mal, wir wären ein tolles Paar, meinst du nicht?«

»Aljona, hör auf! Es kommt, wie es kommt, lass dich doch überraschen«. Nina wollte ihre Tochter ein bisschen beruhigen, damit sie nicht enttäuscht wäre, falls es doch ein anderer würde. »Es gibt doch so viele gute Eiskunstläufer!«

»Er ist dunkelhäutig, und ich bin blond … es wird toll aussehen. Wirklich!«, unterbrach Aljona ihren Gedankengang.

Ihre Mutter lächelte sie an und meinte, sie solle nicht so ungeduldig sein und abwarten. Doch ein paar Tage später wusste Aljona endlich, wie ihr neuer Partner heißt – Robin Szolkowy. Im Internet hat sie sein Bild gefunden. Das war dieser Junge! Sie hatte Recht! Sie wird demnächst mit Robin Szolkowy trainieren.

Hallo Chemnitz

»Jeder Tag ist eine neue Chance, das zu tun, was du möchtest.«

Aljona saß im Flugzeug Richtung Deutschland und erinnerte sich, wie sie den Namen Robin Szolkowy im Internet eingegeben hatte. Das war er! »Mama, das ist kein Witz!«, hatte sie laut geschrien.

Sie war sicher, dass sie jetzt endlich nach vorne blicken konnte. Sie würde alles dafür tun, damit sie und Robin zueinander passen. Er war zwar ein paar Jahre älter als sie, aber so war es auch üblich im Paarlaufen. Sie würde mit ihm zunächst kein Wort austauschen können, aber der Sport braucht keine Worte. Sie würde sich schon verständlich machen. Durch ihre Leistung.

Aljona konnte ihre Ungeduld in diesen Monaten vor dem Abflug kaum unterdrücken, aber es mussten viele Formalitäten erledigt werden. Sie begann Deutsch zu lernen, sich einige Grammatikregeln einzuprägen, doch die Sprache schien echt schwierig zu sein. Sie konnte zwar »Hallo« und »Wie geht es?« sagen, aber danach wäre auch Schluss und sie müsste wohl improvisieren.

Ihre Freundin Tanja, mit der Aljona seit neun Jahren zusammen trainierte, hatte ihr sogar das Flugticket bezahlt. Alle Mädchen in der Trainingsgruppe waren gut befreundet und Aljona war Tanja sehr dankbar, dass sie sie unterstützte. Mit diesem Ticket konnte Aljona für zwei Wochen nach Chemnitz fliegen – für ein Probetraining. Tanja hatte ihr angeboten, ihr diese Tickets zu schenken, weil sie wusste, dass es Aljonas Familie finanziell nicht so gut ging und sie sich die teuren Flugkarten nicht leisten konnte.

Und jetzt saß sie endlich im Flieger! Aljona guckte durch das Fenster. Das Flugzeug war für den Start bereit und rollte auf die Startbahn. Auch sie war für den Neubeginn bereit. Die Motoren brummten, heulten auf, der Flieger beschleunigte und hob ab. Aljona schaute wieder durch das Fenster, das Gebäude des Flughafens wurde immer kleiner, irgendwo dort unten waren ihre Eltern, die sie zum Flughafen gebracht hatten, und Aljona war sicher, dass sie immer noch da standen und auf den Abflug schauten. Sie würde sie vermissen. Aber sie musste stark sein. Von jetzt an war sie sich selbst überlassen und niemand würde ihr zur Seite stehen.

Das Flugzeug war bereits über den Wolken, sodass Aljona über der Horizontlinie die Sonne sehen konnte. Aljona wollte auch irgendwann ganz oben stehen. Der Flieger brachte sie nicht nur nach Chemnitz, sondern zu einem neuen Leben, und diese Chance durfte sie nicht verpassen. Sie schloss die Augen. Alles wird gut sein, sagte sie zu sich selbst, nicht um sich zu beruhigen, denn sie war eigentlich zu 100 Prozent davon überzeugt. Es war eine feststehende Tatsache für sie, auch wenn sie kaum Deutsch konnte, in ein fremdes Land flog und in ihrer Tasche nur zehn Dollar waren, mehr hatten ihre Eltern ihr nicht mitgeben können. Aljona prüfte sofort ihre Tasche, nicht dass der Schein bei den Kontrollen verloren ging, aber das Geld war noch da.

In der Ankunftshalle hat sie Robin sofort gesehen und erkannt. Er wartete auf sie. Aljona ging auf ihn zu und lächelte.

»Hi!«, sagte er, nahm ihre Tasche und so gingen sie zum Ausgang. Er sagte noch etwas und noch etwas, Aljona lächelte nur höflich, denn sie verstand kein Wort. Alles, was sie bisher gelernt hatte, schien vergebens gewesen zu sein. Robin redete und sie beobachtete ihn und ging in Gedanken bereits die Hebefiguren durch. So groß ist er nicht, schätzte sie, als er weiter sprach, was für sie wie Kauderwelsch klang. Sie konnte nicht mal einzelne Wörter auseinanderhalten. Seine Hosen saßen ein bisschen tief, sodass er noch kleiner wirkte, als er eigentlich war, oder lag es an seinen Dreadlocks? So viel sie sich erinnern konnte, hatte er damals bei den Wettkämpfen keine Zöpfe gehabt. Wie wird er mich denn hochheben, fragte sich Aljona, und beobachtete ihn insgeheim weiter. Wahrscheinlich müsste sie ein paar Kilo abnehmen, damit sie die Hebefiguren leicht ausführen könnten. Robin fragte sie etwas, aber was konnte sie darauf antworten, von daher lächelte sie wieder.

In Chemnitz stand ihr ein Apartment zur Verfügung mit eingebauter Kochnische sowie Badezimmer mit WC. Und alles nur für sie alleine! Aljona konnte ihr Glück kaum fassen. Früher war dies ein Internat gewesen und jetzt wurde es umgebaut, sodass Sportler, die in Chemnitz trainierten, hier wohnen konnten. Das alles hat sie erst später erfahren und verstanden, jetzt freute sie sich einfach über ihr Zimmer und lächelte wieder. In der Drei-Zimmer-Wohnung in Obukhov bei Kiew wohnten sie zu sechst – also Mama, Papa, drei Brüder und Aljona samt Hund Steve und vier Papageien –, jedes Kind hatte einen eigenen Papagei. Hier hatte sie endlich einen Raum für sich. Sie konnte lesen, sie konnte schlafen, sie konnte tanzen, sie konnte Musik hören, sie konnte joggen gehen, so oft und wann sie wollte. Sie war die Herrin ihrer selbst. Und die Eishalle war nicht weit entfernt. Robin zeigte ihr noch den Supermarkt in der Nähe und half ihr bei den ersten Einkäufen. Sie sagte »Danke« – schließlich kannte sie das Wort – und wartete nun voller Ungeduld auf das erste Training.

Allerdings durfte Aljona am nächsten Morgen in der Eishalle nicht sofort auf die Eisfläche. Als erstes hat der Trainer sie auf die Waage beordert. Zehn Kilo! Sie wog zehn Kilo zu viel. Sie hatte schon vermutet, dass sie etwas abnehmen müsse, aber ganze zehn Kilo? Aljona nickte und versprach sich selbst, dass sie so schnell wie möglich abnimmt. Dafür hatte sie jetzt viel Zeit. Freunde hatte sie hier nicht, die Eltern und Brüder waren auch weit entfernt – deshalb konnte sie direkt nach dem Eistraining joggen gehen, um diese Kilo loszuwerden.

Das erste Training hat ihr sehr gut gefallen. Ingo Steuer wies die beiden an, was sie machen sollten und welche Elemente sie als Erstes zusammen probieren sollten. Klar, dass sie nicht alles direkt auf dem Eis probierten. Aber bereits nach den ersten Versuchen war zu erkennen, dass es funktionieren könnte. Die Bewegungen passten, das Tempo stimmte, auch bei den Würfen landete sie sicher. Später konnte sie nicht genau aufzählen, was und wie sie als Erstes trainierten, sie wollte alles probieren, alles bis zur Perfektion schleifen und wieder aufs Neue wiederholen. Bei diesem Wunsch waren sich wohl alle drei einig. Ingo, so nannte sie ihn in Gedanken, war sehr aufmerksam und passte genau auf, wie die beiden seine Anweisungen ausführten. Das Einzige, was alle drei störte, waren die fehlenden Sprachkenntnisse von Aljona. Es war sehr schwierig für sie zu verstehen, was genau der Trainer ändern will, und für ihn war es schwer zu erklären, was er eigentlich von Aljona möchte. Aber wenn es mit Worten nicht ging, zeigten sie es mit Händen und Füßen und irgendwie konnten alle drei einander trotzdem gut verstehen. Aljona versuchte, sich einige Wörter einzuprägen, die Ingo beim Training besonders oft sagte. Sie schrieb sie in ihrem Block in der Umkleidekabine auf, um sie später in ihrem Zimmer zu übersetzen und zu lernen.

»Jetzt noch mal den Toeloop, aber mit mehr Tempo!«, forderte Ingo die beiden auf. »Schneller!«

Aljona lächelte, sie verstand es – dieses Wort hat sie noch vor ein paar Tagen auf ihrem Zettelchen gehabt und sich gemerkt.

Sie schaute kurz auf Robin und sie begannen ihren Anlauf, dann abspringen, landen. Beide landeten den Sprung sicher. Steuer schien zufrieden zu sein. Robin und Aljona mussten heute den Sprung immer wieder wiederholen, damit sie ihn endlich parallel zeigen konnten, und dieser Sprung, so wie es Aljona von ihrer Position einschätzen konnte, schien diesmal richtig parallel zu sein.

***

Nach zwei Wochen sagte ihr Ingo, dass er mit ihrer Leistung zufrieden sei, und fragte, ob sie sich vorstellen könnte, weiter mit ihm und Robin zu arbeiten. Auch Aljona war mehr als zufrieden und nickte. Einige Wörter sagte er auf Russisch, aber irgendwie hat sie sofort verstanden, worum es bei diesem Gespräch ging, außerdem war es von Anfang an so abgemacht. Jetzt durfte sie sich auf eine längere Zusammenarbeit freuen, dafür müsste sie kurz zurück in die Ukraine fliegen, weil ihr Touristenvisum bald auslief und mit einem Studentenvisum wieder nach Deutschland einfliegen. Sie hatte nicht ganz verstanden, wie das Ganze funktionierte, aber es funktionierte letztendlich und nur das zählte.

Allerdings war es nichts mit kurz: Erst nach drei Monaten durfte sie wieder nach Deutschland einreisen, sie musste viel erledigen, die Behörden im Konsulat waren auch nicht die schnellsten. Außerdem musste Aljona mit ihrem ukrainischen Verband klären, dass sie demnächst bei den Wettkämpfen Deutschland vertreten werde.

Es ist immer schwierig, eine Freigabe vom eigenen Verband zu bekommen und das Land zu wechseln. Natürlich freute sie sich, die Ukraine zu vertreten, aber was sollte sie denn tun, wenn ihr Heimatland ihr keine Chance gab? Wenn man ihr die Freigabe erteilt, müsste sie nur ein Jahr unter sogenannter »Quarantäne« bleiben und durfte bei keinen internationalen Wettkämpfen antreten; wenn nicht – dauerte es bis zu zwei Jahre, bis ein Sportler für ein anderes Land starten durfte. Viele – und das wusste Aljona genau – scheiterten an diesen Wartezeiten und einige Paare sind gar nicht zustande gekommen, weil der Partner oder die Partnerin gesperrt waren.

Aljona hat ihre Freigabe erhalten. Sie durfte ausreisen, aber – hier musste Aljona immer wieder lachen, obwohl es eigentlich kein Grund zum Lachen wäre – damit sie nach Deutschland wechseln durfte, sollte sie ihr Wettkampfkleid und ihre Schlittschuhe abgeben, weil der Verband sie bezahlt hatte. Dass alle anderen Schlittschuhe, in denen sie in diesen Jahren gelaufen war, ihre Eltern selbst finanziert hatten, hat niemand erwähnt. Eigentlich konnte Aljona sich kaum vorstellen, welche Verwendung das Kleid und die Schlittschuhe nun finden würden. Aber ihre Eltern konnten beweisen, dass der Verband mit der Finanzierung des Kleides nichts zu tun hatte – sie hatten es bezahlt und deshalb durfte Aljona ihr Kleid behalten. Es war eigentlich keine große Summe. Für Aljonas Familie war es aber viel Geld. Für einige sind auch 500 Euro eine riesige Summe, die man schwer zusammen bekommt, für die anderen ist es ein Taschengeld, das man an einem Abend ausgibt. Aljona lernte von Kindesbeinen an, jede Grivne bzw. jede Kopjeke zu schätzen, von daher kam ihr diese Summe hoch vor. Wenn sie eine Fußballspielerin wäre, würde man sie für viele tausend Euro transferieren, aber im Eiskunstlauf war so etwas nicht üblich und niemand hatte solche Summen zur Verfügung. Immerhin, bei dem Gedanken, dass sie quasi für Schlittschuhe und ein Kleid an Deutschland abgegeben wurde, musste sie lachen, so traurig es klang. Aber eigentlich war es auch falsch, niemand hat hier etwas gezahlt – richtig wäre zu sagen: Sie war ihrem Verband ein Kleid und ein Paar Schlittschuhe Wert. Punkt. Aber daran wollte sie nicht mehr denken und konzentrierte sich lieber auf ihre Zukunft.

Nach drei Monaten war sie endlich wieder in Deutschland in ihrem kleinen Apartment. Sie hat nicht sofort verstanden, dass Ingo selbst das Apartment nett eingerichtet hatte, und sie war ihm und anderen Beteiligten sehr dankbar dafür. Sie wusste nicht genau, woher er die Möbel und andere Gegenstände genommen hatte – vielleicht aus seinem Haus, vielleicht von Freunden geliehen –, aber alles, was ein Mensch zum Leben brauchte, war da und sie fühlte sich sehr wohl in diesem neuen Zuhause.

Aljona wurde sofort an einer Universität für Sprachkurse eingeschrieben und musste früh morgens als erstes dorthin. Das Problem aber war, dass alle anderen Kursteilnehmer schon Fortgeschrittene waren, sich relativ gut verständigen und dem Unterricht folgen konnten. Aljona hingegen konnte sich weder verständigen noch dem Unterricht richtig folgen. Sie konnte aber jetzt schon einzelne Wörter auseinanderhalten. Immerhin. So saß sie im Unterricht und malte Blümchen in verschiedenen Variationen. Sie ging zwar trotzdem jeden Tag hin, Schwänzen kam für sie nicht in Frage, aber der Kurs verlief nicht so effektiv, wie es eigentlich sein sollte. Diese Zeit könnte sie besser nutzen als zu sitzen und zu malen und sich berieseln zu lassen – z. B. zu joggen.

Die restliche Zeit des Tages verbrachte sie in der Eishalle und am späten Abend – oft war es nach 22 Uhr – lief sie in den Wald. Im Wald durfte sie ungestört joggen, ohne dass sie jemand beobachtete. Sie zog bis zu fünf Hosen an, damit sie stärker schwitzen konnte und lief los. Dass dies wohl komisch aussah, war ihr egal – im Wald konnte sie alleine mit ihren Gedanken sein. Sie hatte von den vorgeschriebenen zehn Kilo schon einige abgenommen, aber sie musste noch viel an sich arbeiten.

Sie bekam für jeden Tag zehn Euro, das war ihr Tagesgeld, von dem sie sich etwas zu essen kaufen konnte. Aljona hat aber nicht jeden Tag ihre zehn Euro ausgegeben, so viel brauchte sie gar nicht. Deshalb legte sie das Geld zur Seite, um später ihren Eltern ein bisschen finanziell zu helfen oder sich selbst etwas Größeres zu kaufen. Erst nach zwei Monaten konnte Aljona ihre Eltern zum ersten Mal anrufen – von einer Telefonzelle, mitten in der Stadt. Sie erzählte, wie es ihr geht, von ihrem schönen Apartment, vom Deutschunterricht, von ihrem Training, berichtete, wie sie mit Robin und Ingo mit Händen und Füßen kommunizierte; sie hörte, was ihre Brüder gerade machten, jeder wollte ein Wort mit ihr wechseln – Papa, Mama, Rostik, Russlan und Valentin. Selbst der Hund Steve bellte im Hintergrund.

»Bei mir ist alles gut, macht euch keine Sorgen«, versicherte Aljona ihren Eltern immer wieder. Sie wollte nicht, dass sie sich um sie Gedanken machten und um sie Angst hatten.

»Aber wenn etwas passiert oder dir etwas fehlt, versprich uns anzurufen«, ihre Eltern wollten ihre Aljona am liebsten wieder bei sich haben und umarmen.

»Mache ich, passt auf euch auf, ich bin schon ein großes Mädchen«, Aljona lächelte.

Zu Hause zählte Aljona ihre Münzen und stellte fest, dass sie das Gespräch 20 Euro gekostet hatte. Für jede Minute schmiss Aljona immer wieder neue Münzen in den Automaten hinein, aber das Gespräch mit ihrer Familie war ihr viel mehr wert. Sie konnte die Stimmen ihrer Eltern hören, ihre Freude teilen, sich vergewissern, dass es ihren lieben Menschen auch gut geht. Hier in Deutschland fühlte sie sich einsam. Wenn sie die Eishalle verließ, war sie alleine und hatte keinen, mit dem sie sich austauschen konnte. Diese Telefongespräche – kosteten sie, was es wolle, gaben ihr den nötigen Rückhalt, stärkten und motivierten sie. Sie würde schon mit dem Geld klarkommen. Das einzige, was sie noch nicht im Griff hatte, war die deutsche Sprache. Aber sie war sicher, dass sie dies mit der Zeit auch noch hinbekäme. Selbst wenn sie noch viele Monate in den Sprachkursen malen sollte …

»Ein echter Hoffnungs-schimmer am deutschen Paarlaufhimmel«

Schritt für Schritt

»Diese Deutsche Meisterschaft ist für uns sehr wichtig, Ihr müsst Euch sehr gut präsentieren!«, sagte Ingo Steuer seinem Paar und ging selbst aufs Eis. Es war still zu dieser Abendstunde in der Chemnitzer Eishalle, nur Aljona und Robin drehten Hand in Hand ihre Runden und bereiteten sich so auf das Abendtraining vor. Die anderen Paarläufer, die mit Ingo Steuer arbeiteten, hatten ihr Training schon vor einer Stunde beendet, sodass die Eisfläche für die nächsten 50 Minuten nur Robin und Aljona gehörte.

Sie bewegten sich zu dritt über das Eis und Ingo zeigte einige Schritte, die er im neuen Programm unbedingt sehen wollte. Heute wollte er mit seinem neu gebildeten Paar die Kür, mit der sie in diesem Jahr bereits in Deutschland bei den nationalen Meisterschaften antreten, noch verbessern. An internationalen Wettbewerben durften sie noch nicht teilnehmen, weil Aljona für ein Jahr gesperrt war. Aber sie mussten unbedingt so früh wie möglich als Paar trainieren und Wettbewerbserfahrung sammeln, damit sie im nächsten Jahr, wenn Aljona ihre Startgenehmigung bekommen hatte, sofort loslegen konnten.

Aljona hörte den Anweisungen des Trainers, der gleichzeitig auch ihr Choreograf war, aufmerksam zu und versuchte sofort, alle Bewegungen, die Ingo Steuer von ihr forderte, sehr präzise umzusetzen. Ingo gestaltete die Programme für seine Sportler selbst und erkannte sofort, wie er sein Paar am besten zur Geltung bringen konnte. Für Aljona war diese Herangehensweise zunächst neu, denn in der Ukraine hatten extra eingeladene Choreografen die Programme für sie und Stas entworfen und erst dann gingen sie alle Elemente und Bewegungen mit der Trainerin durch. Bei Steuer lag die gesamte Arbeit ausschließlich in seiner Hand. Ingo kannte bereits alle Schwächen und Stärken seines Paares und wusste genau, wie er die beiden im besten Licht präsentieren konnte und welche Bewegungen oder Schrittfolgen, die schwierigen Elemente hervorhoben und ihre Wirkung unterstrichen.

Mit der Kür zum Soundtrack aus dem legendären Film »Casablanca« sollten sich Aljona und Robin zum ersten Mal als Paar vor Fachpublikum präsentieren und in Erinnerung bleiben. Savchenko und Szolkowy mussten mit den ersten Auftritten zeigen – und sie durften zum Glück bereits 2003 wenigstens bei den deutschen Meisterschaften antreten –, dass sie als Paarläufer große Ambitionen hatten, höhere Ziele zu verfolgen.

Der Trainer spielte ihnen die von ihm für die Kür ausgewählte Musik vor und erwartete, dass sie ihr Bestes gaben, um seine Ideen für ihre erste gemeinsame Kür umzusetzen.

Aljona hatte sich keine Gedanken über seine Musikwahl gemacht und konzentrierte sich nur auf das Sportliche. Sie wusste zwar, dass es in diesem Film um eine Dreiecksgeschichte in Zeiten des Zweiten Weltkrieges ging, mehr aber auch nicht. Für sie war dieses Programm nur eine Kür, die ihr und Robin ein Ticket in die Welt der Top-Läufer ihrer Sportart bescheren sollte. Und wenn das Sportliche nicht stimmte, könnte man eine beliebige Geschichte dazu erzählen oder diverse Charaktere hineininterpretieren, aber es würde ihnen nicht weiterhelfen. Ihr war bekannt, dass zum Soundtrack des Films »Casablanca« »As Time Goes By« und die französische Nationalhymne »Marseillaise« zählten. Letzteres amüsierte sie sogar ein wenig. Als Ukrainerin trat sie mit einem Deutschen für Deutschland an und dann noch zu Auszügen aus der französischen Nationalhymne! Aber diese Sequenz war relativ kurz.

Aljona sah darin kein Problem, hatte aber ein ganz anderes: Da sie und Robin als neu formiertes Paar noch keine Finanzierung vom Verband erhielten, konnte sie sich kein neues Wettkampfkleid, das thematisch zu der Kür passte, leisten. Und dieser Missstand war für sie viel präsenter und wesentlich gravierender als die ausgewählte Kürmusik. Im Notfall musste sie ihr altes Kleid wieder anziehen, in dem sie mit Stanislav bei den Olympischen Spielen zu »Sabre Dances« gelaufen war. Vielleicht könnte dieses rot-goldene Kleid sogar zu dem zeitlichen Flair passen?

»Schau mir in die Augen, Kleines!« – soll der Protagonist des Filmes zu seiner Geliebten gesagt haben. Und dieses Zitat gilt bis heute als eines der bekanntesten in der Filmgeschichte. Aljona schaute dem Trainer auch oft in die Augen, wenn er ihr etwas erklärte oder zeigte. Sie hatte großen Respekt vor ihm, und obwohl Ingo meistens sehr streng und fordernd war, fühlte sie sich irgendwie mehr und mehr zu ihm hingezogen.

»Pass auf und konzentrier dich!«, die Stimme des Trainers riss sie aus ihren Gedanken.

Anscheinend hatte sie an Tempo verloren und einen Schritt in der Schrittkombination ausgelassen. Aljona atmete tief durch und wiederholte die Bewegung. Steuer ließ sie nicht aus den Augen und registrierte sehr aufmerksam ihre Bewegungsabläufe.

»Ja … Ja … gut«, sagte Aljona und drehte sich um. Sie musste sich wirklich konzentrieren, sonst würde er das Training früher beenden und sie von der Eisfläche beordern. Und das wollte sie natürlich nicht.

Mit dem ersten Anlauf nach nur ein paar Monaten der Zusammenarbeit gewann das neue deutsch-ukrainische Paar Aljona Savchenko und Robin Szolkowy tatsächlich seine erste Deutsche Meisterschaft.

Aljona freute sich zwar über den Titel, konnte aber den übertriebenen Trubel um diesen Sieg nicht verstehen. Die Journalisten feierten Aljona und Robin in ihren Schlagzeilen, berichteten von der »neuen Hoffnung« des deutschen Paarlaufens, wie sie nun Savchenko und Szolkowy nannten, und bejubelten diesen ersten Platz der neuen Stars, als ob es eine Europameisterschaft oder sogar eine Weltmeisterschaft wäre.

Aljona konnte sich auf Deutsch noch nicht so gut verständigen, aber sie versuchte trotzdem, in der Mixed Zone zu verstehen zu geben, dass diese Freude aus ihrer Sicht viel zu früh sei.

»Wenn ich eine Europameisterschaft gewinne, dann könne man sich darüber freuen, aber nicht jetzt«, erklärte sie in gebrochenem Deutsch und registrierte, wie die Journalisten ihre Worte verwirrten.

Für Journalisten war es wohl undenkbar, dass diese kleine Sportlerin, die erst vor Kurzem aus der Ukraine gekommen war, schon jetzt solch hohe Ambitionen hatte, anstatt aktuell den deutschen Meistertitel zu feiern. Aber wie sollte sie ihnen erklären, dass dieser Sieg nur die erste kleine Stufe einer langen Treppe nach oben sein sollte?

Hatte sie ihr Heimatland verlassen, um deutsche Meisterin zu werden? Hatte sie so viel Zeit und Mühe in ihr Training investiert, um nur bei nationalen Meisterschaften zu gewinnen? Klar, dass sie mehr wollte, und für sie war dieser Wunsch so selbstverständlich, dass sie keine Worte fand, um ihre Gefühle zu erklären. Für sie war die nationale Meisterschaft zwar ein wichtiger Wettbewerb, aber sie sah ihn wirklich nur als einen kleinen Schritt nach oben an und zwar auf der untersten Stufe. Und sie hatte noch viele Stufen zu steigen, deshalb verstand Aljona diese überbordende Freude beim besten Willen nicht.

Daher lächelte Aljona die Journalisten freundlich an, lächelte für die obligatorischen Fotos, beantwortete höflich die Fragen, soweit sie es konnte und es von Ingo erlaubt war, und wartete mit Ungeduld auf die nächste Saison, um endlich bei den internationalen Wettbewerben antreten zu können und ihre »Treppe« weiter empor zu steigen.

Auch Steuer hat schnell verstanden, dass sein neues Paar glänzende Perspektiven hatte. Damit, dass die beiden auf Anhieb die deutsche Meisterschaft gewinnen würden, konnte wohl niemand rechnen. Auch er zunächst nicht. Als er Aljona aus der Ukraine einlud, wollte er nur, dass Robin eine gute Partnerin bekommt. Jetzt war klar, dass er mit diesen beiden viel mehr erreichen konnte. Wirklich viel mehr! Deshalb sagte er sogar seine eigenen Auftritte mit »Holiday on Ice« in Mexiko ab, um mehr Zeit mit dem Paar zu verbringen und sie zu trainieren. Aus diesen beiden konnte er ein

»Traumpaar« schmieden und diese Herausforderung faszinierte ihn als ehemaligem Sportler und ehrgeizigem Trainer.

***

Etwa eine Woche nach den Deutschen Meisterschaften, lief Aljona nach dem morgendlichen Training kurz zu ihrer Wohnung, um eine andere Jacke zu holen. Die Sonne schien und es war warm, aber am Abend sollte es kühler werden. Doch vor der Haustür blieb sie entsetzt am Briefkasten stehen. Aljona hatte in den letzten Monaten wenig Post erhalten, es waren meistens Rechnungen für die Wohnung, die sie an den Verband weiterreichte, oder Aldi-Werbung. Jetzt war ihr Briefkasten rappelvoll mit Kartons und es tropfte braune Flüssigkeit heraus. Aljona schaute genauer hin und versuchte vorsichtig, mit zwei Fingern die McDonalds-Verpackungen, die ihr jemand in den Briefkasten gesteckt hatte, herauszuziehen. Anscheinend hatte jemand viel Spaß daran gehabt, diese leeren Verpackungen in ihren Briefkasten zu stecken und anschließend alles noch mit Kaffee zu übergießen.

Die Briefkästen der Nachbarn waren leer.

War es ein Streich? Ein böser Witz? Aus Neid? Aus Rache? Aber wofür denn? Sie hatte in Deutschland in der kurzen Zeit ihres Aufenthaltes noch keine Freunde gewinnen können, sich aber auch keine Feinde gemacht, glaubte sie zumindest. Wirre Gedanken sausten durch ihren Kopf, Aljona versuchte zu verstehen, was das bedeutete und konnte keine Antworten finden. Dass dies eine gezielte Aktion gegen sie war, dessen war sich Aljona sicher. Denn sonst wären auch die Briefkästen der Nachbarn betroffen gewesen. Wahrscheinlich sind irgendjemandem nach ihrem Sieg in Berlin alle Sicherungen durchgebrannt. Aljona wusste nicht, wer zu so etwas fähig wäre. Aber eigentlich war es ihr auch zu mühselig, eventuell in Frage kommende Personen ausfindig zu machen und zur Rede zu stellen.

Vielleicht waren es einige Mädchen aus der Eishalle, die ihr den Sieg neideten? Aber Aljona wollte keinen beschuldigen, ohne es genau zu wissen. Die Aktion kam ihr einfach nur kindisch vor.

Sie leerte den Briefkasten, putzte und wischte die klebrige Flüssigkeit mit Papiertüchern fort und musste unwillkürlich innerlich lächeln. Vielleicht war diese deutsche Meisterschaft jemandem ja viel wichtiger als ihr selbst und selbst die kleine erste Stufe könnte für diesen ein erklärtes Ziel sein. Für jemanden. Nicht aber für sie. Sie wollte nach ganz oben …

Von dem McDonalds-Präsent im Briefkasten hat sie auch später niemandem berichtet, nicht einmal Robin. Zum einen, weil es ihr schwerfiel, die passenden Wörter zu finden, und zum anderen, weil er eh keine Zeit für solchen Kinderkram hatte – er hatte sein eigenes Leben, traf sich mit einem hübschen Mädchen; von daher wollte Aljona ihn nicht mit solchen Bagatellen belästigen. Und Ingo schon gar nicht.

***

Ihr »Sabre Dances«- bzw. »Casablanca«-Kleid hing immer noch auf den Bügeln an der Schranktür, als sie darin nach der wärmeren Jacke suchte. Aljona hielt kurz inne und bewunderte dieses edle Rot mit goldenen Streifen. Sie glättete das Kleid und packte es in eine Folie. Mit diesem Kleid waren viele Erinnerungen verbunden und sie wusste, dass es nicht das letzte Mal war, dass sie das Kleid angezogen hatte. Ingo hat von Anfang an prophezeit, dass sie in der nächsten Saison bei vielen Wettbewerben laufen würden …

Aljona wollte das Kleid gerade in den Schrank hängen, als ihr Telefon klingelte. Sie hatte inzwischen einen Festnetzanschluss in ihrer kleinen Wohnung und musste nicht mehr zur nächsten Telefonzelle laufen und unzählige Münzen hineinwerfen, um mit ihren Eltern zu telefonieren. Sie vermisste sie so sehr.

Aber in der Leitung waren nicht ihre Eltern. Eine freundliche Männerstimme teilte ihr mit, dass sie »in Lotto gewonnen habe«, das Wort »gewonnen« kannte sie nach der Deutschen Meisterschaft sehr gut und »Lotto« hieß auch auf Russisch »Lotto«. Deshalb verstand Aljona sofort, dass sie wohl in Deutschland viel Glück habe. Der Mann sagte noch etwas und noch etwas, sie antwortete »ja« und »ja« und »ja«, konnte aber nicht verstehen, wie sie an ihren Gewinn kommen könnte und wie viel genau sie gewonnen hatte. Als nach diesem Gespräch keine weiteren Anrufe kamen und sie von ihrem »Gewinn« nichts mehr gehört hatte, ging Aljona davon aus, dass der Mann sich verwählt hatte. Ihr Glück musste sie selbst schmieden und nicht warten, dass es von oben in Form eines Lottogewinns auf sie hernieder fällt. Von daher vergaß sie den Anruf, bis sie drei Monate später in das Büro von Ingo Steuer zitiert wurde.

»Aber wie kommt es? Ich verstehe es nicht«, Aljona schüttelte noch mal den Kopf und schaute auf Ingo. Doch er und eine andere Trainerin meinten es ernst. Sie hatten festgestellt, dass von Aljonas Geldkarte monatlich 70 Euro an irgendeine dubiose Lotto-Gesellschaft überwiesen wurden. Dass in Deutschland so eine Art von Abzocke existiere, konnte sich Aljona im schlimmsten Albtraum nicht vorstellen. Und sie ist in diese Falle getappt, weil sie darauf nicht vorbereitet war. Aljona wusste zwar nicht, wie Ingo hinter die Transaktionen der Karte gekommen war, aber es war ihr sehr peinlich, dass ihr so etwas überhaupt passieren konnte. Es tat ihr fürchterlich leid. Aber ihre Entschuldigung reichte wohl nicht. Für so ein dummes Vergehen sollte sie eine harte Strafe akzeptieren und ihre Geldkarte im Büro abgeben. Und zwar sofort. Sie wollte sich weigern, die Karte abzugeben, schließlich war darauf ihr Geld, was sie sich von den zehn Euro Taschengeld pro Tag erspart hatte.

»Das ist doch mein Geld!«, sagte Aljona bestimmt und schaute in die Augen ihres Trainers.

»Gib die Karte her!«, wiederholte Ingo mit fester Stimme.

»Aber …« Sie wollte noch etwas erwidern, aber das Ultimatum war deutlich. Die Tür im Büro war abgeschlossen und sie durfte den Raum erst verlassen, wenn sie die Karte herausgerückt hatte.

»Entweder legst du jetzt die Karte auf den Tisch oder du packst deine Sachen und verschwindest. In Kiew kannst du auch gut trainieren!«

Aljona wollte nach dem Training noch einkaufen, weil sie es in dieser Woche nicht geschafft hatte, und nun … Aljona legte schweigend die Karte auf den Tisch, schaute auf Ingo und ging. Sie würde lieber hungern, als zurück nach Hause geschickt zu werden.

Sie hatte Ingo nicht gesagt, dass sie kein Bargeld mehr hatte und im Kühlschrank so gut wie nichts mehr war. Immerhin hatte sie noch eine Packung Tee und eine Tüte Bonbons und damit konnte sie sich auf jeden Fall ein paar Tage über Wasser halten. Wahrscheinlich müsste man in so einer Situation verzweifelt weinen und bereits Hungergefühle verspüren, aber Aljona … freute sich irgendwie auch: Sie hatte bisher fast acht Kilo abgenommen, doch die restlichen zwei Kilo waren die schwierigsten. Sie waren trotz aller Bemühungen immer noch da. Aljona joggte jeden Tag eine zusätzliche Runde, aber diese verdammten zwei Kilo wollten partout nicht verschwinden. Doch nun würde sie sie auf jeden Fall loswerden. Und das war das Positive an dieser vermaledeiten Lottogeschichte.

Aber Aljona irrte sich.

Noch mehr »Glück« durfte sie paar Tage später erfahren, als sie früh morgens in den ersten Bus einstieg, um zur Uni zu fahren. Sie musste immer noch Sprachkurse besuchen und durfte erst danach in der Eishalle erscheinen. Da sie kein Geld mehr hatte, kaufte sie sich kein Ticket. Dass gerade an diesem Morgen um 6 Uhr Kontrolleure in ihren Bus einstiegen und sie nach dem Ticket fragten, war definitiv ihrer »Glückssträhne« zu verdanken. Den Straffzettel hat sie ein paar Stunden später Robin gegeben, als er fragte, was mit ihr los sei. Er hatte bemerkt, dass seine Partnerin total durcheinander und traurig in der Eishalle erschienen war. Robin hat ihr dann auch das Geld für die Strafe geliehen.

***

Ihre Geldkarte bekam sie erst Ende der Woche wieder. Bei der Gelegenheit gab sie auch zu verstehen, dass sie beim Sprachunterricht an der Uni keine Fortschritte mache und diese Kurse ineffizient für sie seien. Deshalb musste Aljona alsbald in eine Schule gehen und in einer Klasse mit zehnjährigen Kindern anderer Migranten von

Anfang an Deutsch lernen. Aber dort konnte sie dem Unterricht folgen und das war das Wichtigste. Alles andere war für sie zu dem Zeitpunkt irrelevant.

Und so durfte sie weiter trainieren und sich auf die nächste Saison vorbereiten. Für die nächste Saison behielten Aljona und Robin ihre Programme bei. Endlich durften sie sich einem breiten internationalen Publikum vorstellen. Ihnen wurde sogar eine Grand-Prix-Etappe, und zwar in Moskau zugeteilt.

Zu den Klängen eines Klaviers starteten sie ihr romantisches Kurzprogramm zu »Isole« von Rondò Veneziano. Die Musik und die Choreografie waren Zärtlichkeit pur, eine vorsichtige Annäherung, jede Note, jeder Tastendruck des Klaviers, jede Bewegung, jede Drehung, jeder Sprung, jeder Twist, jede Pirouette, jede Handbewegung – zufällige oder absichtliche –, jeder Blick – ein kurzer oder ein tiefer, direkt in die Augen –, jedes Lächeln — ein übers Gesicht huschendes oder im Herzen haftendes – alles war in diesen wunderschönen Klavierklängen vorhanden. Man konnte dieses Programm auf verschiedene Weise interpretieren, weil darin so viel Gefühl verborgen war. War es vielleicht gar nicht die Geschichte einer Annäherung, sondern vielmehr eine Geschichte über Einsamkeit, über eine junge Frau, die alleine in einem fremden Land ein neues Leben anfängt, sich auf ihre Intuition, auf ihre Gefühle verlässt und träumt?

Leider klappte bei diesem Auftritt in Moskau nicht alles. Vielleicht lag es an der Aufregung des ersten wichtigen Wettbewerbs? Vielleicht lag der Grund woanders, aber zu dem Zeitpunkt war das unwichtig. Auch Ingo Steuer war aufgeregt, er tigerte während ihres Auftrittes an der Bande in der Moskauer Luzhniki Eisarena hin und her und versuchte sich zu drehen, zu springen und mit seinen beiden Schützlingen das Programm mitzulaufen. Aljona hat es erst später bei den Fernsehaufnahmen gesehen und freute sich, dass der Trainer sein Paar so leidenschaftlich unterstützte. Das bedeutete ihr viel.

Nach dem Kurzprogramm waren sie nur Siebte, konnten aber mit ihrer Casablanca-Kür einige Plätze gut machen und am Ende wurden Aljona Savchenko und Robin Szolkowy bei ihrem Grand Prix-Debüt mit einer Bronzemedaille belohnt.

Mehr konnte man sich für ein Debüt bei einem Grand Prix nicht wünschen. Obwohl – sie waren ja auch nicht fehlerfrei und wenn sie sich keine Fehler geleistet hätten … hätten sie sogar besser platziert sein können. Aber Aljona freute sich trotzdem über diese erste GP-Medaille und mehr noch, endlich, endlich ihre Eltern hier in Moskau wiederzusehen.

Nina und Valentin Savchenko kamen extra nach Moskau, um ihre Tochter zu treffen und dieses Wiedersehen war für Aljona mehr wert als alle Medaillen zusammen. Schließlich hatte sie ihre Familie fast eineinhalb Jahre nicht mehr gesehen. Sie konnten es sich nicht leisten, nach Deutschland zu kommen. Und Aljona konnte nicht ausreisen, weil sie Deutschland nicht verlassen durfte – irgendwie war dieses Ausreiseverbot wichtig, damit sie rechtzeitig ihren deutschen Pass bekommen konnte, um Deutschland bei den Olympischen Spielen in Turin zu vertreten. Aljona hat es nicht verstanden, welche Regelung das war, niemand hat sie richtig aufgeklärt. Ab und zu musste sie irgendwelche Unterlagen unterschreiben, die sie wohl für ihre Einbürgerung benötigte. Zunächst weigerte sie sich, die Dokumente zu unterschreiben, ohne zu wissen, was darin stand, aber Ingo duldete keine Widerrede. Sie müsse alles unterschreiben oder sie werde in die Ukraine zurückgeschickt.

Dieser Druck, wieder in die Ukraine geschickt zu werden, Deutschland verlassen zu müssen, also ausgewiesen zu werden, war ihr ständiger Begleiter. Selbst wenn Aljona mal ein schlechtes Training absolvierte oder ihre Meinung zum einen oder anderen Element sagen wollte, hörte sie, dass sie in die Ukraine ausgewiesen werden würde, wenn sie irgendwelche Einwände habe oder mit dem einen oder anderen nicht einverstanden sei. Sie sollte funktionieren, nicht diskutieren … Und das belastete sie enorm, denn sie nahm Ingos Worte zu diesem Zeitpunkt sehr ernst. Deshalb unterschrieb sie blind alle Dokumente, ohne viel nachzufragen. Einmal versuchte sie Robin zu fragen, worum es in den Papieren ginge, er las sie schnell durch und sagte auch, sie solle sie einfach unterschreiben. Aljona ging davon aus, dass da nichts Schlimmes stand und sie vertraute dem Trainer und ihrem Team voll und ganz, aber bei solchen Situationen hatte sie oft ein unangenehmes Bauchgefühl. Jeder Mensch sollte wissen, was er unterscheibt und wozu er sich verpflichtet. Auf jeden Fall musste sie in den letzten Monaten viel Papierkram erledigen und hoffte, dass sie bis 2006 einen deutschen Pass bekommen würde.

Sie freute sich jetzt in Moskau, endlich ihre Mutter und ihren Vater nach fast eineinhalb Jahren beim Rostelekom-Cup zu umarmen, in ihre Augen schauen und in ihrer Nähe sein zu können. Hier in Moskau hat sie ihren Eltern Robin zum ersten Mal vorgestellt, früher hatten sie ihn nie live gesehen. Schließlich war ihre Tochter buchstäblich in seinen Händen. Aber da sie sich mit ihm auch nicht verständigen konnten, war es nur ein kurzes Treffen. Und was sollten sie eigentlich dazu sagen? Robin war der Partner ihrer Tochter, sie hatten eine Bronzemedaille gewonnen, er schien ein netter Kerl zu sein und Aljona schien auch glücklich zu sein. Was konnten die Eltern sich noch mehr für ihr Kind wünschen?

»Die neue deutsche Paarlaufhoffnung«, sagte ein deutscher Kommentator bei einer Fernsehgala einen Monat später. Er wies darauf hin, dass das neue Paar unglaublich schnell in die Weltspitze vorgestoßen sei, sich bei seinem GP-Debüt eine Bronzemedaille gesichert hatte und man diesen beiden wohl alles in der Zukunft zutrauen müsse. Sie seien mehr als ein echter Hoffnungsschimmer am deutschen Paarlaufhimmel …

An die Weltspitze von jetzt auf gleich?

»Leidenschaft steht am Anfang jeden Erfolgs.«

Nach der ersten gemeinsamen Bronzemedaille in Moskau rannte die Zeit so schnell dahin, dass Aljona sie kaum wahrnahm. Wettbewerbe, Training, zweite deutsche Meisterschaft, die erste gemeinsame Europameisterschaft, Weltmeisterschaft, neue Choreografien, dann die neue Saison, wieder Wettbewerbe – alles lief wie auf der Schnellspur eines Videos. Die Arbeitsroutine dominierte den Alltag. Die harte Arbeit, die ständige Weiterentwicklung, das Streben nach Perfektion – das alles machte unheimlich viel Spaß. Aljona freute sich auf jeden neuen Tag, auf jede einzelne Minute, die sie auf dem Eis verbringen konnte. Sie war glücklich, tausende Male eine einzige Bewegung zu wiederholen, bis sie perfekt saß, und bemerkte nicht, wie die Tage vergingen. Einerseits kam es ihr sehr schnell vor, andererseits – wenn man die Stunden des harten Trainings auf dem Eis, der Dehnübungen und des Joggens zusammenzählte – kam es ihr wie eine Ewigkeit vor, eine Ewigkeit, in der man dennoch jede einzelne Sekunde schätzt und genießt.

Robin und Aljona – als Neulinge hatten sie nichts zu verlieren, konnten Neues ausprobieren, viel riskieren und wussten genau, dass ihre Sternstunde kommen wird. Sie konnten nicht gleich von Null auf Hundert steigen und sie mussten auf dem Boden bleiben, aber jeder, der das neue Paar sah, musste sofort zugeben, dass es bereits nach eineinhalb Jahren ein hohes Niveau hatte, das sie irgendwann zur Weltspitze führt – und auf dieses irgendwann mussten sie nicht mehr lange warten.

So konnten sie zuversichtlich in die neue olympische Saison starten und dem Publikum ihre neuen Programme präsentieren.

Mit dem Sieg bei Skate Canada haben sie sich für ihr erstes Grand-Prix-Finale qualifiziert und holten sich dort die Bronzemedaille. Und wenn es so weiterginge, könnten sie ernsthafte Anwärter auf eine Medaille in Turin werden. Und das waren nun wahrlich keine vagen Hoffnungen oder Spekulationen, sondern sehr begründete Perspektiven, die keiner mehr bestreiten konnte.

In dieser ereignisreichen Zeit hatte Aljona in Chemnitz sogar Freunde gewonnen, es war eine Familie aus Kiew – eine Mutter und ihre sechsjährige Tochter Anastasja. Die Tochter trainierte in der gleichen Eishalle und mit ihrer Mutter, Veronika, hatte Aljona irgendwie sofort eine gemeinsame Ebene gefunden. Aljona konnte ihr alles anvertrauen und manchmal übernachtete sie sogar bei ihrer neuen Freundin, wenn sie Probleme hatte.

So wie heute.

Sie saß in Veronikas Wohnzimmer, hielt eine heiße Tasse Tee in der Hand und erzählte.

»Ich kann es jetzt nicht erklären, wie es dazu kam, aber Ingo und ich …«, Aljona brach mitten im Satz ab, schaute aufmerksam auf Veronika und wollte gerade weitererzählen, aber Veronika war schneller.

»Das habe ich schon längst verstanden … Ihr seid einander näher gekommen«, Veronika lächelte sie aufmunternd an.

»In der Eishalle ist Ingo immer noch unser Trainer, der das Sagen hat. Ich dachte, da wir uns näher gekommen sind, dass ich nun auch beim Training meine Meinung sagen könnte, einige Tipps aussprechen darf oder neue Bewegungen zeige, die ich mir ausgedacht habe. Aber er wies mich mit barschen Worten zurecht. Ich wollte doch nur das Beste, nicht für mich alleine. Für uns drei. Wir müssen uns ja weiterentwickeln.«

»Wolltest du etwas kritisieren?«, Veronika stand auf und schenkte noch etwas Tee ein. Sie verstand, dass sie eigentlich keine Fragen stellen sollte, aber Aljona wollte ihrer Enttäuschung Luft machen. Veronika konnte sich nicht vorstellen, wie Aljona das erste Jahr ganz alleine in Deutschland leben konnte, ohne sich mit jemandem austauschen zu können.

»Nein, ich wollte keinen Aufstand machen oder Kritik üben … Und wenn schon, dann wäre es meinerseits eine konstruktive Kritik gewesen, so wie ich es als Sportlerin sehe – denn ich muss diese Drehung machen und an dieser Stelle könnte diese zusätzliche Handbewegung sehr schön aussehen und noch ausdrucksstärker wirken. Auch zu der Musik wäre das eine oder andere passender. Manchmal sind ja unscheinbare Kleinigkeiten sehr wichtig«, Aljona stand kurz auf und zeigte die Bewegung. »Es war doch nur ein Vorschlag! Ich sagte, lass es uns so probieren und zeigte eine Bewegung.«

»Hat ihm dein Vorschlag nicht gefallen?«, Veronika schaute auf Aljona, die sich wieder hinsetzte und ihre Tasse auf dem Tisch hin und her schob.

»Diesmal wollte er es gar nicht hören! Manchmal funktioniert es, aber oft nicht – das ist wie ein Nervenspiel«, Aljona stellte die Tasse endlich zur Seite und stand wieder auf. »Darf ich heute bei euch bleiben?«

»Na klar! Wieso fragst du? Du kannst immer bei uns bleiben, wenn du willst, ohne extra zu fragen«.

Aljona nahm Platz und lächelte. Es hatte ihr so gefehlt, jemanden zu haben, dem sie sich anvertrauen konnte, mit dem sie sprechen konnte und dem sie auch selbst zuhören durfte. Nein, sie brauchte keine Ratschläge oder Trost, sie war es ja gewohnt, sich nur auf sich selbst zu verlassen und keine Hilfe von jemandem zu erwarten. Aber das Gefühl, dass jetzt jemand für sie da war, stärkte sie. Veronika reiste sogar zu einigen Wettkämpfen und feuerte sie und Robin vor den Auftritten von der Tribüne aus an. Aljona wusste immer, wo sie auf der Tribüne saß, und selbst wenn Aljona keine Zurufe hörte, weil sie auf ihr Programm konzentriert war und sich wie in einem Tunnel befand, spürte sie diese positive Energie. Diese Zurufe störten Aljona gar nicht. Sie freute sich, dass ihre Freunde dabei waren. Veronika war oft unter den Zuschauern, sie verzierte mit ihren Stickereien die Plüschtiere, die sie nach Aljonas Auftritten auf die Eisfläche warf. »Wir sind immer bei dir«, stand darauf. Manchmal waren es keine Plüschtiere, sondern extra angefertigte Puppen in passenden Kostümen, die Aljona und Robin darstellten.

An jenem Tag blieb sie bei Veronika, Aljona brauchte ihre Ruhe, sie musste nachdenken. Aljona merkte genau, dass Robin auch nicht damit zurechtkam, wenn sie und Ingo Streit hatten. Wenn zu Hause alles okay war, hatten sie auch ein gutes Training. Wenn nicht, lief es auch beim Training durcheinander. Jeder konnte diese negative Anspannung spüren, die sich auf ihr Training auswirkte. Aber Robin sagte dazu nichts, obwohl Aljona es sich manchmal wünschte. Dabei war es für Aljona nicht deutlich nachvollziehbar, ob es ihm egal war oder er sich nicht einmischen wollte. Er registrierte offensichtlich alles, aber machte nur das, was ihm gesagt wurde, und sagte keinen Ton dazu. Aljona wünschte sich, dass er klar und deutlich seine Meinung zu sportlichen Problemen äußerte und sich in die Diskussionen einmischte, dass er etwas vorschlug – so wie er es als Partner sah und wahrnahm. Aber er schwieg. Und Aljona sprach ihn auch nicht darauf an, doch mal seine Meinung zu sagen.

»Vielleicht könnte Ingo dann andere Ideen besser akzeptieren?«, Aljona stellte diese Frage eher an sich selbst als an Veronika, die im Begriff war, ins Bett zu gehen. Aber weder sie noch Veronika konnten diese Frage beantworten. Aljona wollte nicht wie eine Querulantin dastehen, deshalb sprach sie einige ihrer Ideen gar nicht mehr an.

»Warte einfach ab, ihr seid auf einem guten Weg und es wird sich schon zeigen, wie es weitergeht«, Veronika zog ein Kissen aus dem Schrank und lächelte Aljona an. »Es wird schon, mach dir keinen Kopf.«

Ja, eigentlich machten sie gute Fortschritte und zeigten immer bessere Leistungen bei den Wettbewerben, und sie entwickelten sich auch weiter. Und das bedeutete: Ingos Methoden, seine Sichtweisen funktionierten. Auch ohne ihre Vorschläge und Ideen oder Fragen. Sollte sie dann wirklich etwas infrage stellen? Wenn sie zu viel wagte, könnte er sie in die Ukraine zurückschicken, dieser Druck war immer noch da, und die Tatsache, dass Aljona und Ingo sich nähergekommen sind, würde daran nichts ändern. Und zu diesem Zeitpunkt hatten sie schon zu viel erreicht, um wegen irgendwelcher Diskussionen in die Ukraine zurückzugehen. Die Leistungen stimmen. Und das war die Hauptsache. Alles andere wird sich zeigen. Veronika hatte Recht. Die Gedanken sausten bis spät in die Nacht durch ihren Kopf, bis Aljona endlich einschlief.

***

Am nächsten Tag bekam sie die Nachricht, dass ihr deutscher Pass bald fertig sei. Mittlerweile hatte Aljona alle Papiere unterschrieben, den Deutschtest gleich beim ersten Versuch bestanden und wartete mit Ungeduld, wann sie endlich Deutschland als Deutsche bei den Wettbewerben vertreten könnte. Die Olympischen Spiele sollten in zwei Monaten eröffnet werden und die restlichen Tage könnte man wie bei einem Countdown abzählen. Nur ein großer Wettbewerb lag dazwischen – die Europameisterschaft in Frankreich.

Die Spannung wurde größer, der Druck auch und auch die Belastung, sowohl körperlich als auch psychisch. Kurz vor Jahresende hatte Aljona endlich den Pass zugeschickt bekommen. Sie war nun Deutsche. Konnten sie das russische Top-Paar Tatiana Totmyanina und Maxim Marinin in Lyon einen Monat vor den Olympischen Spielen schlagen? Vielleicht war es noch zu früh, an so etwas zu denken, aber einen Versuch war es wert. Schließlich war es Sport, es war ein Wettbewerb und das Einzige, worauf man zählen sollte in Bezug auf die Konkurrenz, war … die eigene Leistung. Man konnte lange spekulieren, welches Paar besser war und welche Programme interessanter und schöner wirkten – das zelebrierten Eiskunstlauffans unentwegt in diversen Foren –, aber wenn die eigene Leistung nicht stimmte, war es egal, wie die Rivalen liefen. Von daher war das erklärte Ziel: Platz 1 – und so gut zu laufen, wie sie konnten.

Aljona und Robin zählten sicherlich zu den wichtigsten Kandidaten für den Sieg, und so kurz vor den Olympischen Spielen war diese Europäische Meisterschaft enorm wichtig. Es war ein großer Unterschied, ob sie und Robin bei den Olympischen Spielen als amtierende Europameister oder zumindest Medaillengewinner antreten würden oder als »Neulinge«, die noch keinen großen Titel vorweisen konnten, die große »Arena« betraten. Aljona und Robin konnten um diesen Titel mitkämpfen und ihre Programme waren außergewöhnlich und sehr ausgefeilt. Das wusste sie und mit diesem Wissen fuhren sie nach Lyon.

Nach dem Kurzprogramm lagen Savchenko und Szolkowy auf dem dritten Platz. War das eine gute Ausgangsposition für die Kür? Es ergab keinen Sinn, sich mit den Fehlern im Kurzprogramm auseinanderzusetzen und sich Vorwürfe zu machen – das konnten sie später noch nachholen –, aber auch das war ein Gewinn an Erfahrung. Hatten sie sich zu viel vorgenommen? War die Aufregung viel zu groß? Oder war es nur Zufall? Jetzt hing ihre Chance auf eine Medaille von der Kür ab. Und sie mussten weiterkämpfen, wenn nicht um den Titel, dann wenigstens um einen Podiumsplatz.

Der doppelte Twist … der dreifache Toeloop … nicht sauber gelandet … Aljona verbat sich selbst, nur eine einzige Sekunde daran zu denken … die gemeinsame Drehung … das Publikum applaudiert im Takt der Musik … aufatmen …. lächeln … nicht ablenken … und jetzt der Höhepunkt … Hand in Hand … Fuß zu Fuß … Tempo halten … diese Schrittfolge in der Kür riss die Zuschauer immer mit. Auch jetzt applaudierten sie zu jedem ihrer Schritte. Jede Note der Musik, jeder Akzent wurde mit den Bewegungen der Sportler unterstrichen. Es war keine Schrittfolge, es war ihr gemeinsamer Weg – per aspera ad astra, »durch das Raue zu den Sternen« – durch Höhen und Tiefen, Freude und Tränen … Und das war nur der Anfang des großen Weges! Das Publikum spürte es und applaudierte immer lauter im Takt, Aljona lächelte, Robin lächelte. Sie konnten es schaffen! Sie konnten die Zuschauer mit dieser Kür mitreißen! Und wieder ein Sprung … ein Wurf … Aljona, stehen bleiben! Ja! Genau so! Und eine Hebefigur … an das Tempo denken … und wieder die Pirouette … und wieder nach oben … die Hebefigur … aufatmen … und die Todesspirale … aufatmen … Schluss!!!

Das Herz raste. Aljona umarmte Robin, Robin umarmte Aljona, beide lächelten. Sie haben es geschafft! Das Publikum applaudierte frenetisch. Mit ihren Augen suchte Aljona Ingo an der Bande, er wartete schon auf die beiden mit ihren Jacken in der Hand, lächelte zurück und schien wirklich sehr zufrieden zu sein. Auch er war außer Atem, als ob er das ganze Programm mitgelaufen wäre – so durchlebte er jede Bewegung hinter der Bande. Seine Augen leuchteten vor Freude, als er Aljona herzlich umarmte und Robin auf den Rücken klopfte. Die Anspannung war groß und die Preisrichter nahmen sich ein bisschen Zeit, um zu verkünden: Das deutsche Paar ist Vize-Europameister geworden!

Und dann … dann kam die Hiobsbotschaft …

Eroberung des Paradieses? – Nicht heute!

»Versuch nicht besser zu sein als andere. Versuche besser zu sein, als du gestern warst.«

»Stasi?«, fragte Aljona und runzelte die Stirn.

Doch weder Ingo selbst noch Robin wollten ihr die Einzelheiten dazu erklären. Sie wusste nicht mal, was Stasi überhaupt bedeutete und recherchierte deswegen im Internet. Das sollte eine Abkürzung für die ehemalige DDR-Geheimpolizei »Staatssicherheit« sein. »Und?« Aljona scrollte die Internetseite weiter und konnte ihren Augen nicht glauben. »Vielleicht ist es doch was anderes?« Aber alle Treffer in Google führten zu denselben Seiten bzw. denselben Erklärungen und es waren keine anderen Stasi-Treffer vorhanden …

»Aber wenn es so ist, was habe ich damit zu tun?«, Aljona stellte sich in Gedanken immer wieder diese Frage und öffnete immer neue Seiten.

»Echt jetzt? Was habe ich damit nach 20 Jahren zu tun?«, sie fragte es sich immer wieder und las weiter.

Denn die Lage war wirklich ernst: Kurz vor den Olympischen Spielen war Ingo wegen langjähriger Kontakte zum Ministerium für Staatssicherheit vom NOK aus dem deutschen Olympia-Team ausgeschlossen worden. Mit anderen Worten: Er durfte sein Paar nicht nach Turin begleiten. Und das wäre ein Desaster. Aljona konnte ihren Augen nicht trauen, die Situation kam ihr surreal vor. Wann ist dieser Albtraum zu Ende? Es kam ihr so absurd vor, dass sie sich ständig wünschte, aufzuwachen.

»Was hat das jetzt mit uns Eiskunstläufern zu tun? Wir sind nur Sportler, wir machen unsere Arbeit, wir vertreten Deutschland bei den Olympischen Spielen und wir brauchen unseren Trainer dafür!« Aljona war wütend und konnte sich nicht beruhigen.

Am Eingang zur Eishalle traf sie Veronika und sie gingen zusammen zu den Tribünen. Veronikas Tochter hatte ihr Training bereits beendet, musste sich umkleiden und fertig machen. Veronika wollte sie abholen.

»Der Trainer ist alles für uns! Er hat aus uns ein Paar geformt! Er hat unsere Programme choreografiert! Er hat mit uns stundenlang an jeder Kleinigkeit gearbeitet! Er ist die wichtigste Bezugsperson für uns als Sportler!« Aljona war dabei auszurasten, als sie sich mit ihrer Freundin Veronika auf die Tribüne in die erste Reihe setzte.

»Echt schlimm. Ich weiß nicht, was ich dir raten soll.« Veronika wusste wirklich nicht, wie sie Aljona helfen konnte.

Aljona war in ihrer Rage nicht mehr zu bremsen.

»Ingo ist alles für uns! Es kommt gar nicht in Frage, dass wir ohne ihn hinfahren!«

Diese Diskussion dauerte bereits seit zwei Wochen und jeder bemerkte, dass diese Diskrepanzen, dieser psychische Druck sich auf die Leistungen des Paares auswirkte. Die anderen Sportler, Eva Maria Fitze und Rico Rex, die schon lange bei Ingo Steuer trainierten, hatten den Trainer nach Bekanntgabe der Stasi-Geschichte gewechselt. Aljona wusste nicht, ob es ihre eigene Entscheidung war oder ob Druck von außen auf sie ausgeübt worden war, das interessierte sie auch nicht. Für Aljona und Robin kam es gar nicht in Frage, Ingo jetzt zu verlassen.

»Wie soll ich normal trainieren, wenn wir nicht wissen, wie es weitergeht? Wieso können andere Sportler sich voll und ganz auf ihre Arbeit konzentrieren und wir … und wir müssen mit diesem ….«, Aljona wollte das Wort nicht aussprechen und atmete tief durch.

Ingo war noch nicht in der Eishalle und das bedeutete nur eins – er kommt heute nicht. Anscheinend hatte er einen Anwaltstermin.

»Es kostet Zeit, es kostet Nerven, es kostet unsere Motivation! Einige Trainingseinheiten mussten wir sogar ausfallen lassen!«, sagte Aljona und suchte mit den Augen nach Robin.

Er joggte an der anderen Seite des Eisringes und bemerkte anscheinend nicht, dass Aljona schon da war. Er hatte Kopfhörer auf den Ohren und so stand Aljona auf und versuchte, mit Winken auf sich aufmerksam zu machen. Wenn Ingo nicht kommt, könnten sie wenigstens einige Elemente alleine trainieren.

»Und wenn ihr wirklich diese paar Tage von jemand anderem bei Olympia beraten werdet, kann Ingo euch per Telefon coachen?«, fragte ihre Freundin leise. »Ihr habt doch für die Olympischen Spiele so viel gearbeitet und jetzt sollt ihr sie verpassen?«

Aljona drehte sich um und setzte sich wieder hin.

»Nein! Entweder fahren wir mit ihm oder wir fahren gar nicht! Es ist ihm gegenüber unfair! Wir haben alles zu dritt erarbeitet und wir müssen bis zum Ende zusammenhalten«, sagte sie und holte ihre Schlittschuhe aus der Tasche.

»Aber, denk an dich … als Sportlerin …«, erwiderte Veronika und beobachtete, wie Aljona mit schnellen, beinahe hastigen, aber geübten Bewegungen die Schnürsenkel band und befestigte. Als Aljona damit fertig war, gab Veronika ihr die Kufenschoner, die neben der Tasche lagen, und wiederholte die Frage: »Wäre es nicht besser für euch?«

»ES IST UNFAIR. Wie stellst du dir das vor, er hat alles für uns gegeben, alles! Und wir lassen ihn … im Stich? Sagen ›tschüss‹ und fahren zu den Olympischen Spielen nach Turin? Ich bin nicht so … Veronika … Mag sein, dass einige mich als hart ansehen, aber in erster Linie bin ich fair … So verhält man sich nicht gegenüber einem Menschen, der für dich alles getan hat. Wir sind zusammen. Und wir müssen das Problem zusammen lösen. Das wäre fair. Und wenn ich auf die Olympischen Spiele verzichten muss … Dann müssen die Anderen eben Deutschland vertreten.«

»Ich verstehe … dann bleibt nur zu hoffen, dass ihr es noch geregelt bekommt. Weißt du, was er da genau bei dieser Stasi gemacht hat?«

»Er hat wohl, wie ich verstanden habe, einige Sportler damals bespitzelt oder etwas abgegeben oder erzählt – keine Ahnung! Ich weiß es, ehrlich gesagt, nicht so genau und er redet nicht darüber. Ich will es auch nicht wissen! Es ist lange her und jetzt haben wir 2006!« Aljona schob die Schoner auf die Kufen und stand auf.

Robin winkte ihr endlich zurück und zeigte aus der Entfernung mit den Händen, dass er gleich aufs Eis gehen würde. Die Eisbearbeitungsmaschine Zamboni polierte gerade die Eisfläche wieder glatt, nachdem die letzten Läufer aus der vorherigen Trainingsgruppe in den Kabinen verschwunden waren.

»Was meinst du? Kann er seine Akkreditierung gerichtlich durchsetzen?«

»Wenn schon …« – Aljona schwieg und wartete, bis Zamboni vorbeigefahren war, sonst war es zu laut für ein Gespräch.

»Wenn schon, dann wird es sehr knapp sein, aber ohne ihn fahren wir nicht, das ist jetzt schon klar«.

»Selbst Katarina Witt hat es ihm verziehen und sagte, dass er jung und naiv war und dass ihr dadurch eine wichtige Bezugsperson bei den Wettkämpfen verliert.« Veronika versuchte, Aljona noch aufzumuntern.

Aljona starrte vor sich hin und schüttelte nur den Kopf. »Glaub nicht, dass es viel helfen würde …«

»So stand es in der Bild-Zeitung … Sie meinte, man hätte das alles wesentlich früher beleuchten können. Auf diese Art und Weise ist doch niemandem geholfen.«

»Das stimmt, aber es kommt, wie es kommt, und wir werden kämpfen! Wenn sie uns bei den Olympischen Spielen sehen möchten, dann werden sie ihn akkreditieren müssen – von mir aus auch gerichtlich«, sagte Aljona und stand auf.

»Werdet ihr heute ohne ihn trainieren?«, Veronika folgte Aljona bis zu der Eisfläche und beobachtete, wie Aljona ihre Kufenschoner wieder abnahm und auf die Bande legte.

»Haben wir eine andere Wahl?«, Aljona seufzte und zeigte Veronika, dass ihre Tochter bereits fertig war und am Ausgang mit ihrer Sporttasche wartete.

»Wir sind wie eine Bande und Ingo ist unser Chef«, schmunzelte Aljona. Auch mit ein wenig Humor und positiver Einstellung konnte man an die Probleme herangehen. Was blieb ihnen denn noch übrig?

In diesen Tagen war es häufig so, dass sie alleine aufs Eis gingen. Ingo musste viel klären, um seine Akkreditierung noch rechtzeitig zu bekommen. Es war nicht sinnvoll, heute zu schwierige Elemente zu trainieren, die unsägliche Geschichte saß ihr buchstäblich in den Knochen, sodass es sogar gefährlich war, weiterhin an den Sprüngen oder Würfen zu arbeiten. Der Kopf war nicht mehr frei und so konnte es zu Stürzen kommen, was kurz vor den Olympischen Spielen – falls sie wirklich noch nach Turin fahren sollten – unnötig war. Auch Robin schien nicht richtig bei der Sache zu sein und stolperte bei den Schrittfolgen, die er sonst mit geschlossenen Augen laufen konnte. Auch ihn hat diese Geschichte mitgenommen. Das konnte Aljona deutlich sehen, aber darüber haben die beiden kaum miteinander gesprochen. Zum einen war das Thema wegen ihrer geringen Deutschkenntnisse zu komplex und zum anderen versuchten sie, jede freie Minute in das Training zu investieren. Aber auch Robin war der Meinung, dass sie nicht ohne Ingo nach Turin reisen sollten. Das Eis hat das Trio richtig »zusammengefroren«.

***

Bis zum Abflug nach Turin wussten Aljona und Robin nicht, ob Ingo sie bei dem wichtigsten Auftritt des Jahres begleiten konnte. Der gerichtliche Termin wurde so gesetzt, dass die Entscheidung erst in letzter Sekunde fallen würde und sie es erst in Turin erfahren würden. Sie dachten bei den Trainingseinheiten daran, sie dachten daran bei der Auslosung der Startnummern, sie dachten daran bei dem Teammeeting, beim Frühstück, beim Abendessen – immer. Die Ungewissheit zerriss sie von innen und sie konnten gar nicht realisieren, dass sie bei den Olympischen Spielen in Turin waren.

»Ich mag es nicht, wenn alle Sportler aus allen Disziplinen bei einem Wettbewerb zusammenkommen und in einem Raum essen – dann kommt es mir so vor, als ob wir in einer Mensa sind und ich spüre es nicht, dass es ein Wettbewerb ist«, sagte Aljona bei einem Mittagsessen zu Robin.

Es waren ihre ersten gemeinsamen Olympischen Spiele. Sie hatte schon olympische Erfahrung. Er nicht. Aber diese vertrackte Situation rund um ihren Trainer ließ die beiden nicht die Atmosphäre dieses außergewöhnlichen Wettbewerbs genießen. Sie waren da und gleichzeitig nicht da. Sie sprachen über die alltäglichen Dinge, ihr Training, aber dieses Thema rund um Ingo vermieden sie. Sie wussten nicht, was sie dazu sagen sollten und ob es überhaupt nötig war, etwas dazu zu sagen.

Nichts hing von ihnen ab.

Nichts konnten sie dagegen tun und von daher gab es nichts zu besprechen.

Sie mussten nur warten, nach Möglichkeit trainieren und dann die Entscheidung hinnehmen, sei es eine positive oder negative.

Kurz vor dem Kurzprogramm hat Ingo seine Akkreditierung doch bekommen und durfte seine Sportler bis auf die Eisfläche begleiten und an der Bande letzte Anweisungen geben.

Waren sie erleichtert? Ja!

Waren sie froh? Ja!

Aber die Kräfte – die Kräfte waren irgendwie weg.

Jetzt hatten sie ihren Trainer, durften an dem wichtigsten Wettbewerb teilnehmen, aber der Kampfgeist war nicht mehr präsent. Sie hatten zwar »grünes Licht« bekommen, aber … aber das innere Licht, die Energie, die Vorfreude auf diesen Wettkampf waren inzwischen erloschen, verflogen und es breitete sich eine innere Leere aus.

Aljona richtete mit geübten Bewegungen noch ihre Frisur – viele unsichtbare Spangen hielten ihr Haar so hinten zusammen, dass ihre Frisur vor allem bei der Geschwindigkeit auf dem Eis ein wenig futuristische Züge hatte –, eigentlich war das Haar offen, aber alle Strähnen wurden nach hinten gesteckt, sodass ihr Haar richtig golden zu den schwarzen Kostümen glänzte. So standen sie als frisch gekürte Vize-Europameister vor dem Kurzprogramm an ihrer Startposition auf der Eisfläche, in schlicht-elegantem Schwarz gekleidet, beide in einem Bodysuit, ließen sich von einer Welle der Begeisterung tragen und glitten zur elektronischen Musik »Souvenir of China« von Jean-Michel Jarre über das Eis. Elektronische Musik war für den Eiskunstlauf etwas sehr Spezielles und man musste viel Mut haben, um eine so außergewöhnliche Musik für die olympische Kür zu wählen. Die Rechnung könnte jedoch aufgehen, wenn … könnte

… wäre … und wieder könnte … Aber der Konjunktiv steht bei den Olympischen Spielen nicht auf dem Eis.

Ja, Aljona und Robin konnten um gute Platzierungen mitkämpfen, wenn man sie denn kämpfen ließe – nicht gegen Behörden, Vergangenheit, alte Akten, nicht mithilfe von Anwälten und bei zahlreichen Gerichtsverhandlungen – sondern auf dem Eis – gegen sich selbst, gegen die Konkurrenz – mit anderen Worten: sportlich.

Ihr erster Auftritt war nicht fehlerfrei.

Von daher lagen sie nach dem Kurzprogram in Turin nur auf dem siebten Platz.

Weder Aljona noch Robin brauchten etwas zu erklären, sie mussten nicht von »70 Prozent ihrer Leistung« in der Mixed Zone sprechen. Aber die Journalisten brauchten ihre Antworten.

Und sie mussten etwas sagen. Wie stets nach einem Wettkampf in der Mixed Zone.

Aljona und Robin wussten hingegen schon vor diesem Auftritt genau: Diesen Kampf haben sie verloren, noch bevor sie ihn aufgenommen haben.

Aber sie hatten noch die Kür zum Soundtrack aus dem Film »1492: Eroberung des Paradieses« und es war nicht ihre Art zu kapitulieren. Und es waren keine bloßen Worte. Selbst wenn sie nicht 70, sondern noch weniger Prozent der Leistung an diesem Tag hätten abrufen können, mussten sie ihre Kür laufen. Dafür waren sie bei den Olympischen Spielen. Und Aljona wusste, dass sie ihr Bestes geben wird, was immer es kosten würde, und die Probleme … können warten.

Tausende Menschen sind zur Kür der Paare in die Eishalle gekommen, um ihre Lieblinge zu unterstützen. Auch viele deutsche Fahnen wurden, als man Aljonas und Robins Namen aufrief, auf den Tribünen geschwungen. Aljona hatte nicht einmal mitbekommen, wie ihre ehemaligen Teamkollegen Rico und Eva gelaufen sind, sie hat sie beim Training nur kurz begrüßt, aber das war es auch. Sie hatten ihre Entscheidung getroffen und sie ihre.

Jetzt standen sie in Turin auf dem Eis und das Vergangene war nicht mehr wichtig.

Aljona schaute noch einmal ins Publikum, ließ ihren Blick von oben nach unten über die Tribünen schweifen und lächelte. Sie wusste, dass ihre Eltern vor dem Fernseher saßen und ihr die Daumen drückten. Leider war es viel zu teuer für sie und auch für Aljona, Tickets für sie zu kaufen, damit ihre Familie hier sein könnte. Aber in ihrem Herz war sie immer dabei. Nur ihre Freundin aus der Ukraine, Lena, war da, denn sie trat bei der Damenkonkurrenz für die Ukraine an und wahrscheinlich saß sie auch irgendwo unter tausenden Menschen und fieberte mit. Sie war es, die Aljona vor zwei Jahren die Telefonnummer von dem deutschen Journalisten besorgt und ihr Mut gemacht hatte, diesen neuen Weg zu gehen. Aljona hat diese Entscheidung keine einzige Minute bereut und wenn dieser Weg heute mit Schwierigkeiten gespickt war, würde Aljona sie alle überwinden. Savchenko war wirklich bereit, »das Paradies« zu erobern.

Es war keine Geschichte mehr von »Kolumbus und seine Entdeckung von Amerika« wie im Spielfilm, es war keine Geschichte mehr von Ureinwohnern und deren Kampf um das Land. Es war eine Geschichte von zwei Menschen, zwei Sportlern, von Aljona und Robin, die einander vor weniger als zwei Jahren gefunden und einen gemeinsamen olympischen Traum haben. Aljona blickte noch einmal kurz auf Robin, lächelte und sie starteten ihre bereits berühmte erste Schrittfolge auf dem Eis von Palavela.

Die beinahe hymnischen, feierlichen Klänge in einer gleichbleibenden Abfolge von Tönen, komponiert von Vangelis, erfassten alle Zuschauer, hypnotisierten jeden Einzelnen der mehreren Tausend und versetzten sie in ihre eigene Welt. Welche Bilder stehen einem wohl vor den Augen, wenn man sich diese Musik anhört? Woran denkt man? Wovon träumt man? Die einen würden von Naturgewalten, Kulturkämpfen, Größe des Universums und den einzelnen Menschen sprechen. Die anderen von den Errungenschaften der ganzen Menschheit und jedes Einzelnen. Recht würde jeder haben. Jeder Mensch, der heute in Palavela saß, hat diese Musik sicher mit eigenen, für ihn wichtigen Ereignissen, Erinnerungen und Bildern verbunden, die für immer im Herz bleiben. Viele dachten vielleicht an die Schönheit der Natur, erinnerten sich an die Wasserfälle und Regenbögen, an das weite Meer und schöne lange weiße Strände, wo jedes Sandkörnchen dazu beiträgt, diese Größe zu erschaffen. Oder kreisten ihre Gedanken um einen langersehnten Lichtstreif, der endlich die Wolkendecke durchbricht und Hoffnung gibt? Diese Musik ist genial und einfach zugleich – sie erfasste alles, sie erreichte jeden, nahm jeden mit und gewann dadurch immer mehr an Größe und Bedeutung.

Aljona und Robin hatten auch ihren großen Traum und die Hoffnung gehabt, die dann von einer fremden Vergangenheit eingeholt und zu ihrer eigenen wurde. Nach dem letzten Takt standen sie mitten in diesem riesigen Palast, lächelten den tausenden Menschen zu, bedankten sich für deren Applaus, schauten auf die fünf Ringe an der Bande und blickten kurz auf die Preisrichter, die immer wieder in Zeitlupe an ihren Computern einzelne Sprünge oder Pirouetten betrachteten, um sich dann ihr Urteil zu bilden.

Savchenko und Szolkowy haben mit ihrer Kür einen Platz gutgemacht und wurden letzten Endes Sechste. Aber das war nicht das Ergebnis, das sie sich erhofft hatten, und vor allem nicht ihre Leistung, die sie wirklich zeigen konnten. Aber unter all den Umständen war es ein Sieg für sie. Aljona war wegen der Platzierung oder Noten gar nicht traurig, sie freute sich, dass sie nun zu dritt in der »Kiss and Cry«-Area auf der Bank hier im olympischen Turin saßen, zu dritt in die Kameras blickten und lächelten. Sie grüßte ihre Eltern, winkte ihnen mit der Hand zu, machte ein Herzchen, das sie über den Bildschirm in die Ukraine schickte und dann griff sie nach der Hand von Robin und der Hand von Ingo und hob sie über die Köpfe hoch. Die zwei Männer zu ihren Seiten lächelten. Sie haben es geschafft. Und zwar – zusammen, zu dritt.

Nein, das Paradies haben sie nicht erobert, aber den Weg dorthin konnten sie nun wieder aufnehmen.

Mission Titel

»Auch aus Steinen, die einem in den Weg gelegt werden, kann man Schönes bauen.«

»Der Verband hat keinen Arsch in der Hose. Nach außen stellen sie sich hin und sagen, sie helfen, wo sie können. Aber in Wirklichkeit kommt nichts. Die Herren wirken komplett überfordert«, Aljona legte die Bild-Zeitung zur Seite, die ihr jemand in die Hand gedrückt hatte, und begann ihre Trainingsutensilien auszupacken. »Hat er das wirklich so gesagt?«, Aljona schmiss die Zeitung auf die Bank und stand auf. Ein Problem mehr, ein Problem weniger – sie nahm es seit einiger Zeit gelassener, es waren einfach zu viele Schwierigkeiten. Statt sich weiter aufzuregen, setzte sie sich auf die Gymnastikmatte, die sie als erstes aus ihrem Schrank geholt hatte, und begann ihre üblichen Dehnübungen. Diese Dehnübungen gehörten zur täglichen Routine. So wie manche nicht ohne eine Tasse Kaffee in ihren Tag starten können, gehörte das Stretching zu ihrem Tagesablauf. Außerdem ging Aljona nie auf eine Eisfläche, ohne sich wirklich gut aufzuwärmen. Sie musste gut vorbereitet sein, wenn sie ihr eisiges Milieu betrat. Mag sein, dass sie dafür zu viel Zeit aufwandte, aber es war ihre Zeit und sie wusste, dass diese intensiven Übungen ihrem Körper guttaten und wichtig für ihn waren.

Aljona setzte sich im Spagat auf die Matte, streckte sich und bewegte sich eine Weile nicht. Die Gedanken ließen sich heute einfach nicht aus dem Kopf verjagen, obwohl sie eigentlich bei diesen Übungen immer gut abschalten konnte. Sie wirkte jetzt wie eine Statue, die von einem unbekannten Bildhauer aus Gips geformt worden war, um jeden Muskel in dieser Figur anzusprechen und den menschlichen Körper in der Schönheit seiner Bewegungen festzuhalten. Aljona lag eine Weile still da, ohne sich zu bewegen, bis ihre Beine schmerzten, und wechselte dann die Position. Sie lag ausgestreckt am Boden, doch mit ihren Gedanken war sie in einer anderen Welt.

Nachdem Robin und Aljona nach den Olympischen Spielen auch bei der Weltmeisterschaft in Kanada den sechsten Platz belegt hatten und die Saison offiziell beendet war, sollte eigentlich die Trainingsroutine wieder einkehren – Training, Choreografien und viel Arbeit. Eigentlich. Stattdessen häuften sich die Probleme und Gerichtssitzungen. Es gab keinen einzigen Tag, an dem sie keine Neuigkeiten vom »Schlachtfeld« bekamen. Es war wie eine riesige Lawine, die sich vor einiger Zeit gelöst hatte und jetzt den Berg herunter auf sie zu donnerte – Presse, Behörden, Anwälte, die Bundeswehr, der Verband –, die einen wollten Einzelheiten wissen und die anderen bauten immer neue Hürden auf. Ganz zu schweigen von den aufgeregten Fans und der Eiskunstlaufcommunity, die den Rummel mit Anspannung verfolgten und spekulierten, wie es mit dem Eislaufpaar weitergehen sollte. Einige machten sogar Witze und schlugen in diversen Foren vor, genug Popcorn zu besorgen für das Hollywood-artige Finale des großen Tohuwabohu rund um das deutsche Paar.

Kaum löste »ihre Bande« ein Problem, kündigte sich das nächste bereits an. Allein die Schlagzeilen waren kaum zu überblicken, geschweige denn einzuordnen. Als Krönung des Ganzen erhob Ingo schwere Vorwürfe gegen den deutschen Eislauf-Verband und sprach von »Überforderung, Inkompetenz und Geldverschwendung«. Nach diesen Aussagen war wohl jedem klar, dass man mit Konsequenzen rechnen musste, die auf jeden Fall auch Aljona und Robin treffen würden. Wen denn sonst? Logisch.

Mit diesem Gedanken wechselte Aljona wieder ihre Position auf der Fußmatte und streckte das andere Bein. Es tat in dieser Position ein wenig weh, aber deshalb machte sie ja diese Übung. Aljona beugte sich mit dem Kopf zum Fuß und blendete alle Nebengeräusche aus.

Nachdem die Bundeswehr die Förderung von Ingo gestrichen hatte, dachte Aljona, es komme nichts Schlimmeres mehr. Es war schon ärgerlich genug, dass Robin, solange er noch gefördert wurde, sich nicht in der Nähe von Ingo befinden durfte. Das war einfach absurd. Denn theoretisch musste es so sein, dass Aljona unter der Anleitung von Ingo arbeitete und Robin irgendwo für sich alleine trainierte! Aber auch das regte die Eiskunstläuferin irgendwie nicht mehr auf. Robin kam trotzdem abends in die Eishalle, bis einmal ein Bundeswehrvertreter in der Eishalle erschien und anordnete, dass er umgehend die Eisfläche zu verlassen habe.

Aber, auch wenn sie ohne Unterstützung durch die Bundeswehr arbeiteten und trainierten – unter der Voraussetzung, dass sie andere gute Sponsoren fänden –, wäre ein Streit mit der Eislaufunion nicht spaßig. Denn vom Eiskunstlaufverband waren sie als Sportler total abhängig, und zwar nicht nur finanziell. Sollte sich Ingo auch mit ihm noch anlegen, dann hieße es plakativ ausgedrückt … Finita la Komödie.

Und diese »Komödie« wurde bereits in diversen Schlagzeilen kolportiert:

»Der wegen seiner Stasi-Tätigkeit belastete Eiskunstlauf-Trainer Ingo Steuer ist endgültig den Job los«

»Seinen Schützlingen droht das Karriere-Ende«

»Ingo Steuer erhebt schwere Vorwürfe gegen die Deutsche Eislauf-Union«

»Den deutschen Meistern droht damit die Nicht-Nominierung für internationale Wettbewerbe und das Ende ihrer Karriere«

»Von wegen Karriereende! Da werdet ihr lange warten«, Aljona stand auf, rollte ihre Fußmatte zusammen, schaute kurz auf ihr Handy und ging in die Umkleidekabine, denn in zehn Minuten hatten sie und Robin ihr Training auf dem Eis, und sie wollte keine einzige Sekunde dieser wertvollen Zeit verschwenden. Für sie und Robin war längst klar: Komme, was wolle – sie bleiben bei Ingo, denn nur er wird sie weiterbringen. Das hatten sie vor den Olympischen Spielen in Turin gesagt und so sollte es auch bleiben. Und Ingo kümmerte sich um Sponsoren, damit sie die finanzielle Lücke schließen konnten. Auch die kommerziellen Showauftritte halfen ihnen, sich über Wasser zu halten.

»Nur der Ingo bringt uns dahin, wo wir hin wollen. Wir wollen so gut werden, wie wir werden können, und so gut werden wir nur mit Ingo«, sagte Robin, als die ersten »Boten« des Chaos kamen.

»Ingo hat uns zusammengeführt und zusammengestellt. Er ist für uns alles: Management, Trainer«, erklärte auch Aljona immer wieder gegenüber der Presse, die sich jetzt ganz besonders diesen Fall anschaute. Einmal verglich Aljona ihren Trainer auch mit einem Pinsel, mit dem Maler ihre Kunstwerke schaffen – aber anscheinend wollte keiner ihre Argumente hören. Man forderte von ihnen stur, sich von Steuer zu trennen und bei einem anderen Trainer weiterzuarbeiten. So einfach war es. Für die Außenstehenden. Nicht für sie. Und wie war es für sie? Diese Frage interessierte anscheinend gar keinen. Aljona stand zu ihren Entscheidungen und setzte auf ihre Meinung und alles, was jetzt passierte, sollte zum Besten führen – irgendwann. Sie ließ sich nie manipulieren und so würde es auch in der Zukunft bleiben.

Die Bundeswehr hat sich von Ingo Steuer noch im April getrennt, jetzt pochte auch der Eislaufverband auf Trennung. Sie sollten sich von Ingo trennen, sonst könnten sie an keinen Wettkämpfen mehr teilnehmen. Ein unumstößliches Ultimatum. Ingo Steuer oder das Karriereende!? Allerdings schlug die Deutsche Eislauf-Union ihnen zwei neue Trainer vor und noch vor drei Jahren konnte Aljona von solchen Namen noch träumen. Denn es waren wirklich große Namen in der Welt des Eiskunstlaufens – Tamara Moskvina und der Trainer der neuen Olympiasieger von Turin Tatjana Totmianina und Maxim Marinin, Oleg Wasiljew. Diese beiden Größen standen ihnen zur Wahl.

Bei Ingo Steuer zu bleiben, bedeutete nun nicht mehr und nicht weniger als die drohende Nicht-Nominierung für internationale Wettbewerbe und das Ende ihrer Karriere. Aber auch hier ließ sich Aljona die Entscheidung nicht nehmen. Wenn sie irgendwann das Karriereende ankündigen sollte, würde es alleine ihre Entscheidung sein und niemand, wirklich niemand würde sie mit einem Zeigefinger darauf hinweisen oder gar dazu zwingen. Doch bis dahin hatte sie noch viele Jahre, viele Wettkämpfe und Titel vor sich, die sie gewinnen wollte. Und am besten für Deutschland, obwohl die Deutsche Eislauf-Union anscheinend kein Interesse an Goldmedaillen hatte.

Nach dem Training machte Aljona an diesem Tag noch einige Trockenübungen und beobachtete zugleich, wie Ingo an ihren Schlittschuhen hantierte. Er richtete die Kufen, passte sie haargenau an die Schuhe an, blickte skeptisch und drehte den Schuh zur anderen Seite. Selbst darum kümmerte er sich und konnte das richtig gut. Aljona war sich sicher, dass niemand es besser machen würde als er, weil er so lange an einem Schuh arbeiten würde, bis er wirklich perfekt saß und passte. Für Steuer zählten auch nur die Leistung, das Ergebnis, die Perfektion und der erste Platz und in dieser Hinsicht waren sie wohl einander ähnlich.

»Solange die beiden das wollen, stehe ich ihnen zur Verfügung«, hatte er gegenüber der Presse vor einigen Tagen gesagt und die Anwältin des Paares prüfte bereits rechtliche Schritte.

So einfach wollten sie den drohenden Ausschluss nicht hinnehmen und sich schon gar nicht erpressen lassen. Sie waren Kämpfer und wenn der Kampf abseits des Eisringes stattfinden sollte, dann musste es eben sein. Alleine auf Glück zu hoffen, hatte Aljona schon als Kind aufgegeben. Und von daher wollte sie all ihre Energie ihren Zielen widmen – für alles andere war diese zu schade –, es wird sich schon regeln – sei es durch Anwälte oder auf anderen Wegen. Als ihre Schlittschuhe fertig waren, lächelte sie, probierte sie an und sie saßen wie angegossen.

»Passt?«, fragte er und schaute Aljona genau an.

»Klar! Daaanke schön!«, Aljona lächelte, machte ein paar Schritte in eine Richtung, dann in die andere, »das hast du perfekt hingekriegt!«

Ingo schmunzelte und begann sein Werkzeug einzusammeln. Steuer wusste genau, was und wie er etwas rund ums Eislaufen zu machen hatte. Und seine Schützlinge wussten genau, was er von ihnen erwartete. Sie wollten in diesem Jahr unbedingt einen Titel holen, Europameister oder Weltmeister oder am besten beides. Das war ihre Mission – und so hieß auch die Kür, die Ingo für diese Saison für die beiden zu Musik von Ennio Morricone aus dem Film »Mission« choreografiert hatte.

Der für mehrere Oscars nominierte Film bediente viele Themen: Bruderliebe, Machtbesessenheit, Strebsamkeit, um nur einige zu nennen. Das zentrale Motiv war laut Filmkritiken jedoch »die Liebe« – die Liebe zu Menschen, die Liebe zur Natur und die Liebe zum Leben. Man könnte diese Liste fortsetzen und die Liebe zum Eiskunstlauf, zum Sport, zur Kunst ergänzen – für Aljona war es eindeutig die Liebe zum Eiskunstlauf und die war so stark, dass sie alle negativen Auswirkungen, Diskrepanzen, Streitigkeiten, von denen die Sportler und ihr Trainer in dieser Saison geplagt wurden, ausblenden konnte und überwand.

Ja, man könnte die Wahl dieser Kür unterschiedlich interpretieren – war es eine Mission Gold? Mission Titel? Mission »Wir-beweisen-wir-sind-die-besten«? Nach der erfolgreichen Grand-Prix-Serie trafen alle diese Interpretationen zu. Und so standen sie Ende Januar vor den 4000 Zuschauern im Torwar-Eispalast in Warschau. Sie wollten, ja sie mussten Europameister werden! Aljona blickte in die Menschenmenge auf den voll besetzten Tribünen, schaute auf Robin, ließ ihren Blick über die Tische und Laptops der Preisrichter streifen und lächelte. Die Liebe zu dieser Sportart war ihre Stärke und zugleich ihre Schwäche. Heute konnte sie beinahe fühlen, wie sich diese Stärke in ihrem Körper ausbreitete und ihr die nötige Kraft für die Kür in Warschau gab.

Sie richtete ihr weißes Kleid mit dem großen schwarzen Kreuz zurecht – Robin war in schwarz gekleidet und auf seinem Kostüm leuchtete auch ein Kreuz. Aljona wollte den Titel, sie musste ihn haben und sie wusste ganz genau – sie konnten ihn gewinnen. Heute. Jetzt.

Die ersten Musiktöne, die ersten Bewegungen auf dem Eis, der erste Sprung, die erste Hebefigur, der erste Wurf … Ingo stand hinter der Bande und tigerte hin und her, so als ob er durch seine Bewegungen seine Energie seinen Sportlern auf dem Eis zur Unterstützung zufließen lassen könnte. Er ging ein Schritt zurück, wenn die beiden eine schwierige Pirouette zeigten, er kam ein Schritt näher, wenn die beiden eine außergewöhnliche Hebefigur zeigten, er beugte sich zur Bande, wenn Savchenko und Szolkowy Anlauf für einen Sprung nahmen, und stellte sich wieder gerade, wenn sie ihre Sprünge sicher landeten. Es schien, als ob der Trainer sie hinter der Bande mit einem imaginären, nur für ihn und die beiden sichtbaren Zauberstock dirigierte und jeden Atemzug seines Paares selbst durchlebte. Er hielt den Atem an und atmete danach tief durch. Heute sollte es ihr Tag werden, ihre Kür und ihr Titel. Steuer atmete wieder tief durch, als die beiden in der Schlussposition eines Kreuzes entkräftet und inspiriert durch eine perfekt gelungene Kür zugleich zusammensackten. Sie hatten es geschafft.

Jetzt war es ihrem Trainer klar, zwölf Jahre nach seinem eigenen Sieg mit seiner damaligen Partnerin Mandy Wötzel bei der EM in Dortmund hat Deutschland neue Europameister bekommen. Am Ende waren es stolze 20 Punkte, die die beiden von den zweitplatzierten Russen Maria Petrowa und Alexey Tichonov trennten. Das Trio – Ingo, Aljona und Robin – hatte seine erste Mission erfüllt.

Aber diese Mission sollte im nächsten Jahr ausgeweitet werden. Und jeder weiß, im Sport ist es schwierig, einen Titel zu gewinnen, aber noch schwieriger ist es, diesen zu verteidigen. Daher wurde als neue »Mission« definiert, in der nächsten Saison noch besser zu werden, die Programme noch eleganter zu gestalten und sich für lange Zeit als Top-Paar zu positionieren.

***

Und diese Mission erfüllte das Paar – ja sogar mehr als das. Die Saison 2007/08 wurde zu einer der erfolgsreichsten in der Karriere von Aljona und Robin. Sie verteidigten ihren Europameistertitel und wurden zwei Monate später sogar Weltmeister.

Dabei war sich Aljona zunächst gar nicht so sicher, ob die ausgewählte Musik überzeugen würde. Zur Auswahl der Musik haben sie sich viel Zeit eingeräumt. »Nein, diese Musik gefällt mir nicht«, sagte Aljona zu Ingo. Es war nicht der erste Vorschlag, den sie ablehnte, und sie vermutete, dass Ingo ihre »Sonderwünsche« nicht mehr lange tolerierte.

»Ich habe noch eine Idee, und dann gibt es keine Diskussion mehr«, erwiderte er.

»Welche?«

»Ich bin früher zu dieser Musik gelaufen – wir nehmen ›Cirque du Soleil‹ für die Kür«.

»Aber die ist so eintönig! Ich kann es mir nicht vorstellen, wie wir es gestalten sollen und wie wir dazu laufen werden«, versuchte Aljona den Vorschlag wegzudiskutieren.

»Hauptsache, ich weiß, wie ich es gestalte, und ihr werdet schon erkennen, wie ihr es auf dem Eis umzusetzen habt«.

Ja, die Wahl der Musik war schwierig, aber Aljona musste Ingo bald Recht geben, diese Kür entwickelte sich zu ihrem Lieblingsprogramm und es machte ihnen enormen Spaß, dazu zu laufen. Auch das Kurzprogramm war außergewöhnlich geworden – »Asoka«, hier konnten sie, wie es sich Aljona immer gewünscht hatte, mehr »tanzen«, mehr »spielen«, noch mehr Emotionen leben und Sport mit Kunst verbinden.

Ja, sie hatten es geschafft – jetzt konnte niemand mehr sagen, dass das Paar Aljona Savchenko und Robin Szolkowy nur wie eine Sternschnuppe war, die in der nächsten Saison nicht mehr glänzte. Nein, sie hatten sich unter den »Stars« etabliert und konnten als Top-Favoriten in die olympische Saison einsteigen. Mehr konnten sie sich eigentlich nicht wünschen.

Wenn eine Entscheidung zu spät getroffen wird

»Nicht die Menschen, die immer gewinnen, sind die stärksten, sondern die, die niemals aufgeben.«

»Ingo, es funktioniert nicht!«, Aljona stand nach dem Sturz wieder auf und drehte sich zu ihrem Trainer um, der das Paar während des Laufens in etwa zwei Meter Abstand begleitete. So konnte er aus unmittelbarer Nähe jeden kleinen Fehler erkennen und nach Bedarf verbessern. Jetzt patzte Aljona bei einem Salchow, vor fünf Minuten stand sie den Axel nur fehlerhaft. Sie hatte normalerweise bei keinem Element Probleme und jetzt schien es, als ob die Fehler planlos durch das Programm wanderten und an Stellen auftraten, an denen man sie gar nicht erwartete. Mal klappte es besser, mal schlechter – aber selbst nach einigen Monaten konnte Savchenko diese Kür nicht sauber laufen, obwohl sie körperlich in Top-Form war.

Noch im Mai, als sie das Programm gestaltet hatten, sagte sie zu Ingo, dass sie kein gutes Gefühl habe, aber er ließ sich von ihren Worten nicht beeindrucken. Einerseits konnte Aljona seine Besessenheit für diese Musik verstehen, denn der berühmte Musiker André Rieu hatte mit seinem Orchester exklusiv für das Paar das Stück »You will never walk alone« eingespielt und Ingo war extra zu ihm gefahren, um den Gesamtprozess vor Ort zu begleiten. So konnte Ingo genau sagen, welche Stellen an dem Stück besonders hervorzuheben waren, wo sie mehr Schwung brauchten und wo sie eher eine langsame Sequenz einbauen sollten. Jeder Teil, jede Sekunde war durch diese Zusammenarbeit haargenau angepasst und passte zu den Bewegungen. Jede Note, jeder Ton der Musiker sollte mit den Bewegungen der Sportler in einer Symbiose verschmelzen und diese Kür zu einem ganz besonderen Kunstwerk werden lassen, das noch Jahre in Erinnerung bleiben sollte. Man spricht ja immer nach den Olympischen Spielen von den legendären Küren der Sieger. Und das erklärte Ziel des Paares für diese Saison war nun einmal nur der Sieg, der erste Platz und das ersehnte Gold in Vancouver.

»You will never walk alone« musste so eine Kür werden. So war zumindest der Plan, der nach unzähligen Trainingsstunden auf dem Eis noch immer nicht aufgehen wollte. Stattdessen häuften sich die Fehler, der Stresspegel aller Beteiligten wurde immer höher und die Trainingseinheiten endeten häufig mit einem Streit. Allein Robin versuchte seine Neutralität zu wahren und mischte sich in die Diskussion über die Musik nicht ein.

Es war eine Ehre für die beiden Sportler, dass ein Musiker wie Rieu mit ihnen zusammenarbeitete. Und auch Aljona wusste es wirklich zu schätzen, deshalb tat sie ihr Bestes, um die Kür einzulaufen, aber … es funktionierte einfach nicht. Sie konnte sich beim besten Willen nicht der Musik anpassen und fühlte sich dabei fremd. Sie hatte ständig den Eindruck, hinterherlaufen zu müssen, geriet außer Atem und konnte sich nicht auf die Elemente konzentrieren, geschweige denn auf die Artistik. Aljona hatte selbst nach einigen Monaten das Gefühl, dass die Kür erst vor einigen Stunden choreografiert worden war, so roh wirkte das Gesamtkonstrukt auf sie und so schwer fiel ihr jeder Schritt zu dieser Musik. Immer wieder sprach sie das Problem an, aber Ingo wollte nichts davon hören. Sie müsse mehr trainieren, sich keine Gedanken machen, sich nichts einbilden, sondern arbeiten, arbeiten, arbeiten.

Aber wie konnte sie konstruktiv an der Kür arbeiten, wenn sie ständig gegen ihr Gefühl ankämpfen musste, dass die Klänge der Geige ihr Herz durchbohrten, genau in den Momenten, wenn ein schwieriges Element gezeigt werden sollte? Sie fühlte, wie ihr Herz zusammensackte, verlor die Konzentration und schon war entweder der Sprung oder der Wurf vermasselt. Aber auch das war laut Trainer kein plausibles Argument, um die Musik zu wechseln. Stattdessen wechselte Steuer die Reihenfolge der Elemente und setzte andere Akzente. Aber für Aljona war es keine Hilfe. Dann raste ihr Herz halt an anderen Stellen der Kür.

Für Aljona war längst klar, wenn sie sich nicht wohl fühlte, konnte sie bei dieser Kür nicht 100 Prozent geben. Sie konnte keine Leidenschaft entfalten, wodurch auch kein Funke auf das Publikum überspringen könnte. Und das könnte später ein entscheidender Punkt werden.

»Es funktioniert sehr wohl, du musst einfach mehr arbeiten, ganz einfach!«, Steuer wollte nichts von einem Musikwechsel hören. Man konnte bereits an seiner Stimme seine Anspannung und Unzufriedenheit hören. Aljonas Extrawünsche gingen ihm deutlich auf die Nerven.

Aljona holte ein Taschentuch aus der Packung, putzte sich die Nase, warf das Tüchlein zur Seite und schaute erst dann schweigend ihren Trainer an. Ihr Blick sagte mehr als 1000 Worte.

»Die Kürmusik wurde für euch extra eingespielt, jeder Akzent sitzt richtig! Du spinnst wohl!«, wiederholte er wieder. »Ich will es nicht mehr hören!«

»Soll ich dich belügen? Willst du hören, dass alles okay sei, obwohl es nicht der Fall ist?«, Aljona brauste auf und drehte sich zu Robin, der gerade eine Flasche Wasser öffnete. »Was sagst du denn dazu?«

Robin zuckte mit den Schultern, was Aljona als »ist mir egal« interpretierte. »Perfekt ist es nicht, aber auch nicht so schlimm«, sagte Szolkowy diplomatisch und nahm sich einen weiteren großen Schluck aus der Flasche.

»Ich kann die Bewegungen nicht fühlen! Ich fühle mich unwohl! Ich habe den Eindruck, dass die Geige mein Herz durchbohrt, wenn ich den Wurf stehen soll!«

»Du bildest dir etwas ein! Vor zwei Wochen war es beim Twist, dann war es bei einem Sprung, dann bei einer Pirouette – wir haben die Elemente umgestellt, also Schluss jetzt mit den Diskussionen. Ich möchte jetzt noch einmal den zweiten Teil sehen, also los!« Steuer lief zur Musikanlage und schaltete die Musik wieder ein. »Und mit mehr Schwung, bitte!«

Aljona und Robin stellten sich in Position, dann bewegten sie sich sehr schnell zur Seite, zeigten die Todesspirale und nahmen

Anlauf für einen Sprung, für den Aljona gar nicht absprang, sondern abrupt bremste, sodass einzelne Eissplitter von ihren Kufen in alle Richtungen spritzten.

»Was ist jetzt wieder?«, Ingo war nun wirklich wütend. Sein Blick war stechend, aber Aljona ließ sich davon nicht beeindrucken.

»Nichts«, pustete sie aus und zeigte Robin mit einer Kopfbewegung, dass sie gleich wieder einen Anlauf probieren sollten.

Beim nächsten Anlauf lag sie auf dem Eis. Danach stand sie schnell auf, ohne den Trainer eines Blickes zu würdigen, lief schnell zur Bande, nahm ihre Kufenschoner, schob sie hastig auf die Kufen und drehte sich endlich dem Trainer zu.

»Es reicht. Ich gehe. Es funktioniert nicht. Und ja, ich möchte auch nicht mehr diskutieren. Ich habe die Schnauze voll!« Die Tatsache, dass sie vorzeitig das Training verließ, obwohl die Zeit auf dem Eis für sie immer als heilig galt, war ein Indiz dafür, dass Savchenko wirklich mit den Nerven am Ende war. Das war kein spontaner Ausraster, so etwas durfte sie sich nicht erlauben, aber in diesem Augenblick war es ihr zu schade, wertvolle Zeit für diese ungeliebte Choreografie aufzuwenden, die nicht funktionierte und nie funktionieren würde.

»Du gehst erst dann, wenn ich es sage«, mit diesen Worten sprang Steuer zu Aljona und wollte sie daran hindern, die Eisfläche zu verlassen. Aljona war schockiert und musste erst einmal tief durchatmen. Ingo war zwar im Training häufig impulsiv, aber so hatte sie ihn noch nie erlebt. Was dachte er sich dabei? So durfte er nicht mit ihr umgehen. Niemals und unter keinen Umständen. Egal, wie sie sich im Training stritten.

Die Gedanken sausten sekundenschnell durch ihren Kopf, gerieten durcheinander und brachten ihre Gefühlswelt in Wallung. Ihr Herz schlug kräftig bis zum Hals. Dann richtete sie ihren Blick auf Robin, der schweigend neben der Bande stand und abwechselnd zu Aljona und Ingo schaute. Anscheinend war er auch schockiert, aber er sagte kein Wort. Manchmal tat Robin ihr leid, dass er alles miterleben musste – es ist sicherlich nicht immer leicht, wenn die Partnerin mit dem Trainer liiert ist. Und so etwas gab es häufig, dass sie und Ingo zerstritten zum Training erschienen und es nicht lief, wie es eigentlich laufen sollte. Robin mischte sich nie in diese Auseinandersetzungen ein. Manchmal waren sie privater Natur, mal beruflich bedingt. Aber heute hatte Ingo die Grenzen deutlich überschritten. Und Robin sah es und sagte – kein Wort. Warum? Warum? Warum? In ihren Gedanken richtete Aljona diese Frage an ihren Partner und wünschte sich, dass er ihr zur Seite stünde, sie verteidigte und Ingo zur Rede stellte. Wenn er in diesem Moment etwas gesagt hätte, würde eventuell auch Ingo sie demnächst mehr respektieren. Aber Robin sagte nichts. Robin? Warum?

In der letzten Zeit hatte sie öfter den Eindruck, dass sie auf der Stelle trat, ohne sich ein Stück weiter zu bewegen. Das Trio funktionierte nicht mehr, weil es keine Entwicklung mehr gab, zumindest fühlte sie es so und es war selten, dass ihre Intuition falsch war. Ein ähnliches Gefühl hatte Aljona, als sie sich von Stas trennte und einen neuen Partner zu suchen begann. Aber jetzt ... Vielleicht war es nur vorübergehend, vielleicht täuschte sie sich, sie hoffte es zumindest. Das Einzige, wobei sie wirklich hundert Prozent sicher war, war, dass sie mit dieser Kür keinen Erfolg in dieser sehr wichtigen Saison haben würden. Aber Ingo hatte dazu eine andere Meinung und Robin war scheinbar damit zufrieden. Es blieb ihr nur zu hoffen, dass die Entscheidung, die Kür doch noch zu wechseln, nicht zu spät getroffen würde.

***

»Ich kann nicht mehr!«, ein paar Stunden später saß Aljona mit ihrer Freundin Veronika in einem Café und erzählte ihr von den Ereignissen der letzten Tage. »Er ist so verbissen ...«

Veronika konnte kaum glauben, dass die Situation rund um die Musik für eine olympische Kür so eskalieren konnte.

»Ich war wirklich schockiert. Es hat im Herzen wehgetan, wegen der Enttäuschung«, Aljona nippte an ihrem Kaffee und starrte vor sich hin.

»Enttäuschung?«

»Von Ingo, von Robin … ah, weißt du … manchmal habe ich den Eindruck, dass ich das nur brauche, um mich weiterzuentwickeln, nach besseren Wegen suche, aber in all den Jahren habe ich gelernt, ich muss meinem Bauchgefühl vertrauen … und diese Kür …«

»Ist es nicht zu spät, mitten in der Saison die Kür zu wechseln? Es ist doch nicht mehr so viel Zeit bis Vancouver«, Veronika schüttelte mit dem Kopf und wusste nicht, wie sie Aljona helfen konnte. Sie würde sie so gerne unterstützen, aber das war nun eine Situation, bei der kein Dritter etwas beitragen konnte. Mit allen anderen Fragen kam Aljona alleine bestens zurecht und half eher den anderen. So konnte Veronika nicht verstehen, warum Aljona ihren unmittelbaren Konkurrenten und Ex-Laufpartner Stanislav mit Tatiana Volosozhar aus der Ukraine half, die Verbindung zu Steuer herzustellen und die beiden nach Chemnitz zu holen. Jetzt trainierten sie auch bei Ingo Steuer und Aljona gab ihnen sogar Ratschläge, wie sie hier, in Deutschland, besser zurechtkommen, wie ihre Kostüme besser aussehen konnten. Nein, sie waren keine Freunde, wie Aljona es ihr erklärte, es gebe keine Freunde in der eigenen Disziplin, weil sie alle früher oder später gegeneinander antraten, aber sie konnten sich doch trotzdem gut unterhalten.

»Es ist nie zu spät, eine Änderung vorzunehmen und es zu wagen – schlimmer kann es nicht werden, sage ich dir«, antwortete Aljona nach einer Weile. »Vielleicht kann ich ihn nach dem Grand Prix in Paris überreden, nächste Woche fliegen wir hin.«

»Wie ist es, werdet ihr zusammenziehen? Sonst sprichst du nur vom Eis …«, fragte ihre Freundin nach ihrem Privatleben und wechselte plötzlich das Thema.

»Was heißt denn Privatleben? Ich habe nur das Eis und wir treffen uns nur, wenn auch auf dem Eis alles gut läuft. Ich glaube nicht, dass wir zusammenziehen, und ehrlich gesagt, denke ich gar nicht daran – die Kür macht mir größere Sorgen.«

»Du gibst nie auf, oder?«, Veronika musste lächeln.

»Nie!«, jetzt strahlte auch Aljona nicht nur mit ihren Mundwinkeln, sondern auch mit den Augen. »Wir werden kämpfen!«

***

Nach der Pressekonferenz in Bercy-Palast in Paris wurde Aljona noch von einigen Fans aufgehalten. Sie unterschrieb ein paar Autogrammkarten und lächelte in die Kameras. Schließlich hatten Robin und sie Grund zur Freude – nach dem erfolgreichen Kurzprogramm »Send in the Clowns« lagen sie deutlich vorne und hatten eine gute Ausgangssituation für die morgige Kür. Ingo war bereits im Hotel, das direkt neben der Eishalle lag, was unheimlich viel Zeit sparte. Denn häufig war es so, dass die Eiskunstläufer nach dem Training oder den Auftritten mit Shuttlebussen zum Hotel gefahren wurden, was mindestens dreißig Minuten Zeit beanspruchte. Bei diesen, von frühmorgens bis Mitternacht getakteten Wettbewerben wie einem Grand Prix war eine Zeitersparnis viel wert. Hier in Paris konnten die Sportler durch die mit der Eishalle verbundenen Flure und Gänge schnell zu einer Trainingshalle kommen und von dort durch den hinteren Ausgang in das nur fünfzig Meter entfernte Novotel-Hotel gelangen, in dem die meisten Eiskunstläufer untergebracht wurden. Abends konnten sie, wenn sie Lust und Zeit hatten, sogar zur Seine gehen oder ein bisschen im nahe gelegenen Park joggen. Aljona wusste auch, dass einige Eiskunstläufer, vor allem die Nicht-Europäer, die Möglichkeit nutzen, um zum Eiffelturm zu fahren. Aljona hatte keine Zeit dafür. Sie wollte ihre Kräfte für die herausfordernde Kür sparen. Sie war bereit, sich dieser Herausforderung zu stellen.

Jeder Eiskunstläufer hat wohl solche Auftritte gehabt, die man am besten sofort vergisst, für die man sich jahrelang schämt und die wie ein Albtraum nachwirken können. Aljona musste in ihrer Karriere einige solcher Auftritte von anderen Sportlern erleben und mitfühlen und zuweilen ihre Sportkollegen auch trösten, aber sie wusste nicht, wie es sich anfühlt, wenn man selbst sein Programm vor tausenden Menschen ruiniert. Heute musste sie es am eigenen Leib spüren und diese bittere Erfahrung erleiden.

Sie wollte wirklich ihr Bestes geben, auch die Kondition war gut, aber selbst einige Stunden nach der Kür, in ihrem Hotelzimmer liegend, konnte sie nicht begreifen, was da geschehen war. Wie viele Stürze waren es insgesamt? Vier? Fünf? Am Ende war es ihr fast egal. Vielleicht könnte sie nach Jahren darüber auch einmal lachen, aber jetzt fühlte sie sich am Boden zerstört und musste alles für sich alleine verarbeiten. Aljona konnte es verstehen, wenn sie einen Sprung oder einen Wurf vermasselte – was selbst beim Training eine Ausnahme war –; in Paris stürzte sie zunächst bei einer Spirale – sie lag plötzlich auf dem Eis, ohne nachvollziehen zu können, wie so etwas überhaupt geschehen konnte. Dann patzten sie beide bei der Todesspirale, auch Robin stürzte, dann ... Aljona schloss die Augen und atmete tief durch. Und am Ende sagte sie nur kurz – »Scheiße«.

Kurz nach dem ersten Sturz dachte sie, dass es nur ein Albtraum sei und sie wache gleich auf und liefe ihr Programm perfekt wie immer. Aber nein, statt aufzuwachen, leisteten sie sich immer mehr Fehler, wirkten – und das hat sie später im Video gesehen – komplett desorientiert, selbst die Zuschauer schienen wie gelähmt auf ihren Sitzen. An diesem Tag in Paris traten nicht die »wirklichen« Aljona Savchenko und Robin Szolkowy auf. In der Kür machten sie sich zu traurigen Clowns – dafür brauchten sie weder Schminke noch passende Kostüme aus dem Kurzprogramm.

Das Traurigste war aber nicht dieser desaströse Auftritt, sondern die Tatsache, dass sie alles hätten verhindern können. Und noch trauriger – Aljona wusste genau, dass so etwas kommen musste, ihre Intuition hatte sie von Anfang an davor gewarnt.

In Paris haben sie die Rechnung dafür bekommen, was sie viele Monate ignoriert hatten, und zwar – Aljonas Intuition.

Vom Krankenbett zu den Olympischen Spielen?

*»Wer kämpft, kann verlieren.
Wer nicht kämpft, hat schon verloren.«*

Der große Vorsprung aus dem Kurzprogramm in Paris reichte Aljona und Robin, um nach der desaströsen Kür noch den dritten Platz in Paris zu erringen. Danach choreografierte Ingo umgehend die neue Kür »Out of Africa«. Er hatte realisiert bzw. mit eigenen Augen in Bercy gesehen, dass die alte Kür nichts bringen würde und Aljona Recht hatte. Er gestand es ihr nicht direkt ein, aber der Kürwechsel sprach für sich.

Aljona hätte ihm viel sagen und manches vorwerfen können, aber sie wollte die wertvolle Zeit für diese Diskussionen nicht mehr verschwenden. Diskutiert hatten sie in dieser Saison mehr als genug. Die Monate zuvor hatte sie viel Zeit in diese Diskussionen investiert, weil sie das Ziel hatte, Steuer zu überzeugen, sodass am Ende alle davon profitierten. Jetzt hatten sie die neue Kür einzustudieren und damit war für sie der Fall abgeschlossen. Und zu klären, dass sie ja Recht hatte und sie diesen Wechsel viel früher vornehmen sollten, war nicht konstruktiv. Schließlich wollte Aljona jede Sekunde in die Arbeit investieren und die verlorene Zeit nachholen, soweit es noch möglich war.

Bis zum zweiten Grand Prix in Kanada hatten sie nur ein paar Wochen Zeit und jede Sekunde war der Arbeit an der neuen Kür gewidmet. Sich die Bewegungen einprägen, die Kür einlaufen, an den Bewegungen schleifen, die Artistik anpassen – jetzt war harte Arbeit angesagt, der Streit ist endgültig dem »Schweiß« gewichen. Es schien, dass sie den zweiten Atem bekommen hatten. Aljona konnte Tag und Nacht an der neuen Kür arbeiten und jede Bewegung vielfach wiederholen. Es war, als ob die Energie, die sich bei

Aljona in diesen Monaten angesammelt hatte, sich nun in der »richtigen« Kür freisetzte. Mittlerweile fanden sie ihre innere Sicherheit wieder und konnten die Energie in die richtige Bahn lenken.

Und die schwere Arbeit hat sich gelohnt – bei dem Wettbewerb »Skate Canada« gewann das deutsche Paar sowohl das Kurzprogramm als auch die Kür, und zwar mit einem neuen Punkteweltrekord. Sie konnten wieder ihren Weg Richtung »Gold in Vancouver« aufnehmen, der Erfolg in Kanada war wie ein Wegweiser und gab Aljona zusätzlich viel Kraft, sodass sie zuversichtlich auf das Grand-Prix-Finale blickte. Allerdings reichte es dort »nur« für Bronze, zwar eine »gewonnene« Medaille, die für Aljona aber eine Niederlage symbolisierte. Warum haben sie verloren? Die Antwort wusste Aljona nicht. Mag sein, dass sie noch mehr an der Kür arbeiten mussten, oder umgekehrt das Training übertrieben hatten. Mag sein, dass Aljona plötzlich körperlich schwächer wurde und die ersten Anzeichen einer Krankheit kamen, oder die gesamten Ups and Downs der Saison ihre Auswirkungen hatten, sodass der Körper sich »zu Wort meldete« und sagte »Nee, meine Liebe, es reicht …« Wie auch immer, nur wenige Tage nach der Rückkehr aus Kanada wurde Aljona Savchenko schwer krank.

Aljona lag im Bett und konnte es kaum fassen, dass gerade ihr so etwas passierte. Sie war krank geworden.

»Wie fühlst du dich?« – Aljonas Mutter setzte sich auf ihr Bett und legte ihre Hand auf Aljonas Stirn – genauso, wie sie es in der Kindheit immer getan hatte, wenn sie prüfen wollte, ob ihre Kinder Fieber hatten. Ihre Tochter war selten krank, aber wenn, dann richtig.

»Schlapp und müde«, flüsterte Aljona und lächelte trotzdem. Ihre Eltern kamen sofort nach Chemnitz, als sie erfahren hatten, dass Aljona nach dem Grand-Prix-Finale krank geworden war. Mittlerweile konnte Savchenko als Welt- und Europameisterin die Flugtickets für ihre Eltern finanzieren und so besuchten sie ihre Tochter ab und zu in Chemnitz. Auch bei den Wettbewerben, die in Europa stattfanden, konnten sie ihre Tochter immer häufiger bewundern.

»Ich habe dir damals noch per Telefon gesagt, dass es zu früh war, so schnell wieder aufs Eis zu gehen.« Nina Savchenko schaute sorgenvoll auf ihre Tochter und goss Wasser in ein Glas. »Trink das!«, sie reichte ihr das Wasserglas.

»Aber ich fühlte mich okay!«, Aljona nahm das Glas und trank. »Ich kann nicht mehr«, sie gab das Glas ihrer Mutter zurück und lehnte sich an das Kissen.

»Dein Körper streikt und braucht Ruhe!«

»Ja klar, ausgerechnet in der olympischen Saison, ausgerechnet ein paar Wochen vor der Europameisterschaft und ein paar Monate vor den Olympischen Spielen. Ja, es ist höchste Zeit, mich auszuruhen« – Aljona versuchte zu lachen, aber selbst dafür war sie zu müde. »Wo ist Papa?«

»Ich glaube, er ist beim Training mit Robin, in der Eishalle …«

»Gut« – Aljona drehte sich langsam um und richtete sich das Kissen zurecht. »Robin muss Kraft haben, weiter zu trainieren, und Papa ist der beste Trainer für die Trockenübungen.« Als ehemaliger Gewichtheber wusste ihr Vater genau, wie man den Körper fit hält und die Kraftübungen ideal gestaltet, was für Robin als Paarläufer besonders wichtig war. Außerdem konnte Aljonas Vater so selbst kontrollieren, ob Robins Hebetechnik stimmt. Schließlich hatte Valentin Savchenko den Händen dieses deutschen Sportlers das wichtigste Gewicht seines Lebens anvertraut – seine Tochter. Wenn Aljonas Eltern vor Ort waren, trainierte Valentin Savchenko daher Robin am Boden. Ingo kam manchmal dazu und machte einige Übungen mit. Seitdem gehörte Valentin Savchenko fest zum Team – als off-ice-Trainer. Vor einigen Jahren, als Aljona in Deutschland sich selbst überlassen gewesen war, konnte sie nur davon träumen. Deshalb schätzte sie diese Zeit so sehr, wenn die wichtigsten Personen ihres Lebens in ihrer Nähe waren, was ihr zusätzliche Kraft verlieh.

»Kannst du mir bitte meinen Laptop geben?«, Aljona setzte sich langsam auf das Bett und zeigte mit der Hand auf den Tisch, auf dem ihr Laptop lag.

»Willst du nicht lieber schlafen? Was willst du jetzt noch im Laptop angucken?«, ihre Mutter schüttelte missbilligend den Kopf, holte aber trotzdem Aljonas Laptop.

»Die Videos … Ich schaue mir unsere Auftritte an und laufe dann im Kopf mit. Ich darf keine einzige Bewegung vergessen. Und wenn ich jetzt hier liegen muss, habe ich keine andere Wahl als das. Schließlich haben wir eine komplett neue Kür gestaltet! Und wenn ich körperlich nicht imstande bin, mir die Bewegungen einzuprägen, muss ich meine Programme im Kopf laufen.«

»Mach das, wenn du meinst, dass es dir hilft, aber ich würde an deiner Stelle mehr schlafen, so kommst du schneller wieder zu Kräften!«, sagte ihre Mutter und ging in die Küche. Alsbald hörte Aljona, wie ihre Mutter mit dem Geschirr hantierte, und freute sich insgeheim auf das leckere Mittagessen, obwohl sie gar keinen Appetit hatte.

Die Ärzte vermuteten, dass es keine einfache Grippe war, die Aljona so heftig aus der Bahn geworfen hatte. Sie könnte – so lauteten die schlimmsten Befürchtungen – von der komischen … – den Namen der Krankheit konnte Aljona sich kaum merken – von dem »Pfeifferschen Drüsenfieber« befallen sein. Es handelte sich um eine Erstinfektion mit dem Epstein-Barr-Virus oder, wie man diese Krankheit noch nannte, die infektiöse Mononukleose. Aber die Ärzte waren zu diesem Zeitpunkt mit der Diagnose noch nicht sicher, ihre Blutwerte mussten noch genauer untersucht werden. Wenn der Virus doch nachgewiesen würde, könnte es das Ende der Saison für das »goldene Paar« bedeuten. Mit anderen Worten: keine Olympischen Spiele in Vancouver. Aber soweit dies nicht feststand, durfte sie ihre goldenen Träume nicht auf Eis legen. Außerdem war sie fast sicher, dass sie ihren Körper alsbald wieder unter Kontrolle kriegen würde.

Vielleicht waren es nur die Auswirkungen einer sehr schweren Grippe, die sie zum Anfang der Saison, direkt nach dem erfolgreichen Auftritt im September bei der Nebelhorn-Trophy in Oberstdorf unterschätzt und verschleppt hatte. Damals wurde sie krank, aber bereits nach zwei Tagen stand sie wieder auf dem Eis. Schließlich fühlte sie sich nicht so schlapp und wegen Schnupfens und Hustens wollte sie die wertvollen Trainingszeiten nicht auslassen. Und selbst wenn es dieses Drüsenfieber war, würde sie alles aufs Spiel setzen, um doch noch laufen zu können. Sie musste nur die richtige Einstellung im Kopf haben und die richtigen Impulse an ihren Körper geben – werde gesund, sei gesund, bleib gesund!

Auch die Presse und Fans rätselten weltweit, was wohl momentan mit Aljona Savchenko los war und ob eines der Top-Paare aus dem Rennen um die olympischen Podiumsplätze sei. Und diese Gerüchte waren wirklich das Letzte, was Robin und sie gebrauchen konnten. Vor allem in der olympischen Saison muss man höllisch aufpassen, was man sagt und tut – man weiß ja nie, wie die Preisrichter darauf reagieren und jede Kleinigkeit könnte letzten Endes entscheidend sein.

Aljona öffnete YouTube und tippte ihren Namen ein. Sie wählte den jüngsten Auftritt vom Grand-Prix aus und drückte auf Play. Und so stand sie mit Robin wieder auf dem Eis, bereit, um das Kurzprogramm zu starten. Auch das Kurzprogramm durfte sie in dieser Zeit nicht vergessen. In Clowns-Kostümen, die sie selbst extra für dieses Programm ausgedacht hatte, stellten sich Aljona und Robin auf das Eis.

Das Kurzprogramm hatte bereits bei dem ersten Wettbewerb der Saison in Oberstdorf alle Anwesenden fasziniert. Es war mutig von den beiden, in die Rollen von Clowns zu schlüpfen und sie auf der Eisfläche zu spielen. Vorsichtig schauten sie in die Arena durch einen imaginären Schlitz in dem Vorhang, der sie von dem Publikum trennte, traten heraus und nun waren sie den Zuschauern und den Preisrichtern ausgeliefert. Mag sein, dass einige nicht sofort verstanden haben, warum beide Clowns keine Witze machten, aber sie waren traurige Clowns. Und es ist bekanntlich oft so, dass gerade diejenigen, die die anderen zum Lachen bringen, in ihren Seelen einsam und traurig bleiben.

Aljona pflegte jede Situation auch mit Humor zu nehmen, aber diesmal war ihr nicht danach. Sie war müde. Sie war schlapp. Sie war erschöpft. Und das Traurige war, dass es keine Müdigkeit nach dem Training war, sondern sie hatte noch nicht einmal Kraft, um vom Bett aufzustehen und überhaupt etwas zu machen. Und sie konnte nur hoffen, dass dieser Virus in ihrem Blut nicht nachgewiesen wurde. Sie schaute das Clown-Programm bis zum Ende an und drückte wieder auf Play. Sie wusste nicht mehr, wie viele Male sie sich das Programm in YouTube angeguckt hatte – sie durfte keine Bewegung vergessen. Und sie mochte es, auf dem Eis zu spielen und eine Geschichte zu erzählen, mit ihren Zuschauern zu sprechen. Dieses Programm war perfekt dafür geeignet. Mit der Kür war es schwieriger. Da sie noch neu und nicht richtig eingelaufen war, musste sie sich jede Kleinigkeit, jeden Gesichtsausdruck gut einprägen. Fast jede Sekunde drückte Aljona auf Pause, um diese Bewegungen wie unter einer Lupe genauer zu betrachten. Dann ließ »Aljona im Bett« die »Aljona auf dem Bildschirm« das ganze Programm durchlaufen und dann wieder schaute sie alles mit zahlreichen Pausen in Zeitlupe.

Vor allem im olympischen Jahr will man nur das Beste geben und viele Eiskunstläufer tendieren dazu, die Programme nach einigen Wettbewerben zu wechseln. Klar, es ist ein Risiko und man kann nie voraussagen, ob es funktionieren wird oder ob es eine Fehlentscheidung war. Viele irren sich tatsächlich und die ursprünglichen Programme hätten viel bessere Chancen gehabt als die neu gestalteten. Aljona war zuversichtlich, dass sie mit ihrem Wechsel richtig lagen, sie fühlte sich wirklich wohl damit und selbst beim Zuschauen der Kür auf YouTube hatte sie Spaß daran. Sie wollte diese Kür so schnell wie möglich wieder auf dem Eis laufen können. Die Ärzte konnten ihr zwar keinen Zeitpunkt nennen, wann es soweit sein könnte, aber wenn sie mit dem Training direkt nach Silvester anfangen könnten, wäre es perfekt.

Aljona schloss kurz die Augen. »Bitte, bitte, bitte – wenn ich diese drei Wochen im Januar hätte, um mit voller Kraft zu trainieren …«, redete sie auf ihren Körper ein.

»Wir stellen dich wieder auf die Beine«, versicherte ihr Vater, als er ein paar Stunden später in der Wohnung auftauchte.

»Wie denn?«, Aljona setzte sich auf ihr Bett.

»Steh auf, wir gehen jetzt in den Park«, sagte ihr Vater und begann sich die Jacke anzuziehen.

»Bitte was?«, Aljona dachte, sie hätte sich verhört.

»Wir machen es so, wie wir es in deiner Kindheit gemacht haben! Wir laufen kurz barfuß durch den Schnee«, ihr Vater zwinkerte ihr mit einem Auge zu und lächelte. »Mama kommt diesmal mit!«.

»Äh … echt jetzt?«, sagte Aljona und stand auf. Als sie klein war, hatte ihr Vater sie ab und zu nach draußen mitgenommen und ließ sie barfuß durch den Schnee laufen – wohlgemerkt ohne dass seine Frau Bescheid wusste. Sonst hätte sich Nina Savchenko Sorgen gemacht, dass sich ihr Kind erkälten könnte. Aber der Vater verfolgte eine andere Strategie: Der Körper soll aus eigener Kraft aktiv werden und alle Viren »verjagen«.

Letztendlich konnte sie später nicht mehr sagen, woran es lag, dass sie diese Krankheit doch noch rechtzeitig überwinden konnte. War doch nicht der schlimme Virus in ihrem Blut gewesen? War es die Nähe ihrer Eltern, die ihr die Kraft spendeten? Waren es die leckeren Suppen ihrer Mutter, die sie extra für Aljona kochte? Oder doch dieser »Barfußspaziergang durch den Park«? Waren es die wechselweisen Bitten und Flüche in Richtung ihres Körpers »endlich wieder fit zu werden, verdammt noch mal«?

Wie auch immer: Am 1. Januar 2010 stand Aljona Savchenko wieder auf dem Eis.

»Der Traum bleibt noch. Er bleibt.«

»Denke daran, dass etwas, was du nicht bekommst, manchmal eine wunderbare Fügung des Schicksals sein kann.«

Aljona saß auf der Bank im Pacific Coliseum in Vancouver und starrte vor sich hin. Sie wollte nicht mehr weinen, aber die Tränen flossen einfach über ihr Gesicht. Es schien, dass die Tränen in ihrem Inneren eine unerschöpfliche Quelle gefunden haben und es gab kein Ende, der Strom aus Traurigkeit und Enttäuschung musste seinen Ausgang finden.

Savchenko konnte nur vage wahrnehmen, wie andere Eiskunstläufer ihr auf die Schultern klopften, um sie zu trösten, wie sie sagten, dass Bronze bei den Olympischen Spielen eine hervorragende Leistung sei und dass viele davon nur träumen konnten. Mag sein, aber sie träumte von Gold. Einige Sportler, Trainer und Offizielle gratulierten ihr sogar! Sie nickte und spürte mit ihrer Hand das verhasste Metall in ihrer Jackentasche. Vom Antasten könnte sich die Medaille aus Gold genauso anfüllen, aber es war kein Gold: Es. War. Kein. Gold.

Aljona hörte nur unterbewusst, dass die Journalisten jemanden interviewten, sie hörte Leute lachen, Türen knallen, nahm die klickenden Verschlussgeräusche der Kameras wahr – sie konnte nicht einmal realisieren, ob sie es war, die fotografiert wurde, oder die Fotografen ein anderes Ziel vor der Linse hatten. Sie tastete wieder nach der Medaille in ihrer Tasche. Unglaublich, dass vier Jahre so schnell verflossen waren und in diesem Stück Bronze ihre letzte Ruhestätte gefunden hatten …

Ihre Gedanken wanderten langsam zur letzten Europameisterschaft, bei der sie und Robin nur Silber holten und sich dem russischen Paar Yuko Kavaguti und Alexander Smirnov geschlagen geben mussten. Diese Niederlage war schmerzhaft genug gewesen, aber es war zugleich eine Herausforderung, sich bis zu den Olympischen Spielen zu verbessern. Das Silber der Europameisterschaft war ein Warnzeichen, aber alles war zu diesem Zeitpunkt noch möglich gewesen. Jetzt – nicht mehr.

Nach der Europameisterschaft ersetzten sie zum Beispiel den dreifachen Salchow durch den doppelten Axel. Diesen Sprung landeten sowohl Aljona als auch Robin so sicher, dass die Erfolgsquote beinahe bei 99 Prozent lag. Und dieses eine Prozentchen ließ den Traum von Olympiagold zerplatzen. Die Rechnung ging nicht auf – Robin stürzte. Sie sprang auch einen Sprung nur doppelt. Und das Gold war damit endgültig verloren:

»Sie. Hatte. Nur. Bronze. Kein. Gold.«

Aljona schloss kurz die Augen: Sie musste diesen bohrenden Gedanken in die hinterste Schublade der Erinnerung schieben und die Bronzemedaille vor ihren Augen verstecken. »Sie. Hatte. Nur. Bronze. Kein. Gold«. Jedes Wort fühlte sich wie ein Stich ins Herz an. Jedes einzelne verdammte Wort.

Nach der Medaillenzeremonie vor über 11.000 Zuschauern im Coliseum, die sie wohl oder übel über sich ergehen lassen musste, konnte sie sich noch zusammenreißen und stellte sich den Fragen der Journalisten – sie saß auf dieser Bank, ohne endlich aus dem Albtraum aufzuwachen und erleichtert festzustellen, dass es nur ein schlechter Film gewesen war. Aber es war die Realität. Zwei chinesische Paare haben Gold und Silber gewonnen. Unmittelbar nach der eigenen Kür war Aljona klar, dass es nur Bronze sein würde. Robin und sie hatten vorläufig den ersten Platz eingenommen und nach ihnen mussten die beiden chinesischen Paare als letzte auf das Eis. Und dass die Chinesen sich keinen Patzer erlauben würden, dessen war sie sich sicher. Außerdem war es nie ihre Art, zu sitzen und auf Fehler der Anderen zu warten. Die eigenen Fehler sind die schmerzhaftesten und das wünschte sie selbst den größten Konkurrenten nicht. Gold muss glänzen und wenn man es durch Fehler der Anderen gewinnt, würde es in ihr nie eine richtige Freude hervorrufen.

»Ich bin enttäuscht. Es sollte Gold werden, aber es wurde nur Bronze, weil wir zwei Fehler gemacht haben. Das war einer zu viel«, Ingos Stimme riss Aljona aus ihren Gedanken. Anscheinend haben die Journalisten ihn erwischt und befragt.

»Ich kann mich nicht freuen«, sagte er weiter.

»Letztlich ging es doch nur um diesen einen Sprung. Wäre Robin beim Doppelaxel nicht gestürzt – es hätte zur Goldmedaille gereicht.«

»Diese Geschichte kennt keinen Konjunktiv«, fügte Aljona seinen Worten in Gedanken hinzu. Diese »wäre«, »hätte«, »könnte« waren genauso schmerzhaft wie das Wort »Bronze«.

»Das ist so traurig, weil man das, was auf dem Tablett lag, nicht genommen hat. Wir hätten es einfach machen müssen«, ereiferte sich Steuer weiter.

Aljona berührte mit ihren Fingerspitzen ihre Schläfen, um die sich anbahnenden Kopfschmerzen zu besänftigen. Sein Vergleich war irgendwie schräg. Sie hatte nie etwas im Leben auf dem Tablett serviert bekommen, sie musste sich alles selbst hart erarbeiten und in diesem Jahr war es besonders hart. Seine Worte taten ihr weh. Dass Ingo ihr keinen Trost spendet, war ihr klar, aber dass er so hart mit den beiden abrechnete, lag außerhalb ihrer Vorstellungskraft.

»Diese Kür hätte ich auch noch hingekriegt.«

Bei diesen Worten musste Aljona schlucken, es war im übertragenden Sinne eine knallende Ohrfeige. Denn es hieß nicht mehr und nicht weniger, dass ihre Leistung komplett diskreditiert wurde.

Und jetzt? Neue Chance bei den nächsten Olympischen Spielen? 2014 in Sotschi? – Die Journalisten wollten es genau wissen.

»Für mich auf jeden Fall«, sagte ihr Trainer knapp.

»Mit Aljona Savchenko und Robin Szolkowy?«

»Ob mit diesem Paar, das weiß ich nicht«, mit diesen Worten beendete er wohl das Interview.

Aljona saß noch eine Weile im Raum, dann packte sie ihre Schlittschuhe ein und stand auf. Das Schicksal sagte ihr deutlich – »nicht heute«. Und es blieb ihr nur zu hoffen, dass ihr in vier Jahren in Sotschi das Schicksal gnädiger sein würde und sie statt der bronzenen die goldene Medaille in den Händen halten würde. »Der Traum bleibt noch. Er bleibt«, wiederholte sie gegenüber den Journalisten und ging zum Ausgang. Ob mit diesem Trainer oder nicht, wird sich zeigen. Der Weg zu ihrem Ziel war wohl länger, als sie gedacht hatte. Aber sie war bereit, ihn weiterzugehen.

Der rosarote Panther erobert die Welt

»Was immer du tust. Tue es mit ganzem Herzen.«

Aljona saß auf dem Bett in ihrem Zimmer im Olympiadorf in Sotschi und betrachtete einen Plüsch-Panther, der auf dem Bett lag. Die vielen anderen Panther hatte sie noch nicht ausgepackt. Sie könnte zu Hause eine vielköpfige Panther-Großfamilie bilden oder einen Pink-Panther-Clan gründen, so viele dieser lustigen Plüschtiere hatte Aljona nach ihren Aufritten eingesammelt. Diese rosaroten Panther lagen ihr besonders am Herzen, sodass sie sich von keinem trennen wollte und immer wieder schleppte sie den einen oder anderen mit nach Hause.

»Rosaroter Panther« ist zu ihrem Spitznamen geworden. Aljona mochte es, zu dieser Musik zu laufen, sie genoss jede Bewegung, jeden Schritt – es machte ihr tierischen Spaß, das Publikum als Panther in den Eishallen zu verzaubern, in diese Rolle zu schlüpfen und sie spielerisch auszufüllen. Es war eigentlich auch kein Spiel, sie lebte den Panther, sie trickste ihren Partner aus, sie machte Witze und lächelte verschmitzt, wenn sie ihn auf dem Eis präsentierte. Vor allem als sie den »Panther« kurzfristig für die Kür nach Vancouver kreierten.

In der postolympischen Saison durfte Aljona die Musik endlich selbst auswählen und so schlug sie Steuer, kurz nachdem sie aus Kanada zurückkamen, den »Panther« vor. Darin konnte Aljona ihr wahres kreatives Potenzial entfalten und sich in einen Panther auf dem Eis verwandeln. Sie hatte noch das alte Programm der Eistänzer Tatiana Navka und Roman Kostomarov vor Augen und fragte sich, ob sie und Robin als Paarläufer noch mehr tänzerische Elemente mit ihrem Programm kombinieren könnten. Aljona suchte ständig nach geeigneten Schnittstellen zwischen Sport und Tanz und mit Robin hatte sie es bereits in andere Programme teilweise eingebracht, aber der rosarote Panther sollte das gewünschte Feuer entfachen! Auch die Kostüme für diese extraordinäre Kür entwarf Aljona selbst und orientierte sich dabei natürlich an der berühmten gleichnamigen Trickfilmfigur. Von daher waren die Kostüme sehr farbenfroh – genauer gesagt – knallig! Aber gerade das brauchten sie jetzt: einen Knaller und der »Panther« ließ es krachen. Der rosarote Panther Aljona und ihr »partner in crime« Robin eroberten die Welt und diese Kür wurde zu einer der besten in ihrer Karriere.

Vier Jahre später ist daraus ein Kurzprogramm geworden und deshalb spiegelte die verkürzte Fassung die gesamte Gefühlspalette nicht wider. Leider. Aber immerhin war es die einzige Lösung für das Paar, weil es, wie vor vier Jahren, kurz vor den Olympischen Spielen ein Programm komplett wechseln musste. Ingo konnte so kurzfristig keine Idee für ein neues Kurzprogramm aus dem Hut zaubern, das alle sofort mitreißen würde. Das ursprüngliche Kurzprogramm kam weder bei ihnen selbst noch bei den Zuschauern und auch nicht, und das war am wichtigsten, bei den Preisrichtern gut an. Deshalb griffen sie auf die alte Erfolgskür zurück. Der rosarote Panther musste reanimiert werden.

Aljona packte den Plüsch-Panther in ihren Koffer und legte sich hin. Sie brauchte Ruhe. Das Kurzprogramm hat sie viel Kraft gekostet, doch sie war ihrem Traum so nah wie noch nie. Vor vier Jahren sagte Savchenko zu Journalisten, vor allem aber zu sich selbst: »Der Traum lebt«. Hier in Sotschi musste sich zwar der Panther im Kurzprogramm mit dem zweiten Platz zufrieden geben, denn Tatiana Volosozhar und Maxim Trankov hatten von den Preisrichtern für ihren Maskerade-Walzer mehr Punkte bekommen. Doch der Abstand war sehr gering, sodass sie den Punktevorsprung in der Kür aufholen könnten, um nach dem ersehnten Gold zu greifen.

Aljona durfte nicht daran denken, denn derartige Gedanken können bei Olympischen Spielen fatal enden. Viele Top-Läufer sind an ihrer Selbstsicherheit gescheitert, vor allem wenn jede Kleinigkeit stimmen sollte. Jeder winzige Wackler könnte Gold in Silber oder gar in Bronze verwandeln. Schlimmstenfalls würde man vom Podium fliegen und ohne Medaille bleiben. Aber für Aljona gab es nur Eines – wenn es kein Gold wäre, wäre es eine Niederlage. Und vielleicht wäre es sogar besser, gar keine Medaille zu gewinnen, als eine weitere bronzene um den Hals gehängt zu bekommen – so schwer wie ein Stein. So schwer fühlt sich eine Enttäuschung an. Der Schmerz von Vancouver saß noch tief in ihr. Aljona musste tief einatmen. Nein, sie war nicht aufgeregt, aber sie konnte eine gewisse Anspannung in ihrem Körper fühlen. Es war eine angenehme Anspannung, Freude und Hoffnung zugleich.

Nun kreisten ihre Gedanken nicht mehr um die Olympischen Spiele in Sotschi, sie erinnerte sich an diese vier letzten Jahre seit Vancouver. So schnell und so langsam zugleich verlief die Zeit. Vier Jahre, eine Olympiade – ist es lange oder kurz? Man kann viel schaffen, eine neue Karriere – so wie Tanja und Maxim, sie entwickelten sich enorm schnell und gehörten zur Top-Elite des Paarlaufens, was ihnen mit ihren ehemaligen Partnern nicht gelungen war. Andererseits konnte man in diesen vier Jahren seine Form verlieren, keinen anderen Partner oder Partnerin finden, sich verletzen, sich anderen Aufgaben widmen, was auch immer – von daher sind vier Jahre ein großer Zeitraum, in dem das Leben eine entscheidende Wende nehmen kann. Aljonas Gedanken wanderten zu ihrem Ex-Partner Stas – er saß heute bei ihren Konkurrenten als Trainer auf der Bank, gab Tatiana und Maxim neben der Haupttrainerin Nina Mozer Anweisungen an der Bande, damit sie seine Ex-Partnerin Aljona, mit der er einst auch von diesem Gold geträumt hatte, toppen konnten. Aber so ist das Schicksal, eine Fügung, die ihr immer wieder neue Überraschungen bereitete. Doch Aljona wollte nicht so einfach dem Schicksal folgen, sie wollte es mitgestalten oder wenigstens auf diese Überraschungen vorbereitet sein.

Es schien ihr, dass Welten zwischen diesen Lebensabschnitten lagen – jeweils vier Jahre, die so schnell vorbeirasten und gleichzeitig so lange dauerten. Für sie stand schon fest, dass sie, unabhängig von der Platzierung in Sotschi, einen weiteren Vier-Jahres-Abschnitt im olympischen Rhythmus anfängt. Das innere Feuer brannte und bis der letzte Eislauf-Funke in ihrem Herz schimmerte, würde sie ihren Traum auf dem Eis leben.

Vier Jahre arbeitete Aljona an ihrem Traum, in Sotschi Gold zu gewinnen. Es waren keine leichten Jahre, die von der Konkurrenz zu Tanja und Maxim geprägt wurden. Dass sich die beiden von ihren ehemaligen Partnern trennten und demnächst für Russland laufen wollten, hatte Aljona kurz nach ihrer Rückkehr aus Vancouver erfahren. Das neu gebildete russische Paar hatte das gleiche Ziel wie Aljona – Gold in Sotschi zu gewinnen. Eigentlich konnte man es vorhersehen, dass es sich die Russen nicht bieten lassen würden, dass ein anderes Land bei den Olympischen Spielen Gold im Paarlaufen gewinnt. Deshalb war es für sie ein harter Schlag in Vancouver gewesen, als kein russisches Paar auf dem Podest landete. Seit 1964 dominierten sowjetische bzw. russische Paare diese Disziplin und nach dem Desaster in Vancouver 2010 haben sie alles Mögliche und Unmögliche auf das neue Paar gesetzt, um im eigenen Land wieder Gold zu gewinnen. Und nur sie – Aljona und Robin aus Deutschland – konnten ihnen »einen Strich durch die Rechnung machen«.

Aljona konnte sich nach vier Jahren immer noch an den Tag erinnern, als sie erfahren hatte, dass Maxim und Tatiana zusammenlaufen würden. Bereits damals wusste sie, dass sie sich zu den stärksten Paaren der Welt entwickeln könnten – aber umso interessanter war es für sie, sich mit ihnen zu messen.

»So, Aljona, jetzt gibt es keinen Sinn mehr, dass du weitermachst!«, erklärte Stas, ihr Ex-Partner, der in diesen Jahren mit Tatjana Volosozhar zusammenlief. Er stand an der Tür seines Apartments in Chemnitz und ließ Aljona eintreten. Vor einiger Zeit hatte Tatjana Aljona gebeten, ihr und Stas zu helfen, nach Deutschland zu ziehen, damit sie auch bei Ingo Steuer trainieren konnten. In der Ukraine sahen sie keine Chancen mehr, sich weiterzuentwickeln, und dieses Gefühl kannte Aljona wie keine andere. Klar, sie gab ihnen viele Ratschläge und Tipps, aber Freunde sind sie nicht geworden, schließlich waren Freundschaften unter Sportlern einer

Disziplin selten. Aber Aljona half den beiden gerne in ihrer Anfangszeit in Deutschland, damit sie sich besser und schneller in Deutschland einlebten. Aljona konnte einfach nicht anders und erinnerte sich noch genau daran, wie einsam und alleingelassen sie sich in der ersten Zeit nach ihrer Ankunft in Chemnitz gefühlt hatte und wünschte dies keinem anderen. Und jetzt überraschte Stas sie mit dieser Aussage.

»Was meinst du damit?«, fragte sie und trat ein. In der Eishalle hatte sie zufällig mitbekommen, dass Stas und Tanja Chemnitz verlassen möchten und vorhaben, nach Russland zu ziehen. Jetzt wollte Aljona es von ihnen persönlich hören. Wenn sie nach Russland gehen wollten, könnten sie es ihr direkt sagen und es nicht bis zur letzten Sekunde geheim halten. Sie hatte ihnen doch immer geholfen und konnte erwarten, dass sie ihr wenigstens Bescheid sagen, dass sie Deutschland verlassen.

»Ja, Tanja wird demnächst mit Maxim Trankov laufen, für Russland«, sagte Stas und lächelte selbstzufrieden. Er selbst sollte dort als Co-Trainer fungieren.

»Stimmt das?«, Aljona wandte sich zu Tanja hin, die ihr aus dem Zimmer entgegenkam.

»Ja, das stimmt«, sagte sie leise.

»Deshalb hast du nun gar keine Chance mehr«, fügte Stas hinzu.

»Wer welche Chance hat, werden wir bei den Wettkämpfen sehen«, sagte Aljona, ohne Stas anzuschauen. »Maxim ist ein starker Paarläufer, es wird bestimmt spannend sein! Alles andere klären wir auf dem Eis«.

Und genau das klärten sie in diesen vier Jahren. Bei der Weltmeisterschaft in Moskau in 2011 gewann das deutsche Paar Gold. Und Aljona wusste natürlich, dass fast alle Zuschauer in Moskau dem neu gebildeten Paar Tanja und Max die Daumen drückten, aber damals hatte der rosarote Panther richtig zugeschlagen, keiner konnte dem Zauber der Panther entkommen. Dies war jedoch erst der Anfang der Rivalität. In den folgenden Jahren teilten sich die beiden Paare immer abwechselnd das oberste Podium. Mal ging es an die Russen, mal an Aljona und Robin. Und niemand konnte vorhersehen, wie der nächste Wettkampf ausgeht. Jetzt aber standen sie vor dem entscheidenden olympischen Kampf. Und Aljona hoffte, dass ihr dieses Mal das Schicksal wohl gesonnen sei.

Am Ende kommt ein Anfang

»Die Hunde bellen, die Karawane zieht weiter.«

Der Eispalast Eisberg in Sotschi war rappelvoll. Eiskunstlauf ist ungeheuer beliebt in Russland, beinahe eine Nationalsportart, deshalb war es fast unmöglich, Plätze für die Kür zu bekommen und Tickets zu kaufen. Vor allem im Paarlauf erwarteten die Russen Goldmedaillen – Tatiana Volosozhar und Maxim Trankov führten nach dem Kurzprogramm.

Aljona und Robin waren nach dem Kurzprogramm Zweite und heute musste entschieden werden, wer von den beiden Paaren Gold gewinnt. In den letzten Jahren gab es zwischen ihnen harte Wettkämpfe um das oberste Treppchen bei den Europa- und Weltmeisterschaften. Und niemand konnte sicher sein, wie das Duell in Sotschi ausgehen würde. Die Russen gestalteten ihre Kür zu »Jesus-Christ-Superstar«, das deutsche Paar wählte Klassik und lief zu Tschaikowskis »Nussknacker«. Schließlich fand Olympia in Russland statt!

Obwohl Savchenko und Szolkowy neben den Russen als die heißesten Anwärter auf das Olympia-Gold von Sotschi 2014 galten, wurden auch sie von den Zuschauern bejubelt. Das Publikum im »Eisberg« begrüßte alle Sportler herzlich, unabhängig von der Nationalität. Und die Sportler wussten genau, dass viele der Eiskunstlauffans dutzende Landesflaggen mit in die Halle genommen hatten und ihre Lieblinge unterstützten, seien es Russen, Deutsche, Franzosen, Chinesen oder Japaner.

Die Kür. Jetzt oder nie! Aljona und Robin standen Hand in Hand als letztes Paar in der letzten Gruppe neben der Bande und warteten darauf, aufs Eis gerufen zu werden. Es war eine besondere Herausforderung als Letzte aufs Eis zu gehen. Sie mussten den Druck des Wartens länger als die anderen aushalten. Nahezu eine halbe Stunde mussten sie ausharren, bis sie auf die Eisfläche durften, und bis dahin mussten sie sich vor allem warm halten.

Nicht alle Sportler mögen es, als Letzte aufzutreten. Um diesen enormen Druck aushalten zu können, braucht man Erfahrung – viel Erfahrung und starke Nerven. Und das hatten sie. Es waren schließlich ihre dritten gemeinsamen Olympischen Spiele, für Aljona waren es schon die vierten. So viel Erfahrung hatte kaum jemand. Viele Eiskunstläufer scheitern gerade daran, dass sie nach einem perfekten Lauf der Konkurrenz nicht mehr konzentriert genug sind und sich Fehler leisten. Jede zusätzliche Sekunde des Wartens kann sich negativ auf die Leistung auswirken und zusätzliche Punkte kosten. Nicht weil sich der Körper nach der langen Wartezeit in den Ruhemodus versetzt, sondern eher weil sich der psychische Druck verdoppelt, verdreifacht mit jedem Paar, das bereits gelaufen ist und gute Noten von den Preisrichtern bekommen hat. Nun mussten Aljona und Robin mit diesem Los fertig werden. Aljona ahnte, dass die anderen Paare ihre Programme fehlerfrei gezeigt hatten, obwohl sie gar nicht zuschaute. Sie spürte es einfach.

Aljona hat sich die Kür der Konkurrenz bewusst nicht angesehen. Diese Zeit nutzte sie lieber, um sich warm zu halten. Springen, laufen, dehnen, die Frisur zum zehnten Mal fixieren – jedes Härchen musste sitzen und gerade bei den Wettbewerben gelang die Frisur nicht immer sofort, sodass sie bis zur letzten Sekunde ihre Haare zurecht machte. Das beruhigte sie zugleich.

»... Representing Germa....« – die Endung »ny« wurde schon vom lauten Applaus übertönt. Mit dem »Nussknacker« von Tschaikowski wollten sie ein wunderschönes Weihnachtsmärchen zeigen, das die Prinzessin und den Prinzen, der einst Nussknacker war, in eine neue Welt versetzt. Die Welt der Lichter, Sterne und atemberaubender Musik. Jede Bewegung musste passen. Sie wollten die große Eisfläche in die Bühne des berühmten Bolschoi-Theaters verwandeln und das Publikum in eine Zauberwelt entführen.

Könnten sie Tatiana Volosozhar und Maxim Trankov, die bereits eine Goldmedaille im Teamwettbewerb gewonnen hatten, in ihrem Heimatland und vor ihrem Publikum noch schlagen? Aljona wusste die Antwort nicht und wollte es eigentlich auch nicht wissen. Was sie genau wusste, war, dass sie alles geben werden, dass sie einwandfrei laufen mussten, dass sie sich keinen einzigen Fehler, selbst keinen winzigen Wackler leisten dürften. Alles ist noch möglich! Und zwar jetzt!

Perfektion ist gefragt. Und nur die zählt. Und wenn es doch nicht reicht, hatten sie noch einen Trumpf in der Hand. Den Wurf-Axel. Dieses allerschwierigste Element beherrschte außer ihnen kein anderes Paar. Wenn Aljona ihn perfekt steht, wäre es ein Ausrufezeichen Richtung Preisrichter. Und zwar ein riesengroßes. Und wenn »perfect« auf »perfect« folgt und die Preisrichter vor der Wahl stehen, müssten sie den Wurf-Axel ausschlaggebend berücksichtigen. Und Tanja und Max schienen mit ihrem »Jesus-Christ-Superstar« perfekt gewesen zu sein. Jetzt mussten sie sie toppen.

In Gedanken versunken, blickte Aljona kurz auf Robin – er schien nicht besonders nervös zu sein, aber er wirkte irgendwie anders als gewohnt, schließlich kannte sie ihn länger als zehn Jahre. Aber sie konnte nicht einschätzen, was es genau war, was sie beunruhigte oder, genauer gesagt, anders war. Die beiden sahen wirklich wie ein märchenhaftes Prinzenpaar aus. Sie in einem zartbeigen Kleid mit tausenden Glitzersteinchen, die wie kleine Eiskristalle im Licht schimmerten, und er in seiner edlen dunkelroten Weste und dem hellen Oberhemd. Ein Prinz und eine Prinzessin. Ein Traumpaar, das Deutschland schon viele Weltmeister- und Europameistertitel brachte. War es ihr letzter gemeinsamer Auftritt? Nach so vielen gemeinsamen Jahren?

Während sie zu der Startposition liefen, versuchte Aljona alle unnötigen Gedanken auszublenden. Sie waren zu diesem Zeitpunkt irrelevant. Jetzt war vollste Konzentration gefragt. Der Nussknacker. Tschaikowski. Sicherheit ausstrahlen. Sie können es. Sie sind die Besten. Loslassen! Genießen. Element für Element. Der atemberaubende Wurf entzückte die Zuschauer. Aljona genoss jede Sekunde, jede Bewegung, jetzt folgte die Sprungkombination, sie sprang, landete und lächelte …

Robin stürzte.

Das war's … Es ist Schicksal.

Sie lächelte weiter, obwohl sich innerlich eine gähnende Leere ausbreitete. Ein Sekundenbruchteil änderte alles. Kein Gold. Aljona sah es und wunderte sich, wie ruhig sie blieb, sie sprang noch den weiteren Sprung in der geplanten Kombination, in der Zeit, in der er sich aufrappelte. Sie wusste, dass dieser zweite Sprung in der Wertung nicht mehr berücksichtigt wird. Sie konnte ihn auch auslassen, aber sie wäre nicht Aljona, wenn sie das getan hätte. Die Chance auf eine Goldmedaille war passé. Nicht nach diesem Fehler und schon gar nicht bei dem beinahe perfekten Programm der Russen. Das ist Schicksal. Schicksal. Schicksal. Das Wort sauste durch ihren Kopf mehrmals, automatisch lief sie das Programm weiter. Das war es. Wie die Franzosen sagen würden: C'est la vie.

Jetzt war es ihr völlig egal, ob sie einen Salchow oder Axel am Ende zeigt, wenn schon, denn schon – was sollten sie schon verlieren, wenn das Gold nicht mehr zu erreichen war? Sie entschied sich für den Axel. Volles Risiko – und Sturz. Zu viele Gedanken. Sie lächelte nur mit ihren Lippen, doch ihre Augen glänzten nicht mehr, sie spiegelten ihre innere Leere wider, die sie selbst bis zum Ende nicht realisierte. Es schien, dass selbst die kleinen Kristalle auf ihrem Kleid plötzlich blass und matt geworden sind. »Schicksal ...«, flüsterte Aljona noch einmal und guckte auf Robin, der nach seinem Sturz völlig zerstört war. Niemand konnte hören, was sie sagte. Auch Robin nicht. Auch Ingo nicht, der sie an der Bande erwartete und in den Arm nahm. Sie hatte es nur zu sich selbst gesagt.

***

Nun stand sie im Flur in der Mixed Zone, umrundet von Dutzenden Menschen, die Zugang zu diesem Bereich hatten, und schien trotzdem irgendwie allein zu sein. Ja, der Axel kostete sie den zweiten Platz, sie wurden Dritte. Also wieder Bronze. Das Schicksal kann wirklich ironisch sein. Das russische Paar wurde frenetisch gefeiert, Russland hat Gold gewonnen, und das andere russische Paar Silber.

Mit ihren Gedanken war Aljona schon viel weiter. Es schien, als ob ein Vakuum sie in der Sekunde, als Robin stürzte, in sich aufsog

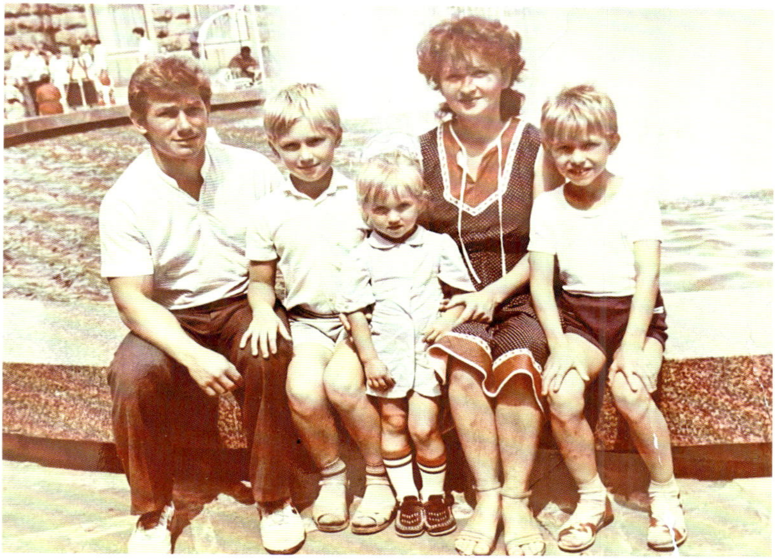

Das kleine Mädchen, das auf dem gefrorenen See Schlittschuhlaufen lernt
(Foto: Privatarchiv Aljona Savchenko)

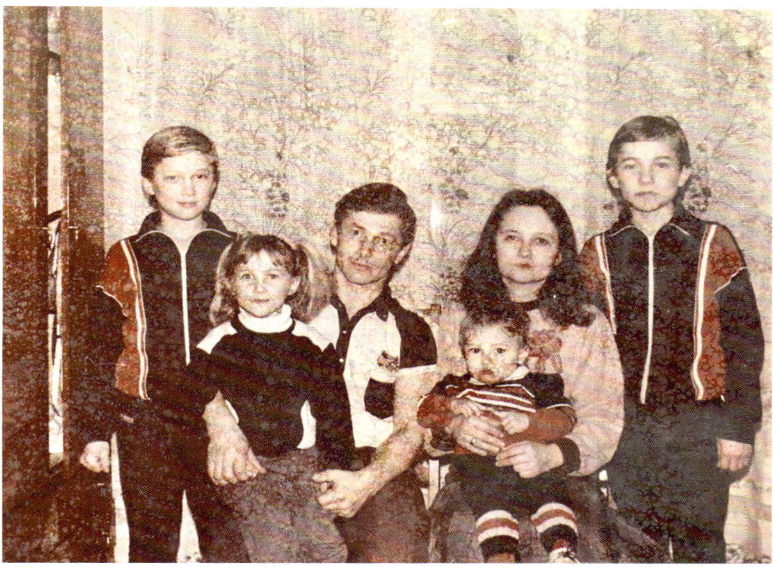

Aljona mit ihren Eltern und den drei Brüdern in der Ukraine
(Foto: Privatarchiv Aljona Savchenko)

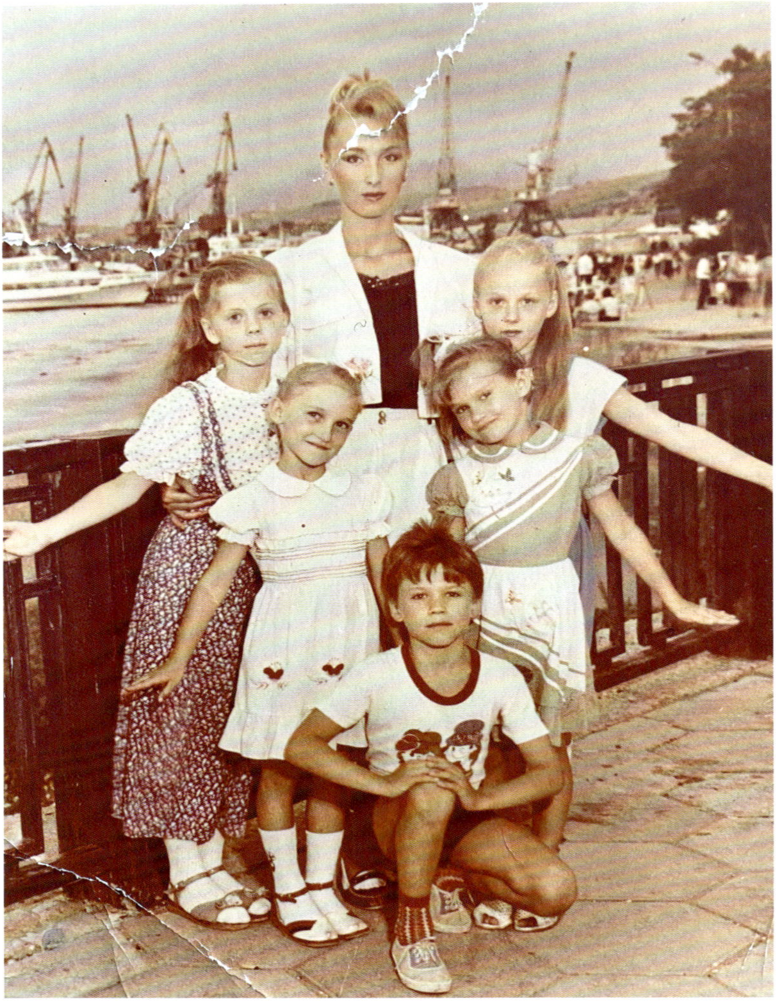

Die erste Trainerin Inna Anatolievna und die kleine Aljona bei einem Ausflug (Foto: Privatarchiv Aljona Savchenko)

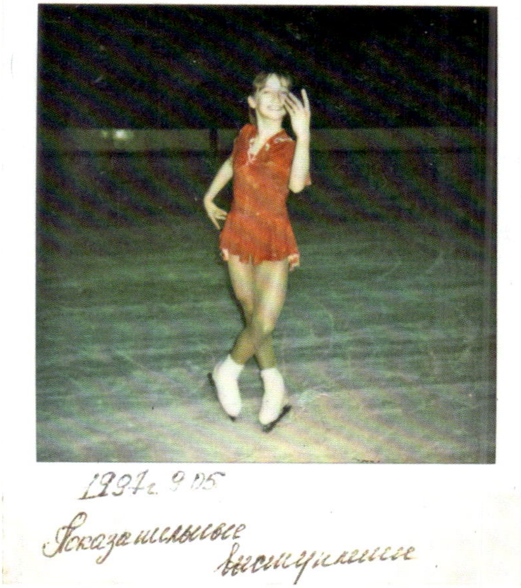

Die ersten Shows, die ersten Auftritte …
(Foto: Privatarchiv Aljona Savchenko)

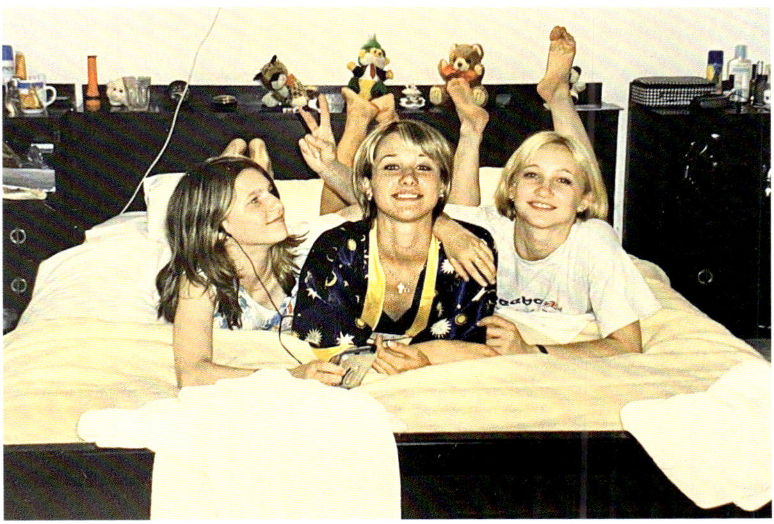

Drei Freundinnen im Trainingslager in Griechenland
(Foto: Privatarchiv Aljona Savchenko)

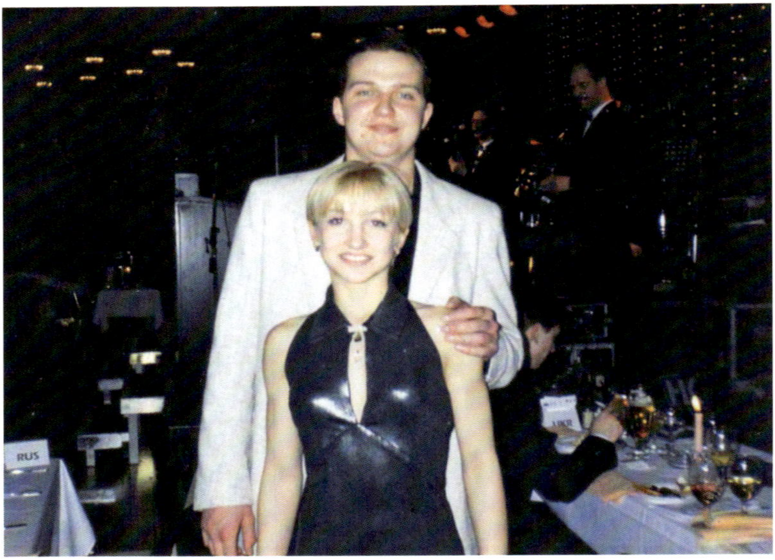

Mit Stas nach einem Wettkampf und vor dem »Closingbankett«
(Foto: Privatarchiv Aljona Savchenko)

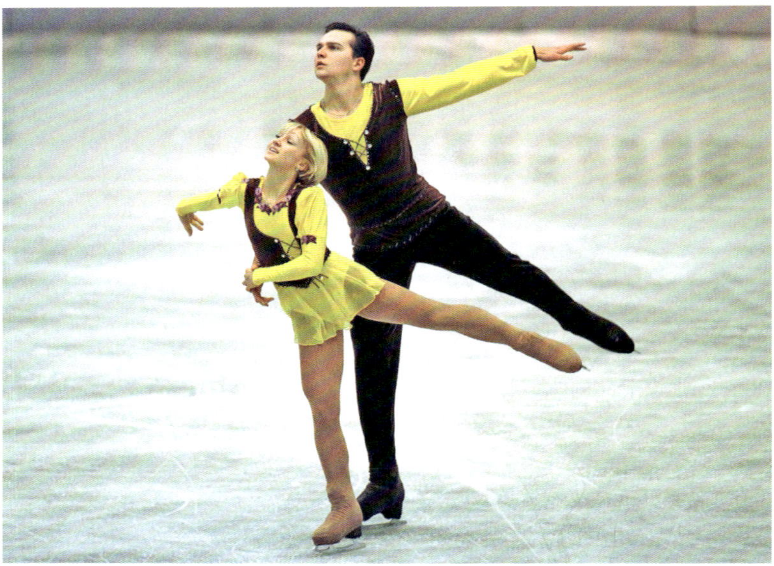

Mit Stanislav Morozov wurde Aljona Juniorenweltmeisterin und nahm an ihren ersten Olympischen Spielen teil. (Foto: imago/Uwe Kraft)

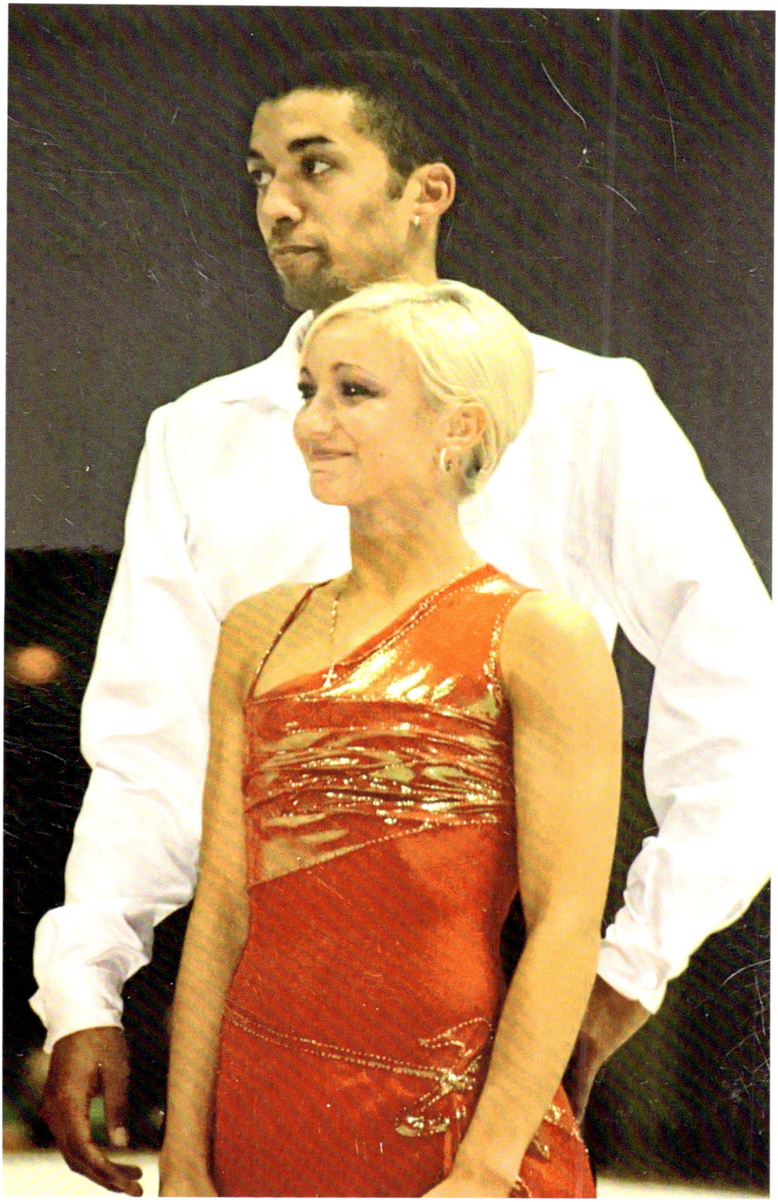

Neues Land, neuer Partner, neuer Trainer und gleich die Deutsche Meisterschaft! Die Journalisten verstanden nicht, dass sie noch ganz andere Ambitionen hatte. (Foto: Privatarchiv Aljona Savchenko)

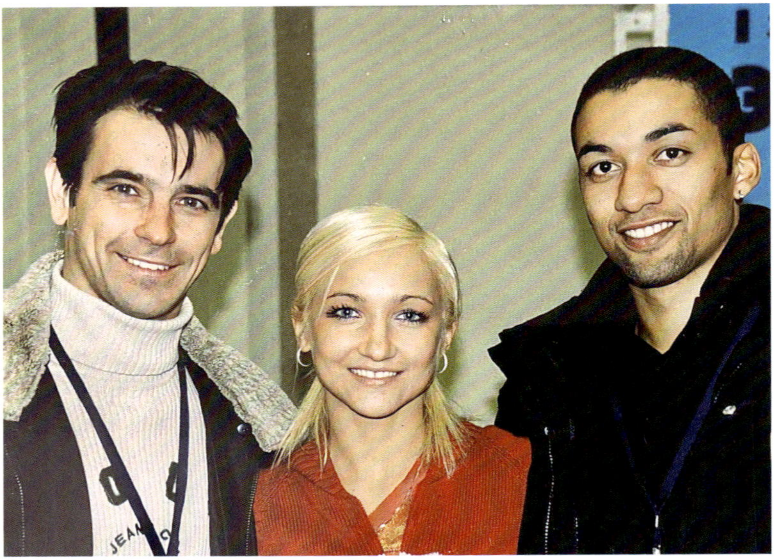

»Wir sind wie eine Bande und Ingo ist unser Chef.«
(Foto: Privatarchiv Aljona Savchenko)

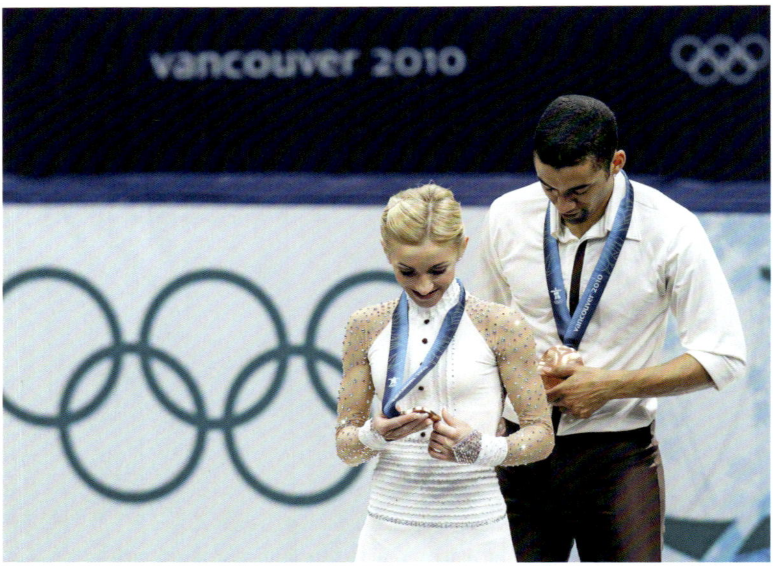

»Sie. Hatte. Nur. Bronze. Kein. Gold.«, Vancouver 2010
(Foto: imago/Bild 13)

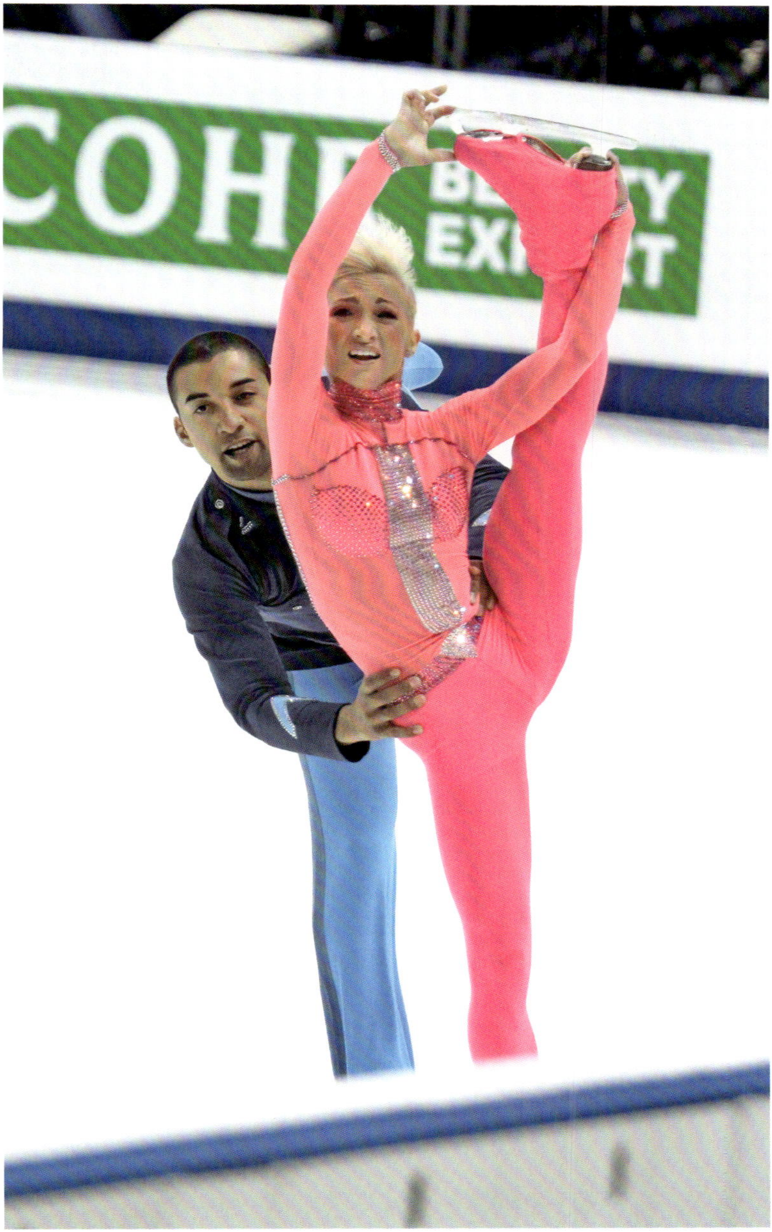

Der rosarote Panther erobert die Welt: WM in Moskau 2011
(Foto: Margarita Voronkovskaya)

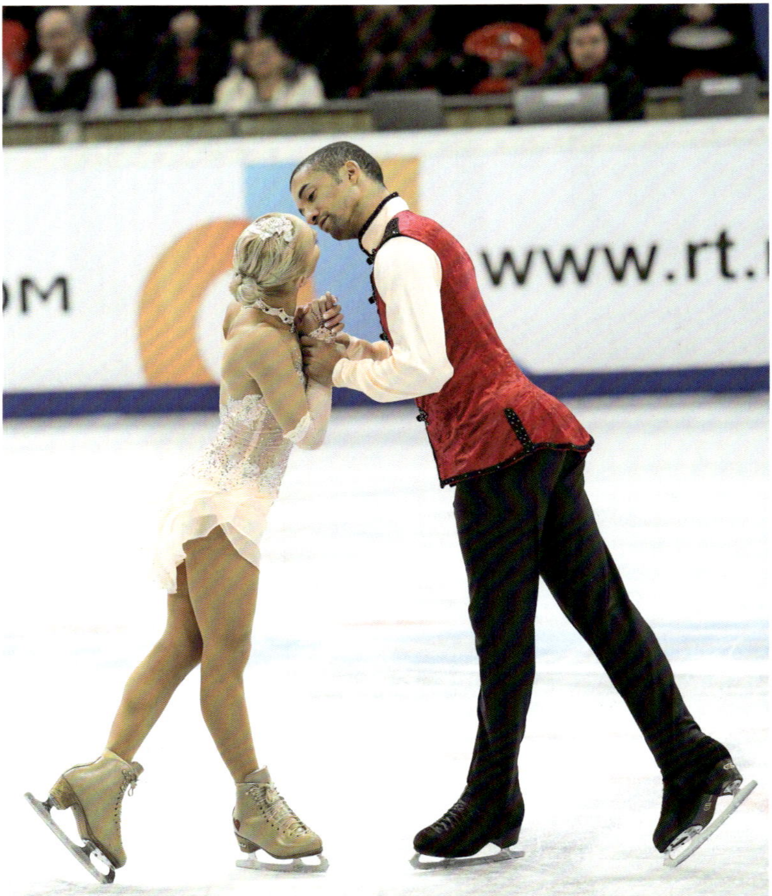

Mit dem »Nussknacker« von Tschaikowski zeigten Aljona und Robin ein wunderschönes Weihnachtsmärchen. (Foto: Vera Valentinova)

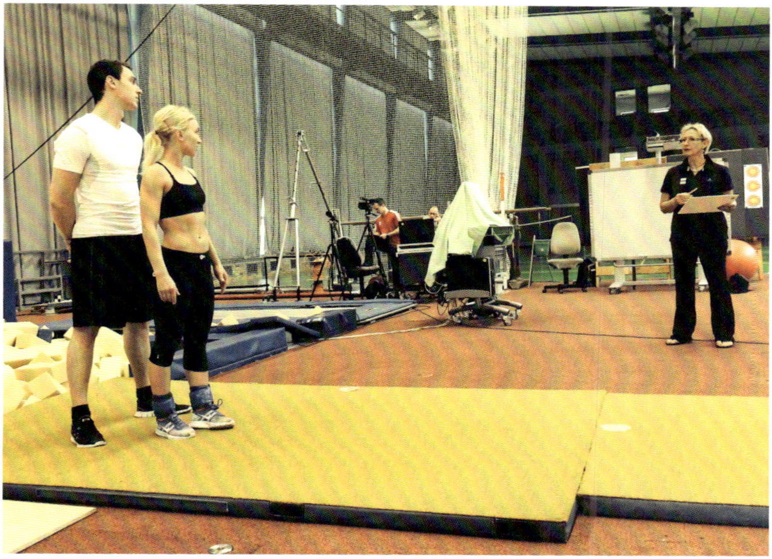

Die ersten Trockenübungen mit dem neuen Partner Bruno Massot. Es passt!
(Foto: Privatarchiv Aljona Savchenko)

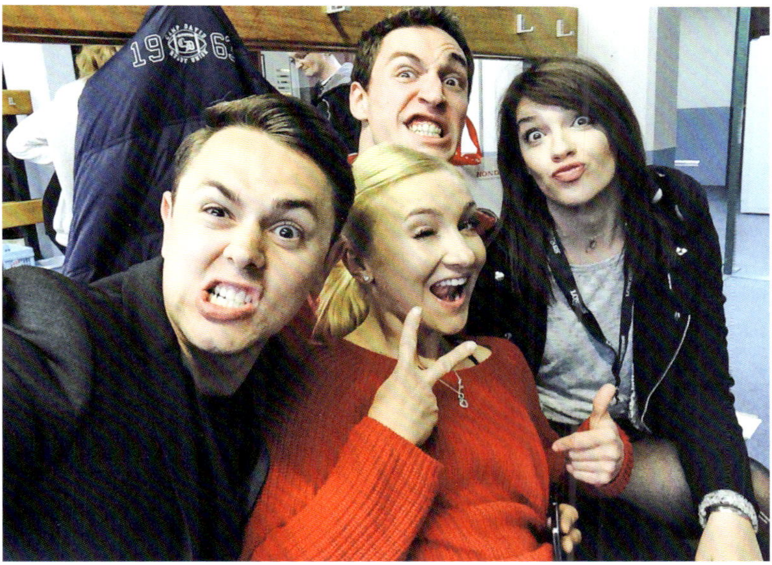

Bei allem Trainingsfleiß: Spaß muss sein! Aljona, Liam, Bruno und Sophie
(Foto: Privatarchiv Aljona Savchenko)

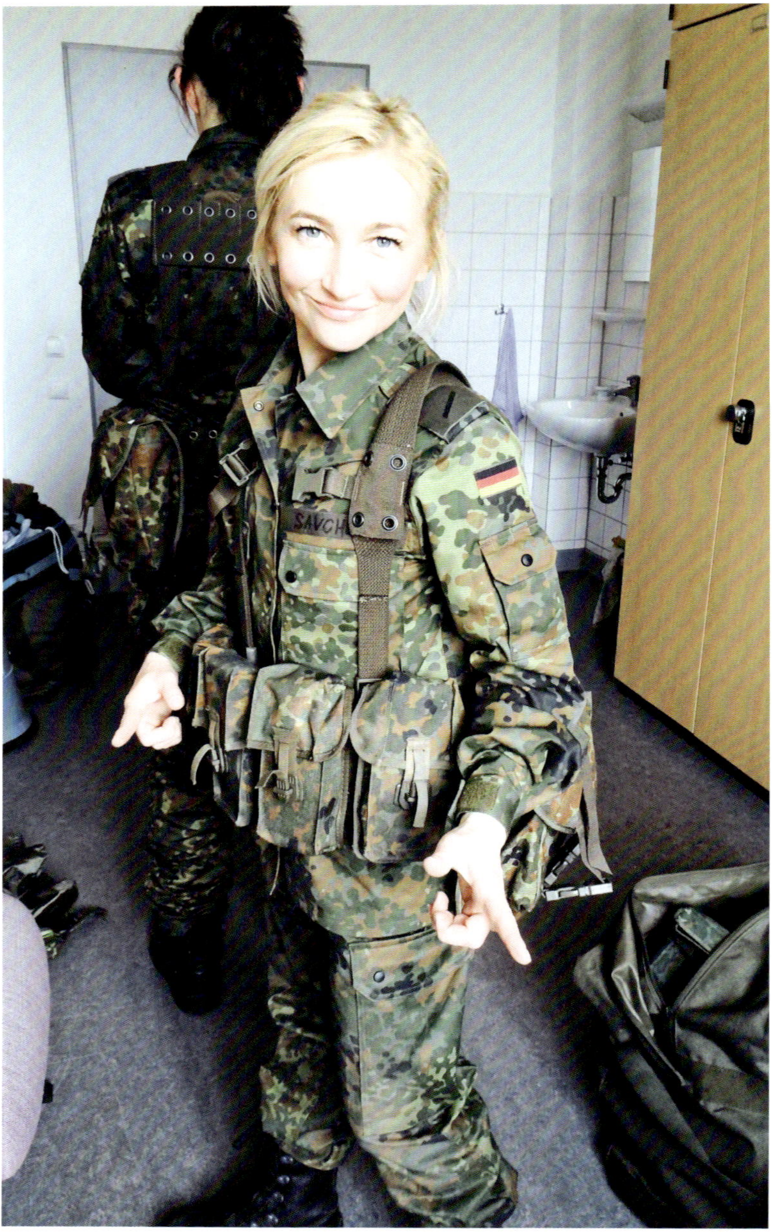

Die Bundeswehrsoldatin Aljona – »Attacke!«
(Foto: Privatarchiv Aljona Savchenko)

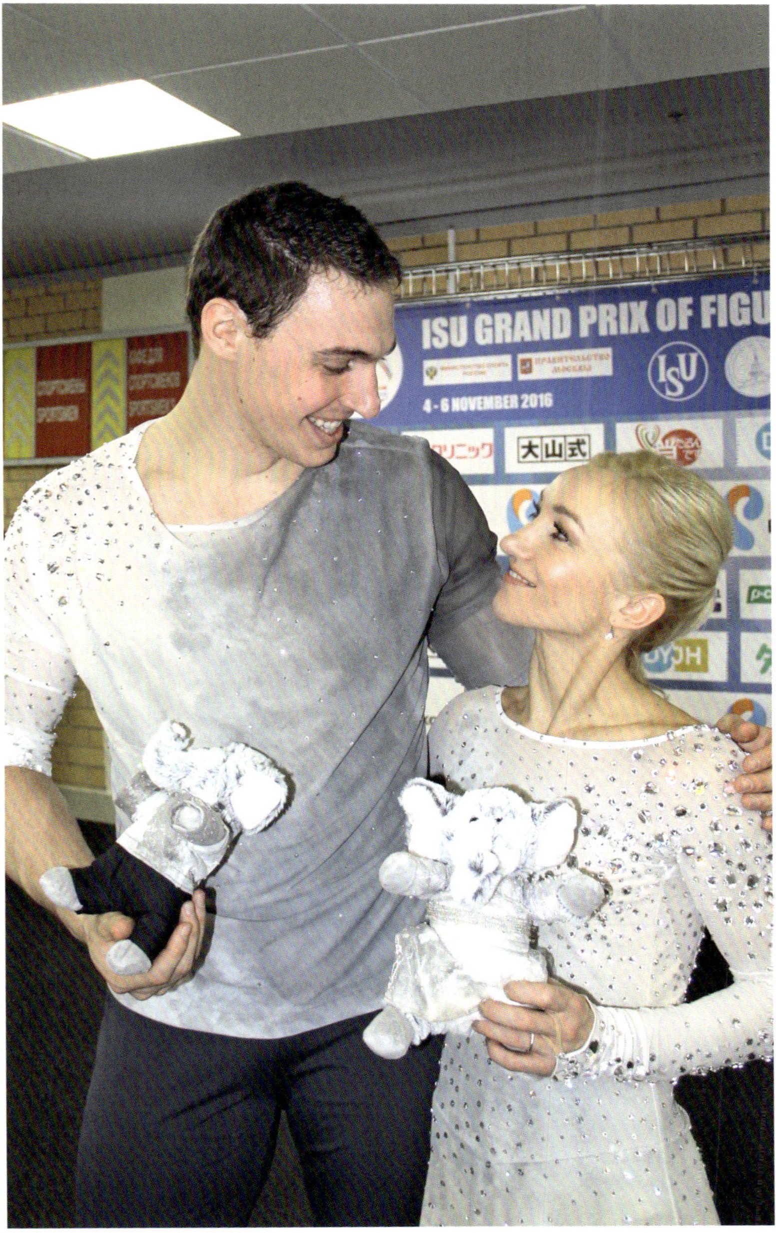

Blick in Blick beim Grand Prix in Moskau: Da wächst was zusammen!
(Foto: Alexandra Ilina)

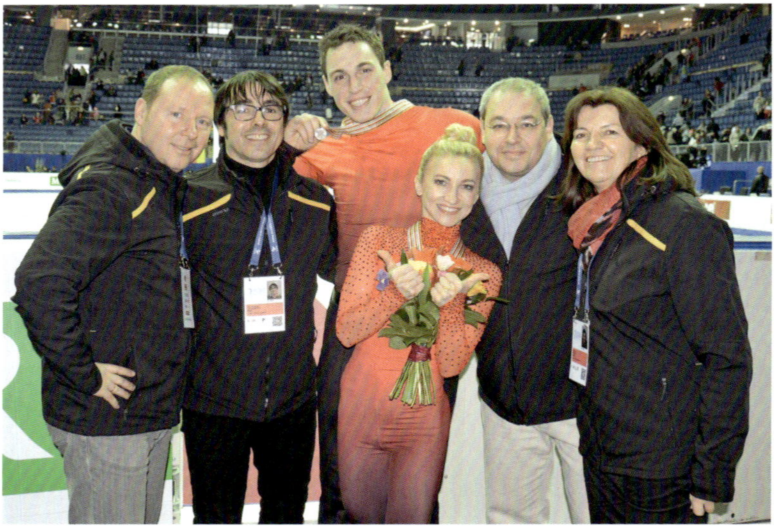

Das Team: Alexander König, Jean-François Ballester, Bruno, Aljona, Dr. Sven Authorsen und die Physiotherapeutin Marianne Martin in Bratislava (Foto: Sven Authorsen)

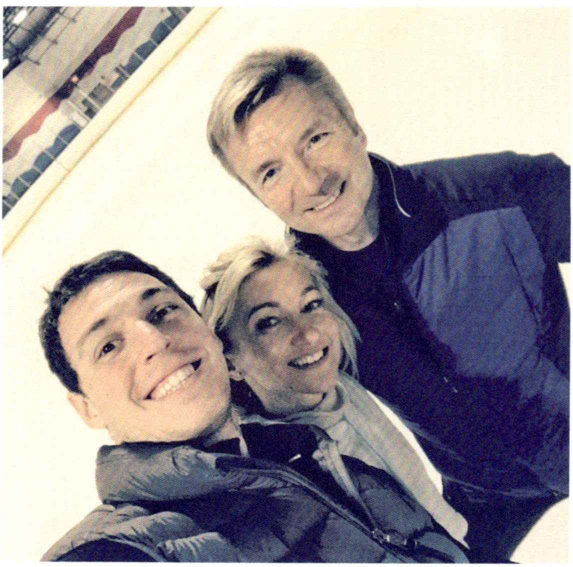

Tänzerischer Schliff bei einer Legende des Eiskunstlaufs: Mit Christopher Dean, Florida 2017 (Foto: Privatarchiv Aljona Savchenko)

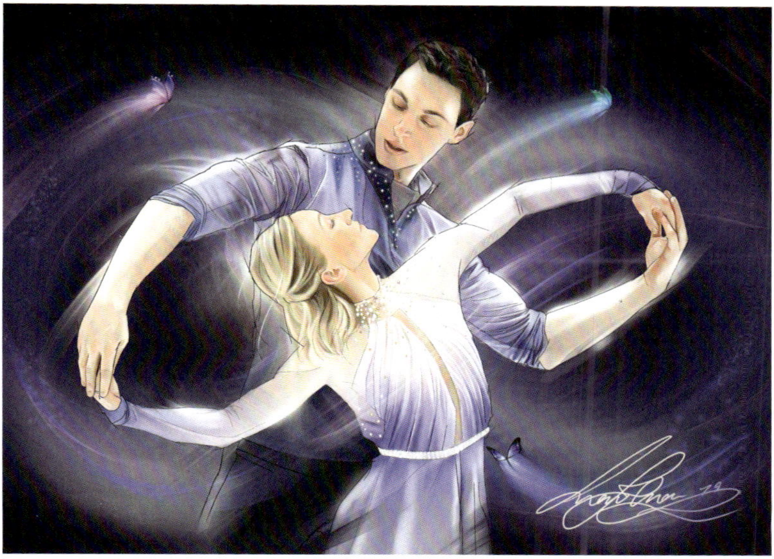

In Zeichen der Infinity: Eine Kür für die Ewigkeit
(Artwork: Liam Cross)

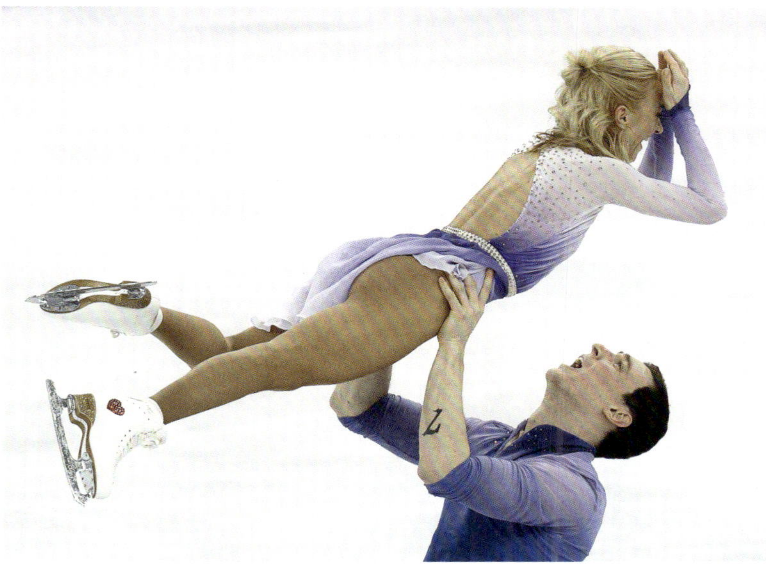

Am Ende einer perfekten Kür, kurz bevor sie entkräftet zusammensackten.
(Foto: imago/Zuma Press)

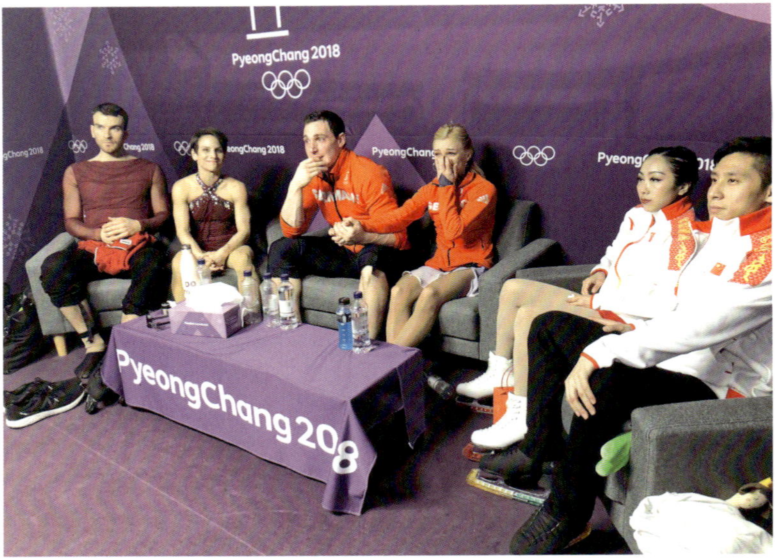

Warten, warten, warten: Die längsten Minuten des Lebens
(Foto: Sven Authorsen)

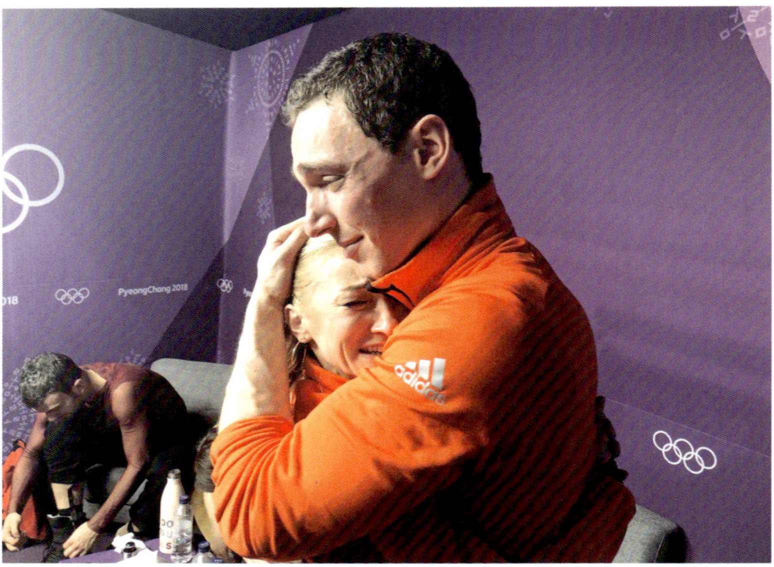

Und dann kamen sie – die goldenen Tränen von Aljona Savchenko
(Foto: Sven Authorsen)

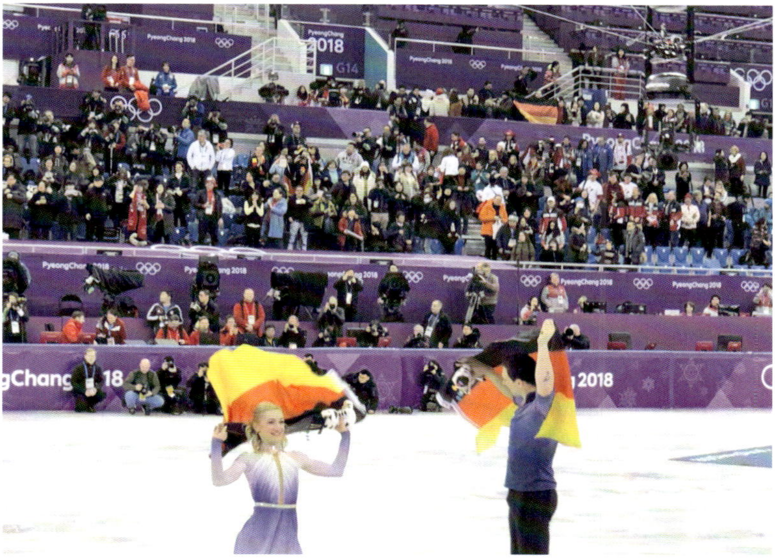

Die ganze Welt konnte mitansehen, wie ein großer Traum in Erfüllung ging. (Foto: Sven Authorsen)

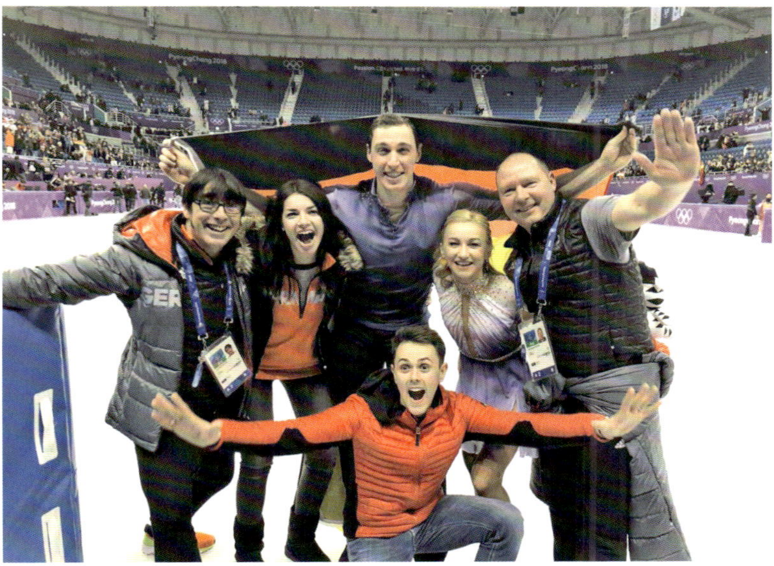

Geschafft! Das goldene Paar mit dem Trainerteam und ihren liebsten Menschen (Foto: Sven Authorsen)

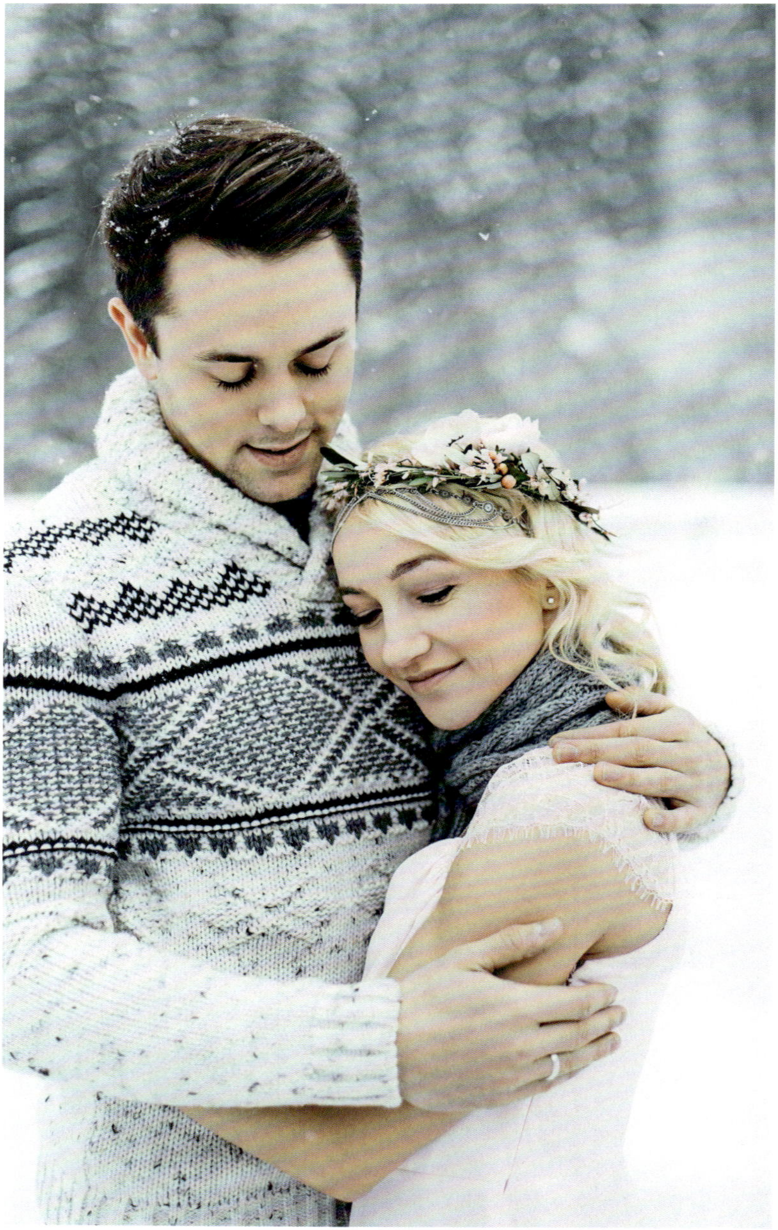

In Oberstdorf hat Aljona ihren wahren Prinzen für das Herz gefunden: Verlobungsshooting mit Liam Cross (Foto: Privatarchiv Aljona Savchenko)

und langsam verschluckte, sie heftig schleuderte und sie danach mit großer Wucht in den »Fünften-Olympia-Ring« katapultierte, den sie in den nächsten vier Jahren durchleben sollte. Ihr war klar geworden, sie wird es machen, alles auf Anfang. Sie wird einen neuen Partner suchen. Aljona schloss die Augen. Der fünfte Ring. Der fünfte Anlauf. Der fünfte Versuch. Punkt, Zero. Schließlich hat Olympia fünf Ringe, vier hatte Aljona schon hinter sich.

»Was werden Sie nun nach dem Karriereende machen?«, die Frage eines Journalisten riss sie aus ihren Gedanken.

Die Frage war ja berechtigt, denn so sah es aus, Robin war bereits 34 und hatte längst bekannt gegeben, dass diese Olympischen Spiele seine letzten sein werden. Allerdings hatte Aljona bereits vor zwei Monaten angekündigt, dass sie nach den Olympischen Spielen weitermachen möchte, unabhängig von der Platzierung in Sotschi. Aber entweder war ihre Antwort auf eine ähnliche Frage nach dem Grand-Prix-Finale schon vergessen oder – was eher der Fall war – sie wurde einfach nicht ernst genommen.

»Ich habe nicht gesagt, dass ich meine Karriere beende!«, hörte Aljona ihre eigene Stimme. »Ich werde weitermachen«, sagte sie und blickte in die Runde. Journalisten standen um sie herum mit Diktiergeräten und Handys, einige tippten die Antworten direkt in ihre I-Pads oder Laptops. »Das ist kein Ende!«, wiederholte Aljona und lächelte in die Kameras. Und das war kein bloßes Lächeln für die Kameras, jetzt konnte man auch in ihren Augen schon wieder diese innere Entschlossenheit sehen. Sie glänzten wieder.

Jetzt wusste sie genau, was sie zu machen hatte, und die Journalisten wussten genau, wie sie ihre Schlagzeilen schreiben. »Savchenko will weitermachen«, »Savchenko gibt nicht auf«, »Kein Ende für Savchenko?« Allerdings gab es wirklich viele Fragezeichen. Wie denn? Mit wem? Geht es überhaupt? Viele schüttelten nur den Kopf und fragten flüsternd einander: »Spinnt sie?«

Aljona hatte es wirklich ernst gemeint und es war keineswegs ein emotionaler Ausrutscher. Diesmal stand sie aber vor einer ganz besonderen Herausforderung. Sie musste hart weitertrainieren, sie musste einen neuen passenden Partner für dieses »Abenteuer« finden, sie mussten sich dann zusammen behaupten und keine Zweifel an ihrem Können aufkommen lassen. Die größte Herausforderung wäre aber dieses Mal eine ganz besondere: Sie müssten den Wettlauf gegen die Zeit gewinnen. Sie hatten dafür nur vier Jahre. 25 Jahre hatte sie für diese vier Olympiateilnahmen gebraucht, jetzt schienen diese kommenden vier Jahre verdammt wenig zu sein – und trotzdem verdammt lange, um auf Gold zu warten ... Vier weitere Jahre, um alles oder nichts zu erreichen. Es ist kein Ende, es ist ein neuer Anfang.

Später wimmelte es in den Medien von Meldungen, dass Savchenko ihre Karriere tatsächlich nicht beendet. Es gab aber auch viele spöttische Kommentare, dass aus diesem Anlauf nichts werden könne. Sie sei verrückt geworden. Ein Neuanfang mit 30 Jahren und dann noch im Leistungssport? Einige hatten ihre Antwort gar als Scherz verstanden. Aljona ließ sie alle lachen.

»Wie geht es weiter, Aljona?«

»Es gibt nur zwei Dinge, die du falsch machen kannst: aufhören oder gar nicht erst anfangen!«

Aljona ist immer gerne in Japan aufgetreten und beim Grand-Prix-Finale Ende 2013 freute sie sich auf die tolle Atmosphäre, tausende jubelnde Fans und ihre Programme mit Robin. Es war ein bisschen kalt früh morgens in der Eishalle, aber sie spürte diese Kälte kaum. Sie stand an der Bande und dehnte sich – diese schlichten Übungen vor dem eigentlichen Training waren ihr enorm wichtig, so konnte sie ihren Körper beim Training auf dem Eis besser fühlen. Robin sollte auch jeden Moment kommen, damit sie in der Halle noch ein bisschen trainieren konnten. In Gedanken war sie noch am Vorabend. Beim Abendessen hatte sie Eric Radford getroffen und sich mit ihm an einen Tisch gesetzt.

»Guten Appetit!« – Der kanadische Paarläufer und einer ihrer schärfsten Konkurrenten, Eric Radford, stellte seinen Teller auf den Tisch und setzte sich.

»Alles klar bei Dir?«

Aljona lächelte und nickte. Sie konnte nicht sagen, dass sie mit dem Kanadier gut befreundet war, aber sie unterhielt sich oft und gerne mit Eric, wenn es dazu eine Möglichkeit gab.

»Was ich fragen wollte, was wirst du eigentlich nach den Olympischen Spielen machen? Hast du schon etwas geplant?«, fragte Eric und suchte nach dem Besteck.

»Eigentlich habe ich noch gar nicht daran gedacht!«, Aljona gab ihm Gabel und Messer, die in ihrer Nähe lagen, und atmete tief durch. »Wieso fragst du? Willst du etwa mit mir zusammen laufen oder was?«, versuchte Aljona das Ganze als Witz darzustellen.

Sie musste sich sehr beherrschen, um nicht die Augen zu verdrehen. In letzter Zeit wurde sie so oft mit dieser Frage konfrontiert und die ständige Fragerei ging ihr enorm auf die Nerven. Sie hatte wirklich keine Antwort darauf. Sie wollte sich nur in Ruhe auf die Olympischen Spiele in Sotschi konzentrieren. Das war für sie der zeitliche Horizont, was danach kam, stand noch in den Sternen.

»Nein, nein! Ich frag ja einfach, nur so!«, erwiderte Radford.

Allerdings ging ihr Erics Frage nicht mehr aus dem Sinn. Im Hotelzimmer angekommen, schmiss sie ihre Tasche auf den Fußboden und setzte sich aufs Bett. Zahlreiche Journalisten, Fans, jetzt auch andere Sportler waren inzwischen mit der Frage um Aljonas Zukunft beschäftigt. Nur sie nicht. Wahrscheinlich war es nun höchste Zeit, sich damit auseinanderzusetzen. Aljona ließ sich auf das Kissen fallen und schloss kurz die Augen zu, sie versuchte abzuschalten. Ist es mein letztes Grand-Prix-Finale? Möchte ich nach den Olympischen Spielen Schluss machen? Bei diesen Gedanken wurde sie sogleich traurig, der Körper spannte sich an – sie war doch immer noch sehr stark und hatte keine gravierenden Verletzungen, die sie in ihrer langen Wettkampfkarriere beeinträchtigt hätten oder sich ab und zu meldeten. Sie war rundum topfit und sie hatte den Wunsch zu laufen, wie am ersten Tag. Wohlgemerkt: bei Wettbewerben zu laufen. Bei den Shows war es für sie eher langweilig, sie erfüllte diese Pflicht, aber sie verspürte keine innere Zufriedenheit durch diese Auftritte.

Aber wie erkennt ein Sportler eigentlich, dass er kurz vor dem Karriereende steht? Aljona wusste keine Antwort auf diese Frage. Sie beschloss, ihrer Intuition und ihren Gefühlen zu vertrauen. Karriereende? Jeder Eiskunstläufer fürchtet diesen Zeitpunkt, man kann ihn sicherlich spüren, wenn der Körper plötzlich streikt. Einige hörten auf, weil der Körper nicht mehr mitspielte. Andere hatten keine Motivation mehr oder kein klares Ziel vor Augen. Sie wussten nicht mehr, wie sie sich weiterentwickeln konnten. Aber Aljonas Körper war fit, sie hatte ein klares Ziel und nach der Motivation brauchte sie nicht zu suchen – das Eis war ihr Leben. Mag sein, dass sich einige mit einer Bronze- oder Silbermedaille zufriedengeben, für Aljona zählte nur Gold und diese Medaille war nach wie vor ihr Ziel.

Nach der erfolgreichen Kür und dem Gesamtsieg in Fukuoka kannte sie die Antwort. Sie war noch nicht soweit, ihre Karriere nach Sotschi zu beenden, sie wollte unbedingt weiterlaufen. Das war ihre

Welt. Sie sah tausende jubelnde Japaner, beobachtete die Preisrichter, schaute in die Kameras der Fotografen, die direkt an der Bande standen, beantwortete hunderte von Fragen in der Mixed Zone – sie genoss jede Sekunde dieses Trubels rund um den Wettkampf. Sie beobachtete ihre härtesten Rivalen aus Russland, die sich mit der Trainerin unterhielten. Heute waren Aljona und Robin besser gewesen und dieser Sieg war kurz vor den Olympischen Spielen enorm wichtig. Aljona schaute auf die Eisfläche, die für die Abschlussgala präpariert wurde. Die Eismaschine drehte die letzte Runde und verschwand in den Katakomben. Auf dem Eis spiegelten sich die Lichter und die Fläche war sauber und wie glattpoliert, sodass man für einen Augenblick denken konnte, man werde auf einem Spiegel laufen. Keine winzige Spur von Kufen war auf dem Eis zu sehen, es war so, als ob das Eis Aljona aufforderte, mit ihren Kufen einen neuen Weg anzulegen, ein neues Muster zu kreieren, ein neues Kunstwerk zu schaffen und in diesem Spiegel ihr Schicksal zu erkennen. Sie wusste zwar nicht, was sie in diesem Spiegel sehen würde und wie ihre Karriere weiterverliefe, aber sie war sich nun sicher, dass es definitiv noch kein Ende gibt. Aljona atmete tief und erleichtert durch und ging in die Umkleidekabine.

Als sie ein paar Tage später ihrem Trainer von ihrem Wunsch, die Wettkampfkarriere auch nach Sotschi 2014 fortzusetzen, berichtete, schien er nicht sonderlich überrascht zu sein. Ingo sagte, wenn sie gesund und fit sei und diesen Wunsch hätte, sollte sie ihn umsetzen. Das Einzige, was Aljona in diesem Moment innerlich störte und beunruhigte, war, dass Ingo ihr verboten hatte, Robin von ihren Absichten bereits jetzt zu unterrichten. Aljona hatte eine andere Meinung dazu. Sie wollte Robin in ihre Pläne einbeziehen, er war ihr langjähriger Partner und sie wollten zusammen noch in verschiedenen Shows rund um den Globus auftreten. Aljona fühlte sich deswegen unwohl und es ging ihr gegen den Strich, so etwas Wichtiges vor Robin zu verheimlichen und jemanden auf diese Weise zu hintergehen oder zu enttäuschen.

»Es ist doch besser, wenn er es von mir erfährt und nicht irgendwie anders«, versuchte sie Ingo zu überreden.

Aber er schüttelte abweisend seinen Kopf. »Willst du jetzt alles verderben?«, fragte er sie und beendete damit diese Diskussion.

In den letzten zehn Jahren war sie es gewohnt, sich auf seine Meinung zu verlassen und alles zu tun, was er anordnete. Auch diesmal schwieg sie, obwohl sie mit Robin unbedingt sprechen wollte.

Aljona setzte sich vor ihren Laptop und überlegte: Sie brauchte einen neuen Partner. Wenn sie es ernst mit ihren Ambitionen meinte, musste sie eigentlich bereits vor den Olympischen Spielen wissen, wer es sein könnte. Daher öffnete sie die Seite des Internationalen Eislaufverbandes und rief die Liste aller Paarläufer auf. Sie ging die Namen durch, schaute entsprechende YouTube-Videos und versuchte sich vorzustellen, anstelle der jeweiligen Partnerin mit dem einen oder anderen Paarläufer zu laufen. Der eine war ihr zu klein, bei dem anderen passte die Breite der Bewegungen nicht, der dritte hatte nicht genug Kraft, sie so hoch zu werfen, wie sie es wollte.

»Wer könnte am besten zu mir passen?«, fragte sich Aljona immer wieder.

Er müsste ganz anders sein als Robin. Am Ende hatte sie drei Namen im Kopf: Bruno Massot, den Franzosen, kannte sie noch von früher. Er und seine Partnerin Daria kamen ab und zu nach Chemnitz, um mit Ingo zu trainieren. Einmal hob Bruno Aljona hoch, um ihr und Robin eine Hebefigur zu zeigen. Er hob sie, drehte und alles schien so leicht bei ihm zu sein, dass Aljona nicht wenig überrascht war. Sie wurde richtig fest von seinen Händen und Armen gehalten und konnte jede beliebige Position einnehmen, ohne dabei abzurutschen. Robin hatte im Vergleich zu Bruno weichere Handgelenke, deshalb rutschte Aljona manchmal ab und musste ständig aufpassen. Bruno hielt sie mit seinen Händen ganz sicher und bereits damals bewunderte sie ihn wegen dieser Fähigkeit. Diese gemeinsamen Trainingseinheiten hatten sie schon kurz nach den Olympischen Spielen in Vancouver und damals stand für sie überhaupt nicht zur Debatte, ihren Partner zu wechseln. Allerdings schoss ihr diese Erinnerung an das gemeinsame Training unmittelbar in den Kopf, als sie jetzt einen passenden Partner suchte. Ja, Bruno war auch sehr groß und erinnerte sie wegen seiner Figur irgendwie an Stanislav, aber Bruno bewegte sich trotz seiner Größe auf dem Eis gleichzeitig auch sehr elegant. Diese Eleganz in seinen Bewegungen hatte sie schon damals bewundert. Als er früher in Chemnitz mit Daria trainierte, hatte sie darüber auch mit Robin gesprochen und auf diese Fähigkeit hingewiesen. Er sah es auch so. Aljona und Robin standen neben der Eisfläche, schauten dem Franzosen zu und lächelten über seine emotionalen Ausbrüche, wenn etwas bei ihm nicht klappte.

»So ein großer Kerl und rastet wie ein Kind aus«, schmunzelte Aljona damals.

Jetzt stand sein Name ganz oben auf ihrer Liste.

Erics Frage nach ihren Plänen interpretierte sie als Andeutung, dass er eventuell Interesse haben könnte, mit ihr zu laufen. Aber Eric? Aljona stellte sich kurz mit Eric auf dem Eis vor … Sie müsste dann nach Kanada ziehen und das war ihr zu weit weg. Und er sah so gut mit Meagan aus, dass es kaum zu einer Partnerschaft mit Aljona kommen könnte. Sie schaute sich das Video mit Eric noch einmal an und achtete genau darauf, wie er Würfe und Twists ausführte. Eigentlich waren die Würfe nicht so hoch, wie sie es sich nun wünschte, aber sie könnten daran arbeiten. Nur Kanada war wirklich sehr weit weg … Bruno hingegen konnte seine Partnerin – und sie war größer als Aljona! – sehr hoch werfen. Mit ihm würde Aljona unter Umständen bis unter die Hallendecke fliegen.

Der Dritte, der für sie als zukünftiger Partner in Frage käme, war der Russe Alexander Enbert. Russland war natürlich viel näher als Kanada und Aljona konnte sich durchaus vorstellen, nach Russland zu ziehen. Außerdem, wenn sie sich nicht irrte, war er sogar deutscher Abstammung. Aber auch Enbert war ein sehr großer Partner, mit dem sie sich wie ein Kind vorkam, und so ein Papa-Kind-Paar würde definitiv keinen guten Eindruck hinterlassen. Aber Aljona ließ Enbert trotzdem auf ihrer Liste stehen.

***

Nach den Olympischen Spielen in Sotschi und der anschließenden Weltmeisterschaft im März bat sie Ingo, bei den beiden »Glücklichen« anzufragen, ob sie überhaupt Interesse hätten, mit der bereits fünffachen Weltmeisterin Aljona Savchenko zu laufen. Sie selbst wollte nicht nachfragen, weil sie der Meinung war, dass eine solche Anfrage von einem Trainer kommen sollte. So wirkte es irgendwie offizieller.

Als Aljona auf der Suche nach einem passenden neuen Partner im Internet gesurft hatte, verschwendete sie gar keinen Gedanken daran, ob jemand von den ausgewählten, aus welchen Gründen auch immer, absagen könnte. Wer nicht fragt, kann auch keine positiven Antworten bekommen. Wichtig war, dass der ausgewählte Partner wirklich zu ihr passte.

Als erster meldete sich Bruno Massot zurück und schrieb, dass er Interesse hätte. Allerdings hatte Ingo es sehr schlau gemacht. Er hatte ihm nicht verraten, wer diese Partnerin wäre, die er für ihn möglicherweise hätte. Aber Aljona konnte sich durchaus vorstellen, dass Bruno eins und eins zusammenzählen konnte und bereits vermutete, dass es um Aljona ging. Erst später erfuhr Aljona, dass Brunos langjähriger Trainer Jean-François Ballester, genannt Jeff, Bruno dazu zwang, sofort »ja« zu sagen, ohne dabei lange zu überlegen. Und Jeffs Wort galt für Bruno so viel wie ein Gesetz. Daher war Aljona diesem ihr bisher unbekannten Jeff sehr dankbar.

»So, ich werde mit Bruno laufen!«, sagte sie mit Freude in den Augen zu Ingo.

Jetzt konnte es endlich weitergehen.

»Wieso willst du es so schnell entscheiden? Warte doch ab, was Enbert sagt.«

Ingo sah es pragmatischer und wollte, dass Aljona sich wenigstens zwei Partner anschaute, bevor sie ihr »Jawort« gibt. Inzwischen hatten sie auch eine positive Nachricht aus Russland erhalten und erfahren, dass Alexander Enbert ebenfalls bereit wäre, mit Savchenko zu laufen.

»Nein, ich habe mich schon entschieden, ich will mit Bruno laufen.«

Für Aljona war es sofort klar, als sie Brunos Antwort gelesen hatte. Daher war ein mögliches Probetraining mit Enbert für sie Zeitverschwendung, sie vertraute auf ihre Intuition und sie war sich zu hundert Prozent sicher, dass sie die richtige Wahl getroffen hatte.

Kurz nach der Weltmeisterschaft, bei der sie noch mit Robin angetreten war und sie den fünften gemeinsamen Weltmeistertitel geholt hatten, reiste Bruno für einen Tag zum Probetraining nach Chemnitz an.

Viele haben später geschrieben und gesagt, dass Aljona mit allem wieder bei Null angefangen hat. Aber das stimmte nicht. Bereits die ersten Übungen mit Bruno zeigten, sie konnte ihre Arbeit dort fortsetzen, wo sie mit Robin aufgehört hatte. Bruno konnte auf Anhieb alle Hebefiguren leicht ausführen, er beherrschte die Technik sehr gut und was den Twist betraf – selbst in der Erinnerung daran stockte ihr der Atem. Als er sie zum ersten Mal hochwarf, musste sie laut schreien. Nicht aus Angst – es war ein Schrei aus purer Begeisterung. Aljona hatte zwar erwartet, dass er sie höher als Robin in die Luft wirft, aber diese Höhe übertraf alle ihre Erwartungen. An diese Höhe musste Aljona sich erst gewöhnen, das war wirklich neu für sie. Der unglaublich hohe Twist könnte zur Visitenkarte des neuen Paares werden. Es schien, dass Bruno sie nicht aus seinen Händen abwarf, sondern sie mit einem Katapult wie eine federleichte Puppe in Richtung Hallendecke schleuderte. Aljona drehte sich bis in fast drei Meter Höhe und konnte gefühlt noch genauso viele Drehungen dazu wirbeln. Es war hoch, es war stark, es war atemberaubend. Als sie sich später die Fotos anschaute, konnte sie ihren Augen nicht trauen. Er schmiss sie buchstäblich in den siebten Himmel. Jeder Twist versetzte sie in Euphorie – so leicht und so toll fühlte es sich an. Nur beim Auffangen war es manchmal ein bisschen schmerzhaft, aber bei dieser Höhe war es auch irgendwie nicht verwunderlich …

Aljona freute sich, dass ihre Intuition ihr den richtigen Weg gezeigt und sie in Bruno hoffentlich den richtigen Partner gefunden hatte. Sie erkannte auch sofort, wie viel Potenzial er noch hatte. Nun mussten sie zusammen dieses Potenzial entwickeln und verdoppeln. Andererseits ärgerte sie sich zugleich, dass sie sich nicht gegenüber Ingo Steuer durchgesetzt hatte und Robin schon vor den Olympischen Spielen über ihre Karrierepläne unterrichtet hatte. Jetzt kam es so, wie sie es in ihren schlimmsten Gedanken vermutete – er erfuhr die Neuigkeit nicht von ihr, sondern von anderen. Aljona konnte sehr gut nachvollziehen, wie beleidigt er deswegen war. Robin sagte sofort, dass er unter diesen Umständen nicht bereit wäre, mit ihr in Shows aufzutreten, wenn sie gleichzeitig mit Bruno ihre Wettkampfkarriere fortsetze. Wieso hat sie damals nichts gesagt – sie machte sich Vorwürfe. Sie wollte es doch und sie spürte es, dass es richtig und angemessen gewesen wäre. Vielleicht hätte er sie dann verstehen und ihren Wunsch weiterzumachen nachvollziehen können. Jetzt, nachdem er es von anderen Leuten erfahren hatte, hatte sie nicht mal die Möglichkeit, mit ihm vernünftig zu sprechen und zu erklären, wieso und warum. Auch der passende Zeitpunkt war vertan. Zuerst wollte sie abwarten, bis er sich ein wenig beruhigt hatte, und dann gab es keine Gelegenheit mehr.

Einerseits konnte Aljona Robin verstehen, aber andererseits wollte sie ihren Traum nur wegen der Shows nicht loslassen. Deshalb mussten sie sich nach seiner Absage etwas einfallen lassen, damit sie den Vertrag für die Shows in Südkorea nicht brechen mussten. Ursprünglich sollte sie dort mit Robin auftreten, aber er hatte ja abgesagt.

Zum Glück schaffte Ingo es, den unterschriebenen Vertrag so zu ändern, dass Aljona nun mit Bruno anstatt Robin nach Asien reisen konnte. Für die Vorbereitungen hatten sie nur drei Wochen. In dieser Zeit choreografierte Ingo für die beiden zwei absolut neue Programme, mit denen das neugebildete Paar vor einem breiten Publikum zum ersten Mal auftreten konnte.

Dieser Auftritt war wie ein Sprung ins kalte Wasser und eine wirklich harte Probe für die beiden. Wie werden sie aufgenommen? Aljona war ein Star, fünffache Weltmeisterin, Bruno hingegen erstmals unter den eingeladenen Top-Läufern. Deswegen war es für ihn noch schwieriger als für sie, sich so früh dem Publikum zu präsentieren. Bruno wurde genau unter die Lupe genommen, sowohl von den Fans als auch von den anderen Sportlern, die bei dieser Gala auftraten. Aljona wusste genau, dass ihre echten Fans ihr nach dem Partnerwechsel treu bleiben und sie und ihren neuen Partner unterstützen werden. Von daher freute sie sich auf ein Wiedersehen und das neue Abenteuer.

Die zwei Programme waren an sich keine großen Kunstwerke, aber sie waren schön gestaltet und konnten bereits nach drei Wochen Training die Vorteile des neuen Paares ins Licht setzen und zugleich die Nachteile gut kaschieren. Und sie hatten viel Aussagekraft: Suchen und Finden, glückliches Treffen, elegante Bewegungen, die dem Publikum einen gewissen Vorgeschmack liefern konnten, was es in den kommenden Jahren zu erwarten hatte. Aljona und Bruno haben sogar den Twist gezeigt – er war zwar nicht dreifach, nur doppelt, aber das laute Raunen des Publikums war ihnen zu diesem Zeitpunkt so viel wie eine Goldmedaille wert. Ihren ersten gemeinsamen öffentlichen Auftritt konnte man tatsächlich wie einen kleinen Sieg betrachten – über die Zweifel, über die Umstände und nicht zuletzt über sich selbst.

Aljona war wirklich »happy« – und diese für eines der Programme gewählte Musik von Pharrell Williams passte wunderbar zu ihrem inneren Zustand. Sie spürte, dass sie auf dem richtigen Weg war, und freute sich auf die bevorstehende Reise nach Florida, wo sie, Ingo und Bruno viel arbeiten sollten. Dass diese Reise zu einem Desaster werden würde, konnte sie damals noch nicht ahnen.

Das Desaster von Florida

»Die Erfahrung ist wie eine Laterne auf unserem Rücken. Sie beleuchtet immer nur den Weg, der bereits hinter uns liegt.«

Aljona setzte die Kufenschoner ab, legte sie auf die Bande, stellte ihre Wasserflasche daneben, blickte kurz noch aufs Handy und legte es dann auch zur Seite. Das war das erste Training in den USA und Aljona konnte es kaum abwarten, wieder auf dem Eis zu stehen und mit Bruno weiter zu trainieren. Der Franzose kam ein paar Sekunden später aus dem Umkleideraum, legte seine Sachen neben ihre und sprang direkt aufs Eis. Aljona folgte ihm. Auf dem Eis war noch ein weiteres Paar – Haven Denney und Brandon Frazier, die hier in Florida bei John Zimmermann und Silvia Fontana trainierten. Anscheinend hatten sie frühere Trainingszeiten und arbeiteten gerade an einer Drehung, wobei Aljona und Bruno die ersten fünf Minuten zunächst zum Warmlaufen nutzten. Aljona nahm Brunos Hand und gemeinsam glitten sie über die Eisfläche, beschleunigten, wechselten immer wieder die Richtung, liefen immer schneller, versuchten dabei, ihre Schritte haargenau aneinander anzupassen, sodass sie später wie Eins auf dem Eis wirken konnten. Auch diese kleinen Übungen sind enorm wichtig für den Paarlauf, weil diese Details, diese klitzekleinen Bewegungen sehr viel für die Wirkung des Paares beim Publikum ausmachen. Man nimmt diesen Gleichklang nicht sofort wahr und trotzdem bleibt er beim Zuschauer haften.

Nach einer Runde stoppte Bruno und lief zur Bande, um einen Schluck Wasser zu sich zu nehmen. Für Aljona war die Zeit zu wertvoll, nach jeder Runde etwas Wasser zu trinken, sie trank meistens erst dann, wenn das Training fast zu Ende war. Aljona schaute zu Bruno, sagte aber nichts, stattdessen drehte sie sich um, um eventuell einen einfachen Toeloop zu springen. Dabei bemerkte sie, dass Haven und Brandon an der anderen Ecke der Eisfläche mit Ingo sprachen. Sie konnte sofort erkennen, dass Ingo ihnen etwas erklärte und mit seiner Hand gestikulierte. Vielleicht wollte er ihnen einen kleinen Tipp geben oder etwas empfehlen, dachte sie und schaute wieder zu ihrem Partner. Bruno war zurück bei ihr, sodass das eigentliche Training beginnen könnte. Auch Ingo winkte den beiden endlich zu, dass sie zu ihm kommen sollten, damit er sie instruieren konnte. Das andere Paar hatte bereits die Eisfläche verlassen, sodass sich Aljona nichts Weiteres dabei dachte und sich auf ihre Übungen konzentrierte.

Beim Abendtraining sah Aljona die beiden wieder und wieder standen sie mit Ingo an der Bande, als Aljona die Eisfläche betrat. Ein merkwürdiges Gefühl, dass irgendetwas nicht stimmte, kam in ihr hoch. Aljona und Bruno waren bereits seit fünfzehn Minuten auf dem Eis und Ingo hatte ihnen noch nicht eine Anweisung gegeben oder etwas korrigiert. Er schien die beiden gar nicht zu bemerken. Stattdessen zeigte er den anderen wieder etwas, was sie an einem Wurf ändern könnten.

»Sie haben doch ihre eigenen Trainer«, ärgerte sich Aljona insgeheim. »Ich komme gleich«, sagte sie kurz zu Bruno und lief zu Ingo.

»Wieso arbeitest du mit ihnen?«, die Frage platzte wie aus einer Pistole aus ihr heraus. »Sie haben doch John und Silvia und du bist mit uns gekommen, und wir müssen echt viel arbeiten, weil wir ein neues Paar sind!«

Aljona war wirklich verärgert. Sie hatte nicht mal bemerkt, dass Bruno nun auch neben ihr stand und zuhörte.

»Wir brauchen deine ganze Aufmerksamkeit!«

Später saß sie in der Umkleidekabine und versuchte, noch einmal und noch einmal das merkwürdige Gespräch und vor allem Ingos Antwort im Kopf durchzuspielen. Die Antwort von Ingo kam zwar nicht wie aus der Pistole geschossen, aber traf sie ins Herz, als ob sie eine Kugel wäre. Sie bezahle ihn nicht. Kurz und knapp. Sie war so irritiert, dass sie erstmal nichts dazu sagen konnte. Sie stand da, schnappte nach Luft und sah Steuer ungläubig an. Seit elf Jahren arbeiteten sie zusammen und waren eigentlich auch privat ein Paar.

Eigentlich.

Aljona verstand die Welt nicht mehr, sie saß mit geschlossenen Augen auf der hölzernen Bank in der Umkleidekabine und versuchte sich zu beruhigen. Ihre Schlittschuhe lagen auf dem Boden und dieses »Du bezahlst mich nicht« bohrte sich wie ein Messer in ihr Herz.

Theoretisch hatte Ingo Recht, sie hatte ihm für das jetzige Training kein Geld gegeben und der deutsche Verband durfte ihn wegen dieser alten Stasigeschichte sowieso nicht bezahlen. Aber als sie noch mit Robin lief und sie an zahlreichen Shows als Weltmeisterpaar teilnahmen, hatte sie gut verdient und vieles davon an den Trainer abgegeben. Immer. Sie konnte jetzt nicht einmal zusammenrechnen, wie viel er tatsächlich erhalten hatte, aber es war viel Geld. Eigentlich ist es immer üblich, dass die Sportler von ihren Gagen einen Teil an ihre Trainer zahlen. Aber Aljona und Robin gaben noch mehr ab, weil Ingo kein Gehalt vom Verband erhielt. Den Anteil für die Show in Korea hatte sie ihm sofort überwiesen. Sie hatten zusammen so viel erlebt, hatten so viele gemeinsame Höhen und Tiefen, sie waren privat mehrere Jahre zusammen … sie konnte es sich nicht erklären, aber all das endete mit einem kurzen Satz: »Du bezahlst mich nicht!«.

Es konnte doch nicht wahr sein, dass sie in die USA fliegen, um dann hier alleine zu trainieren?

Dann ergab es gar keinen Sinn, hier zu bleiben.

Andererseits hatte Ingo ein Arbeitsvisum erhalten, um in den USA trainieren zu dürfen, und Aljona und Bruno waren seine Sportler. Vielleicht hat sie ihn falsch verstanden? Aber die Worte waren mehr als deutlich. Sie musste unbedingt mit ihm reden. Aber es war schon immer so, wenn es in der Eishalle zum Streit kam, wurde dieser auch privat fortgesetzt und höchstwahrscheinlich müsste sie darüber mit ihm in dieser Eishalle reden und nicht privat.

Waren sie und Ingo wirklich ein Paar? Oder war es nur der Schein? Was war das? Aljona wusste es nicht mehr. Sie wollte eigentlich auch keine Beziehung mehr haben, sie war müde von all diesen »Schaukeln«, die ihre innere Welt mal nach oben, mal nach ganz unten schleuderten. Sie wollte einfach nur noch ihre Ruhe finden und sich auf ihre sportliche Zukunft konzentrieren. Aljona konnte auch Bruno sofort anmerken, wie angespannt er war und wie sehr ihm das Theater missfiel. Dass er erstmal nichts dazu sagte, hieß nichts. Sie kannte inzwischen seinen aufrichtigen Charakter und wahrscheinlich war es eine Frage der Zeit, bis die Situation komplett eskalierte.

Zum dritten Training kam Aljona mit gemischten Gefühlen. Sie wollte Ingo heute zur Rede stellen und ihm deutlich machen, dass sie und Bruno ihn als Trainer brauchten. Bruno und sie waren sein Paar und nicht Haven und Brandon. Auch Bruno war heute definitiv nicht in bester Laune. Er fluchte leise vor sich hin, während sie immer wieder die gleichen Schritte wiederholten. Wahrscheinlich war ihm diese Aufgabe – und die hatten sie endlich von Ingo bekommen – zu einfach, Aljona konnte es nicht einschätzen. Was sie einschätzen konnte, war die Anspannung, die in der Luft lag und die sie beinahe körperlich spüren konnte. Ingo schaute kurz auf Bruno und winkte, damit er zu ihm kam. Aljona beeilte sich, auch zur Bande zu kommen.

»Wenn du jetzt nicht machst, was ich sage, verlässt du gleich das Eis«, sagte Ingo mit fester Stimme.

»Ganz bestimmt nicht, weil es unsere Trainingszeit ist!«, erwiderte Massot.

Aljona konnte es nicht wortwörtlich verstehen, weil sie zu dem Zeitpunkt wenig Englisch sprach, aber sie konnte die Zusammenhänge der Diskussion nachvollziehen. Bruno ließ sich nicht alles gefallen und falls ihm etwas nicht passte, brachte er es deutlich zur Sprache.

»Dann geh!« – Ingo hatte anscheinend keine Lust mehr auf weitere Diskussionen und deutete Bruno mit dem Zeigefinger den Weg Richtung Tür.

Als Antwort darauf folgte etwas Expressives, wohl auf Französisch, und Aljona konnte nur mitansehen, wie ihr »Noch-Partner« oder bereits »Ex-Partner« seine Kufenschoner nahm, die Jacke mit so einer Wucht von der Bande riss, dass seine Wasserflasche umkippte. Und dann war er weg …

Nach diesem lauten Streit war es plötzlich so still in der Halle, dass sie hören konnte, wie andere Sportler am anderen Ende des Ovals einen gewaltigen Wurf landeten. Alles war so schnell passiert, dass Aljona es kaum realisieren konnte, was das zu bedeuten hatte. Sie hob die Flasche auf, stellte sie wieder auf die Bande und blickte entsetzt auf Ingo. Aber der sprach bereits mit Brandon, als ob nichts Außergewöhnliches passiert wäre und alles in gewohnten Bahnen abliefe.

Aljona trocknete die Kufen ab und legte ihre Schlittschuhe als letztes in die Sporttasche, die sie in ihrer Hektik erst beim zweiten Mal verschließen konnte. Sie musste so schnell wie möglich ins Hotel laufen, um mit Bruno zu sprechen. Sie musste mit ihm reden und ihn beruhigen. Sie musste ihm erklären, dass das Ingos Art ist und »geh!« nicht »geh!« heißt. Nein! Quatsch! Man musste schon gehen, aber nur von diesem einen Training. Es war seine Methode. Wenn etwas nicht klappte, dann musste der Sportler das Eis verlassen. Als Strafe. Am nächsten Tag müsse er sich wohl mehr Mühe geben, damit er nicht wieder vom Eis fliegt. Das konnte mit ihr funktionieren, weil Aljona vom Eislaufen besessen war, und das Eis frühzeitig zu verlassen, war für sie wirklich eine harte Strafe. Aber bei Bruno – ganz bestimmt nicht. Allerdings, wenn sie heute selbst Trainerin wäre, würde sie es umgekehrt machen und den Sportler so lange auf dem Eis den einen oder den anderen Sprung oder was auch immer wieder und wieder üben lassen, bis es endlich klappt. Übung macht den Meister und nicht die Strafe.

***

»Nein! Ich gehe jetzt und ich meine wirklich ›GEHEN‹«, brauste Bruno auf, während er seinen Koffer packte.

»Er hat es nicht so gemeint!«

»Ist mir scheißegal, was er gemeint hat oder nicht, ich habe kein Vertrauen mehr zu ihm und ich werde mit ihm nicht mehr trainieren. Schluss! Aus! Ende! Vorbei!«

Bruno schmiss seine Klamotten in den Koffer, ohne sie zu sortieren oder zu falten.

»Wir haben doch schon so viel erreicht ...«, versuchte Aljona das Gespräch von einer anderen Seite aufzugreifen.

»Von mir aus – aber SO nicht! Wenn du mit mir laufen möchtest, kannst du nachkommen!«

Bruno setzte sich endlich auf das Bett und sah zu Aljona auf.

»Bist du so naiv oder tust nur so? Siehst du es nicht, verstehst du es nicht? Wie lange wirst du dich an ihm festhalten? Was willst du hier? Trainieren? Wie stellst du es dir bitte vor? Ohne Trainer? Oder mit Trainer, der auf dich gar nicht achtet und falls etwas nicht klappt, von der Eisfläche schmeißt? Ich bin begeistert, so toll sieht es aus!«

Die sarkastischen Töne waren nicht zu überhören.

»Pack deine Klamotten zusammen und komm mit! Ich habe mir schon Tickets gekauft!«

»Welche Tickets?«, fragte Aljona und irgendwie war sie wirklich müde von diesen unseligen Diskussionen und setzte sich auf einen Stuhl neben dem Bett. Sie fühlte sich so, als ob zwei Güterzüge sie in verschiedene Richtungen zögen, sie musste von einem loslassen, weil sie sonst zerrissen worden wäre.

»Nach Frankreich, wohin denn sonst? Kommst du mit oder bleibst du?«

Jetzt redete Bruno endlich mal langsamer. Wahrscheinlich begann er sich zu beruhigen. Er blickte Aljona tief in die Augen und versicherte ihr, dass er mit ihr laufen wolle und sie als Partnerin sehr schätze. Aber unter solchen Umständen sei an kein effizientes Training zu denken, vor allem wenn man kein Vertrauen zum Trainer habe.

»Kommst du?«, fragte er noch einmal.

»Ich kann doch nicht einfach alles hinschmeißen und wegfliegen. Ingo und ich sind doch ... immer noch ... ein Paar ... Ich weiß es nicht ... Ich muss nachdenken«.

Bruno sagte dazu nichts, verdrehte nur die Augen.

»Ich werde nachdenken und ich will auch mit dir laufen, Bruno ...«, wenigstens dessen war sich Aljona in diesem Chaos sicher.

Als Ingo an diesem Abend von der Eishalle zurückkam, brach die wahre Hölle aus. Aljona hatte eigentlich gedacht, dass das

Schlimmste vorbei war, aber anscheinend nicht. Ingo forderte Bruno unmittelbar auf, ihm seinen Pass zu geben, damit er nicht ausreisen konnte. Und das war anscheinend das letzte, was man dem Franzosen sagen durfte. Anschließend sperrte sich Bruno in seinem Zimmer ein und selbst Aljona konnte nicht mit ihm sprechen. Am nächsten Tag ist er abgereist.

***

Noch vor paar Wochen fühlte sich Aljona wie im siebten Himmel, sie war »happy« wie in diesem Song, zu dem Ingo das Programm für die Show kreierte, und jetzt war sie wieder ganz unten auf der Schaukel ihrer Gefühle angekommen. So stand sie alleine am Strand in Florida und lauschte, wie die Wellen in der Brandung zerbrachen. Sie beobachtete, wie die Surfer auf den Wellen ritten, schaute, wie die Segelschiffe weit am Horizont das Wasser vom Himmel trennten. Sie hörte, wie die Kinder im Wasser planschten … Das Leben ging weiter. Alles ging seinen Gang und sie war immer überzeugt, dass alles, was passiert, zum Besten führt.

Aljona ging den Strand nah am Wasser entlang und erinnerte sich an diese höllische Woche. Es ergab keinen Sinn mehr, in die Eishalle zu gehen, was sollte sie da alleine tun? Aber nur herumzusitzen und sich selbst zu bemitleiden, war nicht ihre Art. Bruno hatte ihr die Augen geöffnet und sie musste vieles überdenken. Es war zwar eine harte Art, sie darauf hinzuweisen – das Geschrei wollte sie lieber von jetzt auf gleich vergessen –, aber Tatsache war – er hatte Recht.

Als erstes rief Aljona nach Brunos Abreise die Deutsche Eislauf-Union an und schilderte die Situation. Die Verbandsoffiziellen waren nicht überrascht und behaupteten, sie hätten es ihr vorhergesagt, dass es dazu kommen könnte – was sie nun selbst überraschte. Denn Aljona konnte sich an eine solche Äußerung nicht erinnern. Oder wollte sie es nicht gehört haben? So oder so forderte die Deutsche Eislauf-Union Aljona auf, ihre Sachen zu packen und nach Deutschland zurückzukommen. Allerdings konnten sie ihr das Ticket erst in einer Woche buchen, deshalb verbrachte sie die Tage vor dem Abflug am Strand. Alleine und gedankenverloren. Sie konnte zwar mit Ingo noch halbwegs neutral kommunizieren und sagte ihm, dass sie auch abreisen werde. Vielleicht würde es ihr noch gelingen, einen Kompromiss zu finden und Bruno zu überzeugen, zurückzukommen. Ingo zuckte nur mit den Schultern und wünschte ihr einen guten Flug …

Glitzersteinespiel: »Es wird nichts!«?

»Was immer du tun kannst oder träumst, es zu können, fang damit an.«

»Ich bin in Chemnitz, kommst du?« – Aljona schaute noch einmal auf ihr Handy und legte es beiseite. Ihre Nachricht war vor zwei Tagen gelesen worden, das konnte sie sehen, aber es gab keine Antwort. Bruno schien verschwunden zu sein, denn seitdem er Florida verlassen hatte, hatte sie von ihm nichts mehr gehört.

Jetzt hatte sie weder einen Trainer noch einen Partner, aber irgendwie war sie zuversichtlich, dass alles noch gelingen werde. Sie war es gewohnt, Schwierigkeiten zu überwinden und nicht zum ersten Mal stand sie an einem Punkt, von dem es scheinbar keinen Ausweg gab und der schlicht und einfach das Ende ihrer Eislauf-Karriere bedeuten würde. Es war wie in einem Computer-Spiel, in dem laufend neue Hindernisse aufgestellt werden, die man überwinden muss: laufen, springen, kämpfen und mit jedem Level werden die Aufgaben immer komplizierter. Wenn man dabei scheiterte, wurde man auf Null zurückgesetzt und musste von vorne starten. Mit mehr Geschick und Erfahrung. Aljona hatte schon viel in ihrer Karriere überwunden, deshalb nahm sie die jetzige Situation mit Gelassenheit und Ruhe an. Ja, sie konnte jetzt alles hinschmeißen und nur noch relaxen. Aber sie wusste ganz genau, dass es immer einen Ausweg gibt, selbst wenn er zunächst nicht sichtbar ist, man muss ihn nur finden.

Um die Zeit nicht zu vertrödeln, meldete sich Aljona für die Trainerausbildung an. So konnte sie wenigstens das Warten in etwas Sinnvolles umwandeln. Sie konnte es sich immer gut vorstellen, ihr Wissen anderen Sportlern zu vermitteln und ihre Erfahrungen weiterzugeben. Seit ihrer Kindheit hatte sie viel Respekt vor ihren

Trainern und Ingo ... Und obwohl es jetzt mit Ingo zu einem Disput gekommen war und die Situation außer Kontrolle geriet, war sie ihm trotzdem für die vergangenen Jahre dankbar. Es war kompliziert, es war schwierig und selbst wenn das, was in Florida passierte, immer noch tief saß und schmerzte, musste sie zugeben, dass sie ohne ihn nicht so viel erreicht hätte. Es war so: Ohne den Trainer Ingo Steuer wäre sie nicht diese Aljona Savchenko. Sie hat von ihm viel gelernt. Ja, es gab viele Diskrepanzen und öfter war er so brüsk und diktatorisch, dass sie weinen musste, aber sie lernte dadurch. Er war und ist kein einfacher Mensch. Auch für ihn war es definitiv nicht einfach mit ihr.

Und jetzt ... Aljona wollte nicht so ein Ende ... Sie ärgerte sich und war traurig zugleich. Vielleicht, wenn er kompromissbereiter gewesen wäre, wäre alles anders gelaufen. Steuer duldete keinen anderen Trainer oder Choreographen in seinem Team und war ein Einzelgänger, der alles für sie und Robin entschied, was Aljona nie verstehen konnte. Auch ihre eigenen Verbesserungsvorschläge lehnte er immer ab. Wenn er jemanden in seinem Team hätte, der ihn in dieser Hinsicht verändert hätte, wäre es ... nein, sie durfte nicht mehr daran denken.

Aljona atmete tief durch, sie musste sich auf die jetzige Situation konzentrieren und ihre Zukunft planen.

Um die unnötigen Gedanken aus dem Kopf zu vertreiben, holte sie ihre Schatulle mit kleinen Swarowskisteinchen und die schwarzen Handschuhe hervor, die sie mit einem Teil dieser Steinchen verziert hatte. Sie liebte es, sich verschiedene Muster auszudenken, und manchmal brauchte sie diese Handarbeiten, um den Kopf frei zu bekommen. Manchmal legte sie aus Steinchen die Anfangsbuchstaben A und S übereinander, die für ihre Initialen standen, manchmal waren es einfache Linien und Sternchen oder sie nahm schwarze, rote und gelbe Steinchen und legte sie hintereinander, sodass die deutsche Flagge daraus entstand. Aljona wollte diese Handarbeiten nicht verkaufen, sie arbeitete nur für sich, denn wenn sie etwas mit ihren Händen gestaltete, konnte sie besser nachdenken und sich auf sich konzentrieren. Als ihr Handy auf dem Tisch brummte, zuckte sie zusammen, sodass jenes Steinchen, das sie just in der Hand hielt, auf den Fußboden fiel.

»Ich komme, ich benötige nur noch ein wenig Zeit, um den Stress von Florida zu verarbeiten. Ich melde mich, soweit ich die Daten nennen kann. Bruno.«

Aljona tippte kurz die Antwort, dass es okay sei und sie warten werde, legte das Handy wieder zu Seite und schaute unter den Tisch. Das Steinchen war wie vom Erdboden verschluckt. Sie griff nach einem anderen und klebte es an die entsprechende Stelle, aber irgendwie wollte es dort nicht richtig haften bleiben und das Werk verrutschte. Die Konzentration ließ nach, sie legte die Handschuhe beiseite und stand auf. Hatte sie denn selbst den Stress verarbeitet oder war der Stress ihr ständiger Begleiter, den sie nicht einmal mehr merkte, weil er ohnehin immer präsent war? Sie hatte den Eindruck, dass sie immer kämpfen, irgendwohin rennen, sich durchsetzen musste, sodass die Auszeit, die sie durch das Warten hatte, für sie völlig neu und gewöhnungsbedürftig war.

Aljona dehnte sich und schaute wieder auf ihr Handy. Dann bemerkte sie das verlorene Glitzerstück auf dem Fußboden, holte es und schüttelte den Kopf. Irgendwie passte der Stein nicht mehr zu den Handschuhen. Andere Farbe, andere Größe … Wie konnte sie das nicht vorher erkennen? Sie legte das Glassteinchen zur Seite und stand auf.

***

Bruno kam nach zwei Wochen und so konnten sie wenigstens in der Eishalle etwas üben. Sie hatten zwar keinen Trainer, aber die beiden haben ihr Trainingsprogramm selbst gestaltet. Sie nutzten jede freie Minute, die sie in der Chemnitzer Eishalle ergattern konnten, um an einzelnen Elementen zu arbeiten und sie viele Male zu wiederholen, bis sie perfekt saßen. Klar, es gelang nicht immer jedes Detail, sie mussten unentwegt diskutieren, viel reden und sogar miteinander streiten. Und mit jedem Tag, an dem sie alleine in der Chemnitzer Eishalle trainierten, wuchs ihre Anspannung. Aljona spürte sie. Bruno spürte sie, aber weder sie noch er konnten etwas dagegen unternehmen – sie brauchten dringend einen neuen Trainer. Sie konnten nicht ewig unstrukturiert vor sich hin trainieren und darauf hoffen, dass sie so eine gute Entwicklung nahmen. Sie konnten sich abmühen, wie sie wollten, sie konnten noch so viele Stunden in das Training investieren – aber wozu? Für wen? Diese Frage drückte auf ihre Stimmung und sie konnten auch nicht vermeiden, dass die Motivation mit jedem weiteren Tag nachließ.

Aljona setzte sich auf die Bank in der Eishalle, atmete tief durch und schaute zu Bruno. Er wollte bereits in dem Umkleideraum verschwinden.

»Warte!«, Aljona stand auf, schob die Schoner auf die Kufen und lief hinter ihm her.

»Es macht keinen Sinn mehr, so zu trainieren. Wir fahren besser zu deinem Trainer nach Frankreich!«, Aljona schaute kurz auf Bruno, er hielt plötzlich inne und blickte sich nach ihr um.

»Er ist jetzt in der Schweiz.«

»Dann in die Schweiz!«

Bruno musste keine Antwort geben, nichts sagen – seine Augen gaben ihr bereits seine Antwort. Sie hat in seinen Augen das schon beinahe erloschene Feuer wieder entdeckt, das Feuer, das sich anscheinend aus einem kleinen, allerletzten Schimmer der Hoffnung erneut entfachte und nun, bei entsprechenden Bedingungen, ihre Wünsche erleuchten ließ, die sie sich erträumt hatten. Er lächelte breit und nickte. Aljona musste diese Bedingungen schaffen. Für ihn, für sie und für sie beide.

Früher kannte Aljona Jean-François Ballester nicht so gut. Sie hatte ihn zwar bei einigen Wettbewerben gesehen, aber nie viel mit ihm gesprochen.

Ingo hielt nicht viel von ihm als Trainer. Aber das interessierte sie jetzt nicht mehr. Sie wollte sich ihre Meinung von den Menschen, mit denen sie umging, selbst bilden und sich nicht auf die Urteile Dritter verlassen. Deshalb war sie gespannt, wie das Training unter seiner Leitung verlaufen würde. Er konnte kein schlechter Trainer sein, sagte sie sich in Gedanken. Schließlich war sein bester Schüler direkt vor ihren Augen und Bruno hatte definitiv eine gute Sprungtechnik, alle Elemente führte er korrekt aus, und das war ja Ballesters Werk. Alleine deswegen konnte Steuers Behauptung nicht stimmen.

Im April war sie mit Bruno in Caen und nahm an einer Clubgala teil. Da konnte sie bereits mit Ballester ein bisschen mehr reden und einen Eindruck gewinnen. Sie wusste noch ganz genau, wie sie in Brunos Wohnung auf einer Luftmatratze lag und nicht einschlafen konnte. Es war still in der Wohnung, sie öffnete immer wieder die Augen und fuhr erschrocken zusammen. Zwei leuchtende Augen starrten auf sie, sodass sie sich abrupt aufsetzte. »Eh, wie heißt du noch mal, kannst du bitte heute woanders schlafen?« – Aljona legte sich wieder hin und schloss die Augen. Sie mochte Katzen, aber nur wenn sie Abstand von ihr hielten, und in diesem Haus waren gleich zwei aufdringliche Samtpfoten – eine von Bruno und eine von den Nachbarn, mit denen Bruno und seine Freundin Sophie sich das Haus teilten. Anscheinend lag Aljona mitten auf ihrer nächtlichen Route oder wohin auch immer die Katzen in der Nacht gingen. So wälzte sie sich weiter auf der Matratze herum, umrundet von neugierigen Katzen und ihren Gedanken.

Aus Brunos Erzählungen wusste Aljona, dass Jeff, so nannte er ihn, für Bruno wie ein zweiter Vater war. Er begleitete ihn, seit Bruno sieben Jahre alt war, und alles, was er konnte und als Sportler bisher erreicht hatte, verdankte er diesem Mann mit der Brille und den dunklen Haaren. Jeff hatte sofort gesehen, dass der Junge talentiert war, und förderte ihn, soweit er konnte. Er war sein Trainer, er war sein Mentor, er war sein zweiter Vater. Und Jeff, und nicht Bruno, hatte die Entscheidung getroffen, das Angebot der fünffachen Weltmeisterin Aljona Savchenko anzunehmen und dafür sein Leben umzukrempeln.

Sie stand in der Eishalle in der Schweiz in La Chaux-de-Fonds und schaute sich um. Ballester arbeitete seit einigen Monaten hier und deswegen begaben sie sich in die Schweiz und nicht nach Frankreich. Es war kalt in dieser Eishalle, viel kälter als es eigentlich sein durfte und das wäre für Leistungssportler nicht gut. Aber Aljona schien dies nicht zu beachten, wichtig war, dass Bruno zufrieden war und sie wieder die Möglichkeit hatten, weiter zusammenzuarbeiten. Immerhin hatten sie hier eine Eisfläche und einen Trainer, der ihr sofort gefiel. Klar, seine Art und Weise zu trainieren, war eine ganz andere, als sie es bisher gewohnt war, aber Aljona konnte sofort erkennen, dass sie nun viel effektiver arbeiten konnten und dass Bruno viel entspannter und konzentrierter zu Werke ging. Jeff erklärte und demonstrierte alles sehr verständlich und das schätzte Aljona sehr. Er achtete auf jede Nuance und wies auf geringste Fehler hin, die dem einen oder anderen wohl gar nicht auffallen würden. Auch menschlich war er sehr zuvorkommend und sie verstand sich sofort gut mit ihm.

Allerdings konnten sie nicht auf Dauer hier bleiben. Es war schön und gut, aber es musste irgendwie weitergehen und wie es weitergehen sollte, wusste keiner von ihnen. Vielleicht hatte Ingo einen Fehler gemacht und war selbst unter Stress, sodass es zu dieser Eskalation gekommen war? Es wäre sehr effizient, wenn er mit Jeff zusammen das neue Paar trainieren würde. Das wäre ein perfektes Team.

Jeff hat ihr von Anfang an versichert, dass er ihr helfen werde, soweit er konnte. Auch jetzt versprach er ihr, dass er mit Bruno spricht und ihn eventuell überzeugt, sich wenigstens mit Ingo noch einmal zu treffen und zu reden.

»Es wäre super, wenn Sie ihn überzeugen könnten«, Aljona saß in Jeffs Küche in seiner neuen Wohnung in der Schweiz und freute sich, dass Ballester mit Bruno darüber sprechen wird.

»Es wird aber schwierig, Bruno umzustimmen, wenn nicht sogar unmöglich. Aber einen Versuch ist es wert«, versicherte der Franzose und dafür war Aljona ihm sehr dankbar.

»Ich glaube nicht, dass es eine gute Idee ist, aber ich fahre mit«, Bruno setzte sich ins Auto und so fuhren sie wieder nach Chemnitz. Ingo sollte für ein paar Tage oder Wochen, dass wusste Aljona nicht genau, aus Florida zurückkommen und sie hatten sich für ein Treffen verabredet.

»Es wird nichts!«, wiederholte Bruno, als er an einer roten Ampel hielt.

»Wir werden sehen, wieso bist du so negativ gestimmt?«, fragte ihn Aljona immer wieder. Bruno startete und bog in Richtung Eishalle ein.

»Du wirst sehen«, sagte er schließlich beim Aussteigen und so gingen sie in die Eishalle.

Ingo war schon da, sodass sie direkt ihr »Krisentreffen« beginnen konnten. Aber eigentlich konnten sie es nach zehn Minuten schon wieder beenden. Zum einen kam es für Ingo überhaupt nicht in Frage, mit Jeff zusammenzuarbeiten. Er war zwar bereit, die beiden zu trainieren, aber alleine – ohne jegliche Hilfe, Unterstützung oder was auch immer von dieser Seite kam. Und zum Zweiten sollten beide demnächst monatlich eine größere Summe an Ingo als Gehalt zahlen. Aljona dachte, dass sie sich verhört hätte. Es wurde eine Summe genannt, die sie beim besten Willen nicht aufbringen konnten.

»Aber woher nehmen wir das Geld? Wir haben es nicht!«

Aljona starrte entsetzt auf Ingo und dann auf Bruno. Bruno schien das gar nicht zu interessieren, er saß mit einem versteinerten Gesicht da und starrte auf die Wand. Selbst wenn sie und Bruno alle Wettkämpfe, bei denen sie demnächst antreten würden, gewännen und Preisgelder ihre zusammenlegten, würden sie diese Summe niemals aufbringen können. Und sie hatten bisher nicht mal eine Startgenehmigung. Das wäre dann der nächste Level des Hindernisspiels.

Abgesehen davon mussten auch sie von diesen Einnahmen leben. Selbst wenn sie bei kommerziellen Galas auftreten würden, würde es knapp. Aber Aljona ging davon aus, dass sie als neues Paar zunächst kaum Einladungen bekämen, um bei Galas aufzutreten. Und wann sollten sie sich bitteschön auf die Wettbewerbe vorbereiten? Es war ein Teufelskreis.

Die Summe stand fest und wie sie das Gehalt für ihn auftreiben sollten, interessierte Ingo nicht. Das Einzige, was er vorschlug, war, dass sie einen Vertrag unterschreiben sollten und er mit ihnen zunächst ohne Gehalt arbeiten wollte. Sobald sie aber etwas verdienten, sollten sie ihn rückwirkend bezahlen. Im Kopf rechnete

Aljona kurz hoch, welch ein Schuldenberg sich alleine in einem Jahr auftürmen würde, und schüttelte nur noch den Kopf. Das war keine Lösung.

»Und, was habe ich dir gesagt?«, meldete sich Bruno zu Wort und stand auf.

Aljona stand auch auf und ging nach draußen, ohne zu bemerken, wie ihr große Tränen über die Wangen liefen.

»Was weinst du denn? Hast du wirklich gedacht, dass es anders sein wird? Dass er jetzt etwas anderes sagt?«, Bruno schaute sie lange an. »Komm schon, es ist vorbei!«

Aljona wischte die Tränen mit ihrer Hand aus dem Gesicht und nickte. Ja, jetzt war es endgültig mit Ingo vorbei.

Oberstdorf: Ein König und ein Prinz für die Eisprinzessin?

»Manche Berge scheinen unüberwindlich, bis wir den ersten Schritt tun.«

Aljona musste eine andere Lösung finden bzw. nach einem deutschen Trainer Ausschau halten, der zusammen mit Jeff für sie und Bruno die Trainingsverantwortung übernehmen sollte. Während Bruno sich auf die Rückfahrt konzentrierte, dachte sie nach und ging mögliche Kandidaten durch, genauso wie sie vor ein paar Monaten die Listen der Paarläufer durchstöbert hatte.

In Deutschland gibt es nur vier Olympiastützpunkte und nur da konnte sie einen Trainer ausfindig machen, um dort demnächst zu trainieren. Chemnitz kam nicht mehr in Frage, in Dortmund kannte sie keine Trainer, die mit Top-Läufern arbeiteten und die die nötige Erfahrung mitbrachten, in Berlin arbeitete Knut Schubert mit einigen Paaren, aber zu ihm wollte Aljona nicht. Vor Jahren, als sie nach einem Partner suchte, wusste sie, dass er einen guten Sportler hatte, allerdings hatte dieser ihr damals abgesagt. Von daher wäre es jetzt keine gute Voraussetzung eine Zusammenarbeit mit ihm anzustreben.

Der letzte in Frage kommende Olympiastützpunkt war Oberstdorf, ein kleiner Ort, in dem sie mit Stanislav Morozov 2000 die Juniorenweltmeisterschaft gewonnen hatte. In Oberstdorf gab es für sie die besten Trainingsbedingungen, allerdings liegt das Städtchen so tief in den Alpen, dass man ewig braucht, um in die nächstgelegene Großstadt München zu gelangen. Aber die Entfernung zu einer Metropole störte sie wenig, wichtig waren die Bedingungen und die waren in Oberstdorf wirklich einzigartig.

Aber wer könnte sie in diesem tollen Eislaufzentrum trainieren? Aljona grübelte.

Der Name Alexander König schoss ihr durch den Kopf. Er wohnte doch in Oberstdorf! König war oft als »Technischer Spezialist« bei den Wettbewerben eingesetzt, und wenn sie sich nicht irrte, war er selbst früher ein Paarläufer gewesen. Mit anderen Worten: Er kannte sich bestens mit Paarlaufen aus! Als Aljona noch mit Ingo Steuer arbeitete, hatte sie ihn mehrmals gebeten, zu König nach Oberstdorf zu fahren, damit er die frisch choreografierten Programme aus Sicht eines technischen Controllers prüfte und eventuell wertvolle Empfehlungen geben könnte. So hätten Aljona und Robin noch vor den Wettbewerben etwas an den Programmen ändern und dann eine bessere Wertung von den Preisrichtern erhalten können. Denn selbst eine winzige Änderung an einer Bewegung könnte bei einem Wettbewerb viel ausmachen und den Level eines Elements von drei auf vier erhöhen. Und manchmal trennten sie nur einige Zehntelpunkte von den Konkurrenten und das konnte sich dann schon auf die Platzierung auswirken. Ein guter Rat von König hätte also zu einem Spitzenplatz führen können. Aber Ingo war nie von ihrer Idee begeistert gewesen und wischte sie immer beiseite und irgendwann fragte sie ihn gar nicht mehr danach.

Aber jetzt, jetzt könnte sie Alexander König endlich ins Boot holen und nicht nur nach einem Ratschlag fragen oder Programme checken lassen, sondern ihn eventuell als Haupttrainer gewinnen.

Auch menschlich wirkte König immer sehr positiv auf sie. Aljona erinnerte sich an einige Wettbewerbe, bei denen sie ihn getroffen hatte. Er lächelte ihr jedes Mal freundlich zu und wenn er sie sah, kam er auf sie zu, sprach sie an, fragte, wie es ihr ginge, und war immer für ein kurzes Gespräch zu haben. Rückblickend kam er ihr wie eine Sonne vor, die alleine durch ihre Anwesenheit jeden mit positiver Energie versorgte. Und Aljona brauchte nach diesen langen Wochen und Monaten der Ungewissheit dringend positive Energie.

Ohne lange zu zögern, rief sie die Eislaufunion in München an und erklärte, dass sie und Bruno bei und mit Alexander König in Oberstdorf trainieren möchten. Allerdings fand dieser Vorschlag bei den Verbandsverantwortlichen zunächst wenig Verständnis, weil

König wohl nicht so viel Erfahrung mit Top-Sportlern hatte. Es wäre besser, wenn sie in Oberstdorf mit Karel Fajfr arbeiten würden.

»Ich will aber ausschließlich mit Herrn König arbeiten und wenn nicht, dann kommt kein anderer in Frage«, stellte sie dem Verband ein Ultimatum.

Aljona wusste genau, was sie wollte, und sie wollte diesen Wunsch auf jeden Fall durchsetzen. Savchenko war so überzeugt davon, dass Alex König der Richtige sei, dass sie keinen Sinn in weiteren Diskussionen sah und eigentlich auch gar nicht wissen wollte, wieso Herr Fajfr für sie und Bruno als Trainer besser wäre. Es war wieder ihre Intuition, die sich wie so oft in schwierigen Situationen Bahn brach.

Und sie sagte »König!«

Schlussendlich gab man ihr die Telefonnummer von Alex König und sie konnte bei ihm nun persönlich anfragen, ob er bereit wäre, sie und Bruno in sein Team aufzunehmen. Aljona tippte die Nummer ein und drückte auf »Anrufen«.

König war anfangs ein wenig überrascht, dass sie ihn anrief, aber er hörte ihr genau zu, als sie ihm in knappen Worten ihre Situation schilderte. Es hörte sich so an, als ob er irgendwo in der Stadt unterwegs wäre, während sie telefonierten. Aljona konnte sogar leisen Glockenklang der Oberstdorfer Kirche hören. Sie fragte zuerst, ob sie mit Bruno nach Oberstdorf kommen könnte.

»Du kannst immer nach Oberstdorf kommen, natürlich!«, antwortete der Trainer.

»Nein, nein, Sie verstehen mich nicht, ich frage, ob Sie unser Trainer werden wollen«, konkretisierte Aljona ihr Anliegen, was wohl ihren Gesprächspartner aus dem Konzept brachte.

Er schwieg eine Weile, als ob er keine passenden Worte finden konnte, und sagte endlich, dass das für ihn sehr überraschend käme, dass er sich Gedanken über ihr Angebot machen müsse und seine Antwort ein wenig später geben werde.

»Darüber muss ich zunächst nachdenken, und ich ruf dich alsbald zurück, okay?«, schloss er das Telefonat und legte den Hörer auf.

Jetzt war Aljona perplex. Worüber muss er denn noch nachdenken? Aljona legte das Handy zur Seite und setzte sich auf das Sofa. Eigentlich wollte sie in ihrer Mietwohnung in Chemnitz noch ein wenig aufräumen, denn sie hoffte, bald nicht mehr hier zu wohnen. Aber irgendwie hatte sie jetzt keine Lust dazu. Sie dachte immer noch an die zu erwartende Antwort von König. Wieso nachdenken? Entweder ist es ein »Ja« oder ein »Nein«. Eigentlich ist es sehr einfach. Absagen kann man doch sofort, wenn man keine Lust hat.

König meldete sich ein paar Stunden später, es kam ihr wie eine Ewigkeit vor. Er musste wohl zunächst in sich gehen und sich selbst fragen, ob er es schaffe, weil er viele andere Sportler zu betreuen hatte und seine Tage schon sehr ausgefüllt waren. Mit Aljona und Bruno würde er ein Top-Team mit hohen Ambitionen hinzubekommen und das würde eine große Verantwortung bedeuten.

»Jawohl, kommt doch bitte zu mir, wir lernen uns kennen, und vielleicht passt es ja«, sagte er, als er sie zurückrief.

Aljona und Bruno machten sich auf den Weg nach Oberstdorf und kamen in diesem kleinen Ort in den Alpen an, in dem Aljona vor vielen Jahren ihren Juniorenweltmeistertitel gewonnen hatte. Auch danach ist sie öfter in Oberstdorf gewesen, weil hier im September immer die Nebelhorn-Trophy stattfindet, der erste wichtige Wettkampf jeder Saison. Auch am Ende des Jahres gibt es in Oberstdorf immer eine große Eisgala, bei der sie und Robin mehrmals auftraten.

Mit Alexander König trafen sie sich nach ihrer Ankunft in Oberstdorf in einem serbischen Restaurant in der Eishalle, um die künftige Zusammenarbeit – und dass es dazu kommen würde, war Aljona sich sicher – zu besprechen. König wies sie allerdings noch einmal darauf hin, dass es zunächst nur ein Probetraining sei und er selbst noch nicht sicher sei, ob er mit einem so ambitionierten Paar zusammenarbeiten könne. Gleichzeitig schilderte er jedoch, wie er die zukünftige Trainingsarbeit durchgeplant hatte. Und es sollte eine harte Arbeit werden. Aljona war es gewohnt, zweimal pro Tag auf dem Eis zu trainieren, und dazwischen machte sie Trockenübungen, entweder alleine oder mit ihrem Vater, wenn er gerade in Deutschland war. Für die nächsten Tage in Oberstdorf hatte König ihre Arbeit von morgens bis abends durchgeplant. Um 7 Uhr morgens mussten sie schon zu ihrem ersten Training in der Eishalle erscheinen und ihre läuferischen Fähigkeiten trainieren, indem sie verschiedene Schrittvariationen übten. Nach einer Pause folgte ein Training, bei dem sie an den Sprüngen arbeiten sollten. Und am Abend hatten sie schließlich noch eine dritte Trainingseinheit auf dem Eis, bei der sie die üblichen Paarlaufelemente perfektionierten. Auch dazwischen hatten sie wenig Luft zu verschnaufen – zwischen den Trainingseinheiten auf dem Eis sollten sie an ihrer Athletik arbeiten; schließlich mussten sie sehr fit sein, um die hochgesteckten Ziele zu erreichen. Die Fitnessräume der Eishalle standen ihnen selbstverständlich auch zur Verfügung. Aljona mochte es, viel zu arbeiten, und konnte sich kaum vorstellen, dass es irgendwann zu viel werden könnte. Deshalb freute sie sich umso mehr, dass sie in Oberstdorf mehr Stunden auf dem Eis an sich arbeiten konnte, als sie je erwartet hatte. Alexander König ging sofort zur Sache und brachte endlich wieder eine gewisse Struktur in ihren Tag.

Aljona hörte ihm genau zu und freute sich bereits auf die ersten Trainingseinheiten. Das Restaurant ist direkt im Eisportzentrum in der ersten Etage, sodass man von fast jedem Tisch, an dem man sitzt, durch ein Fenster auf die Eisfläche schauen und das Training der Sportler oder das öffentliche Laufen beobachten kann. König erklärte, dass es ihm wichtig sei, dass auch sie mit seiner Arbeit zufrieden seien. Das wäre eine wichtige Voraussetzung für ihre Zusammenarbeit. Aljona nickte zustimmend und schaute nach unten zur Eisfläche. Sie sah, wie da unten ein kleines Mädchen stürzte, aber sofort aufsprang und weiterlief. Aljona lächelte und fühlte sich an sich selbst erinnert, als sie vor Jahren genau so hartnäckig trotz der vielen Stürze immer weiterlaufen wollte. Jetzt konnte sie kaum den morgigen Tag erwarten, um den Plan von König umzusetzen. Auch Bruno schien einverstanden zu sein, stellte Alexander König jedoch viele weitere Fragen und nickte schließlich zustimmend.

Am nächsten Tag stand König um 7 Uhr morgens selbst in seinen Schlittschuhen auf der Eisfläche und lief einen oder zwei Meter vor Aljona und Bruno. Sie mussten ihm folgen und seine Schritte präzise nachlaufen. »Skatings Skills« waren bei König großgeschrieben und deshalb mussten sie ihm Runde um Runde folgen und die Schritte haargenau setzen. Aljona bemerkte, dass König alles, was er mit ihnen vorhatte und an einem Tag trainierte, in einem Block dokumentierte. Er nahm seine Aufgaben sehr ernst und sie spürte, dass er sein Bestes gibt, um seine Ziele zu erreichen.

Am Ende jeder Woche organisierte Alexander König ein sogenanntes Teammeeting, um einen konstruktiven Dialog mit seinen neuen Sportlern in Gang zu bringen. Welche Probleme hat er erkannt? Was können sie optimieren? Was läuft nicht so gut? Er hörte aber auch zu, was seine Schützlinge zu sagen hatten, und ihr Feedback war ihm genauso wichtig wie seine eigenen Erkenntnisse.

***

Nach fast drei Wochen war Aljona sehr zufrieden mit seiner Arbeit und den Fortschritten, die Bruno und sie erzielten. König kümmerte sich die ganze Zeit fast väterlich um sie, gab Ratschläge und erkannte sofort, wo bei seinen neuen Schützlingen eventuell Probleme liegen, die er mit ihnen bei diesen wöchentlichen Meetings besprach. König konnte aber auch viel mehr wahrnehmen: Wenn es zu einer Diskussion zwischen Aljona und Bruno kam, schaltete er sich sofort ein und sorgte dafür, dass beide schnell einen Kompromiss fanden, sodass sich keine Missverständnisse verfestigten.

Aljona war fünffache Weltmeisterin und Bruno hatte eben noch keinen großen Titel. Alleine schon deswegen war es schwierig, zwischen den beiden zu vermitteln. Wenn Aljona aufgrund ihrer Erfahrung etwas anregen wollte, kam es Bruno so vor, als ob sie, der Star, ihm von oben herab eine Ansage machte. Anscheinend war er es bislang gewohnt, dass in der Zusammenarbeit im Paar er das »Sagen« haben sollte. Jetzt musste er sich damit anfreunden, dass eine zierliche Frau an seiner Seite mehr Bedeutung hatte, als er es in seinen früheren Partnerschaften kennengelernt hatte.

Zum Glück hatten sie noch Jeff, der viel Einfluss auf Bruno hatte und jeder Zeit bereit war, hinzuzukommen. Er war ein fester Teil des neuen Teams und schien auch mit seinem Kollegen Alexander König gut klarzukommen. Aljona und Bruno hingegen mussten sich noch aneinander gewöhnen und diese sportliche Kluft, die zwischen ihnen lag, überwinden. Von daher war es auch wichtig, dass sie unter Menschen gingen und mit anderen kommunizierten und zusammen etwas unternahmen.

Aljona stand vor der Eishalle und wartete auf Bruno, sie hatten eine kleine Pause zwischen den Trainingseinheiten und wollten mit anderen Sportlern, die sie in den letzten Tagen kennengelernt hatten, in ein nahe gelegenes Café gehen. Aljona freute sich, dass sie und Bruno bereits in den ersten Tagen einige Sportler getroffen hatten und mit ihnen etwas unternehmen konnten. Schließlich gab es hier wenig Freizeitbeschäftigungen – sie konnten wandern … wandern … noch mal wandern oder in der Wohnung hocken.

Die Deutsche Eislauf-Union hatte für Aljona und Bruno für die ersten zwei Wochen eine kleine gemeinsame Wohnung angemietet und dann, als sie das Probetraining für weitere zwei Wochen verlängerten, eine weitere Wohnung gemietet.

Bruno und sie waren schon oben am Nebelhorn gewesen, schließlich stand die Talstation der Nebelhornbahn direkt neben der Eishalle. Sie mussten also nur ein paar Meter über die Straße laufen und schon saßen sie in der Gondel. Aber diese Bergtour konnten sie ja nicht jeden Tag unternehmen und irgendwann würde es auch langweilig werden.

An einem verregneten Novembertag nach dem Training waren sie mit anderen Paarläufern, die auch bei Alexander König trainierten – Christopher Boyadji und Amani Fancy – verabredet, um zusammen Poker zu spielen. Amani hatte ein großes Haus in Oberstdorf, sodass es zu einer Tradition wurde, sich donnerstags bei ihr zu treffen und zu spielen. Aljona und Bruno haben die Einladung zu einem Pokerabend dankend angenommen. Aljona konnte kein

Poker spielen, aber sie wollte zuschauen, sonst müssten sie den Abend wieder alleine in der Wohnung verbringen.

Als sie spät am Abend zurück in ihre eigene Wohnung fuhren und den Spieleabend besprachen, fragte Bruno, was Aljona nun von Liam hielte. Bei Amani waren an diesem Abend einige junge Menschen zu Gast, nicht nur Eiskunstläufer, die mit ihr oder Christopher befreundet waren.

»Wer ist Liam?«, fragte Aljona und starrte durch das Autofenster, als Bruno das Auto durch die enge Dorfstraße steuerte.

»Wie jetzt? Im Ernst? Der Kerl flirtete mit dir den ganzen Abend«, Bruno schüttelte ungläubig den Kopf.

»Ah …ja?«, Aljona schaute Bruno an, um zu verstehen, ob er es jetzt ernst meinte oder ob es wieder ein Scherz war. Es war nicht so, dass sie den ganzen Abend in Gedanken gewesen war und nichts um sich herum bemerkt hätte. Sie spielten zusammen, sie hat sogar einmal gewonnen, sie lachten viel und hatten auf jeden Fall viel Spaß gehabt. Es war ein netter Abend und sie freute sich, dass sie neue Freunde gewonnen hatten. Da war wohl ein Engländer dabei, der Aljona die Regeln des Spiels zu erklären versuchte. Aber er sprach so schnell Englisch, dass sie ihm nicht folgen konnte und seine Erklärungen nur wie ein Rauschen wahrnahm. Aber die Regeln hat sie immerhin verstanden. Nur an sein Gesicht konnte sie sich nur noch vage erinnern. Es waren zu viele neue Gesichter, sodass dieser Liam und seine Regeln an ihr vorbeihuschten.

Ein paar Tage später sprach Amani Aljona nach dem Training in der Umkleidekabine an und fragte, ob ihr Liam gefallen habe. Jetzt aber wollte Aljona genau wissen, wer dieser Liam sei. Denn diese Fragerei war ganz bestimmt nicht zufällig und irritierte sie. Amani sagte, dass Liam Single sei und Aljona wohl auch, von daher könnte aus den beiden doch was werden. Aljona starrte Amani ungläubig an und zog zunächst ihre Schlittschuhe aus. Ehrlich gesagt, wollte sie jetzt keine neue Beziehung haben, sie wollte ihre Ruhe haben und sich aufs Training konzentrieren. Genauso erklärte sie es Amani. Und wenn schon – dann sehnte sie sich nach einer ernsthaften Beziehung und … eigentlich war es ihr irgendwie zu viel.

Aber es kam so, wie es kommen musste. Wahrscheinlich wollte es das Schicksal so und Amor veranlasste Bruno, Amani und Christopher dazu, Aljona und Liam näherzubringen, denn wenige Tage später kreuzten sich ihre Wege erneut. Aljona verstand endlich, wer Liam war, und musste zugeben, dass er ein attraktiver Mann ist. Er kam ab und zu in die Eishalle, um seine Freunde zu besuchen, und manchmal gingen sie sogar alle zusammen zum Mittagessen.

Aljona fand jedoch keine Zeit, um diesen jungen Kerl besser kennenzulernen, bis er an einem Abend die illustre Pokergesellschaft zu sich nach Hause einlud. Er wohnte außerhalb von Oberstdorf, etwa sechs Kilometer entfernt, und Aljona freute sich schon auf den Abend, aber in letzter Sekunde sagte Bruno, dass er alleine zu Liam fährt. Angeblich haben er und Christopher sich entschieden, dass die Männer am heutigen Abend für sich sein möchten ohne Frauen – heißt: Aljona und Amani seien ausgeladen, sie müsste also heute zu Hause bleiben. Bei so einem Männerabend wollte Aljona natürlich nicht stören.

Allerdings war Bruno nicht einmal 20 Minuten weg, als ihr Handy klingelte. Liam meldete sich per Messenger in Facebook und fragte, wieso Aljona nicht gekommen sei. Er habe auf sie gewartet … Von einem »Männerabend« bei sich zu Hause habe er nichts gehört. Jemand – genannt Bruno – habe wohl im Alleingang etwas durcheinander gebracht. Aljona schmunzelte und versprach, dass sie sich demnächst bei Liam melde und sie sich treffen würden.

Eine passende Gelegenheit für ein Treffen ergab sich ein paar Tage später. Liam fragte Aljona etwas und sie simste kurz zurück, dass sie in Kürze eine halbe Stunde zwischen ihrem Training Zeit hätte und er könne, falls er Zeit und Lust habe, vorbeikommen. Dass Liam sofort in die Halle gekommen ist, hat sie nicht schlecht überrascht. Sie wusste, dass er in einem Vorort lebte, und ging davon aus, dass er mit seinem Auto käme. Was sie nicht wusste, war, dass Liam gar kein Auto hatte. Um rechtzeitig zu Aljona zu kommen, rannte er wie ein Verrückter diese langen sechs Kilometer bis nach Oberstdorf. All das berichtete er ihr in einem Café in der Nähe der Eishalle.

»Hast du schon einmal an den Olympischen Spielen teilgenommen?«, wollte Liam wissen.

Aljona mochte es nicht so gerne, mit ihren Leistungen anzugeben und würde darüber von sich aus nie sprechen. Von daher nickte sie nur und sagte, dass sie viermal dabei gewesen war. Alleine diese Tatsache versetzte ihn in Erstaunen und sein Mund wollte sich gar nicht mehr schließen.

Jetzt aber wollte es Liam genau wissen.

»Wie weit bist du gekommen?« – Liam schien wirklich erstaunt zu sein, dass diese kleine junge Frau, die ihm bereits auf den ersten Blick sehr gefallen hat, viermal bei den Olympischen Spielen am Start gewesen war.

Was sollte sie dazu sagen? Aljona überlegte kurz. Für die einen wären die zwei Bronzemedaillen einem Lebenstraum gleichgekommen, für sie … sie wusste nicht mal, wo diese beiden Medaillen jetzt genau lagen. Sie hatte sie in eine Kiste gelegt und so waren sie noch irgendwo in ihrer alten Wohnung in Chemnitz, die sie jetzt kündigen musste. Sie wollte immer Olympisches Gold gewinnen und ein dritter Platz war für sie keine Auszeichnung. Die zwei Bronzemedaillen hießen für sie nichts anderes, als zweimal Gold verloren. Was sollte sie Liam nun sagen – ist sie bei den Olympischen Spielen weit gekommen oder nicht? Deshalb sagte sie einfach, wie es war. »Ich habe zwei Bronzemedaillen«. Eine Tatsache. Aber auch diese Tatsache machte den Mann ihr gegenüber erneut sprachlos.

***

Ein paar Tage später konnte er sich diese Medaillen selbst ansehen, weil er sie nach Chemnitz begleitete, um ihr beim Umzug nach Oberstdorf zu helfen. Beim Packen und beim Umzug half Aljona auch ihre Freundin Miglena aus Chemnitz. Aljona mochte Miggi sehr und freute sich, dass sie eine solch gute Freundin hatte. Sie hat Miggi vor einigen Jahren über Veronika kennengelernt und sie sind wahre Freundinnen geworden. Mit Veronika hingegen hatte sie leider keinen Kontakt mehr. So oder so würde Aljona diesen Umzug ohne Miggi nicht so schnell hinkriegen. Schade, dass Oberstdorf so weit von Chemnitz liegt, denn ab jetzt können sich beide nicht mehr so oft sehen.

»Aber das wird schon«, versprach ihr Miggi und zwinkerte ihr zu. »Jetzt öffnest du erst ein neues Kapitel in deinem Leben.«

»Ja, ich weiß«, Aljona schien nachdenklich zu sein. Es entwickelte sich alles sehr schnell.

»Und du weiß ja, wenn du was brauchst, auch in Oberstdorf, ich komme und werde dir gerne helfen! Egal, was passiert.«

»Danke dir«, Aljona umarmte ihre Freundin und versuchte dabei, hinter deren Rücken ihre feuchten Augen zu verbergen.

Es schien Aljona so, dass sie in Oberstdorf nicht nur einen König als Trainer gewonnen, sondern auch einen Prinzen für ihr Herz gefunden hatte. Aber ihre Freundin würde sie auf jeden Fall vermissen.

Attacke! Koste es, was es wolle!

»Ich kann, ich will, ich muss.«

Was ist mit der Finanzierung? Für welches Land werden sie auftreten? Kaum hatten Aljona und Bruno das Problem mit dem Trainer geklärt und den Umzug nach Oberstdorf abgeschlossen, kamen neue Schwierigkeiten ins Spiel. Sie trainierten bereits einige Monate in Oberstdorf, machten gute Fortschritte, die kaum zu übersehen waren. Das Trainertandem aus Alexander König und Jean-François Ballester funktionierte auch perfekt – aber weitere Fragen zur Zukunft des Paares waren offen. Und diese Fragen beschäftigten das Team.

»Was können wir noch tun?«, Aljona saß mit Bruno, seiner Verlobten Sophie und Liam in einem Café. Vor allem das Thema der Finanzierung kam immer wieder hoch und die Vier waren auf das Geld angewiesen.

»Sponsoren?«, Bruno schaute kurz auf Aljona und seufzte. Er verstand wohl selbst, dass sie kaum an Sponsoren kommen konnten und kein Unternehmen ein ernsthaftes Interesse daran hatte, das neu gebildete Paar ohne sichere Perspektive, das noch nicht mal eine Startgenehmigung hatte, zu fördern.

»Ich habe für uns einen Antrag bei der Deutschen Sporthilfe gestellt und werde mich wohl bei der Bundeswehr anmelden«, Aljona legte den Teelöffel zur Seite und nippte an ihrem Buttertee. »Es ist schon wichtig, finanziert zu werden, aber viel wichtiger ist es, dass wir in Ruhe trainieren können. Glaubt mir!«

»Was meinst du damit, wir müssen doch unsere Programme, Choreografen und nicht zuletzt unser Leben finanzieren?«, Bruno schüttelte verzweifelt den Kopf und schaute aus dem Fenster.

»Als ich mit Robin lief, waren wir immer auf das Geld angewiesen und mussten ja Ingo selbst finanzieren!«

»Ach was«, Bruno schmunzelte. »Als ob ich das nicht weiß.«

»Ja, klar, weiß du es, aber ich sage es nicht deswegen. Ich sage es, weil die Finanzierung ein Problem ist, aber ein Problem, das sich lösen lässt. Wenn du aber von deinem Training abgelenkt wirst, immer hin und her gerissen wirst, ist es viel schlimmer. Als diese Stasi-Geschichte ans Licht kam, du kannst dir kaum vorstellen, was wir alles durchmachen mussten. Und das, wohlgemerkt, kurz vor den Olympischen Spielen!«

»Ich helfe euch auch, habe auch ein bisschen gespart«, sagte Sophie und lächelte. »Ich bin sicher, ihr schafft das!«

»Natürlich schaffen sie es«, auch Liam war zuversichtlich, dass diese finanziellen Schwierigkeiten nur vorübergehend waren. Und er spürte, wie viel Spaß es Aljona macht, jetzt mit Bruno zu trainieren und immer neue Sachen auszuprobieren. Sie kam jeden Tag mit leuchtenden Augen nach Hause und freute sich jeden Morgen, egal wie früh es auch war, wieder in die Eishalle zu gehen.

In der ersten Zeit mieteten sie und Bruno eine gemeinsame Wohnung im Haus des Präsidenten des Oberstdorfer Eiskunstlaufclubs. Aber das war eher eine provisorische Lösung, damit sie Zeit gewinnen und passendere Wohnungen finden konnten. Bald wurden sie fündig – Aljona wohnte mit Liam und Bruno mit seiner Sophie. In dieser Zeit sind sich die Vier menschlich sehr viel nähergekommen und trafen sich nach den Umzügen immer häufiger.

»Herr König hat mir das Geld für die Miete angeboten«, sagte Bruno. »Ich weiß nicht, ob ich es annehmen soll, klar, ich gebe es ihm zurück, aber …«

»Kein aber, nimm das. Wenn wir was verdienen, kannst du es ihm zurückgeben«, Aljona schaute kurz auf ihr Handy und legte es wieder beiseite. »Das wird schon, bin mir sicher.«

Aljona staunte immer wieder, wie viel Glück sie mit Alexander König als Trainer hatten. Er hatte anscheinend gesehen, dass sie und vor allem Bruno nach dem Umzug nach Oberstdorf kaum über die Runden kamen. Bruno hatte es definitiv wesentlich schwieriger als sie, denn Aljona hatte noch ihre Ersparnisse und Bruno war kein Star und hatte früher keine Einladungen zu den großen Galas gehabt, bei denen er Geld verdienen konnte. Deshalb hat sie ihm auch in ersten Monaten geholfen.

Die Situation amüsierte sie inzwischen sogar ein wenig, jetzt mussten nicht sie den Trainer bezahlen, sondern er schob ihnen noch sein Geld in die Tasche. Aber viel wichtiger war die Freiheit, die König ihnen gegeben hatte. Jetzt durften sie alles ausprobieren, durften jede Musik nehmen, mit verschiedenen Choreografen arbeiten – König förderte diese Entwicklung und wollte zusammen mit beiden über den Tellerrand schauen und etwas wirklich Neues kreieren. Und diese Freiheit war mit keinem Geld zu messen und wertzuschätzen. Diese Freiheit war goldwert.

Zum Glück hatten sie von der Stiftung Deutsche Sporthilfe eine Förderung bekommen, von der die beiden ihre Wohnungsmieten zum Teil bezahlen konnten. Es stand nun auch fest, dass sie für Deutschland starten würden, und deshalb hatten sie einen Anspruch auf Sporthilfe. Anfangs hatte Aljona noch mit den Gedanken gespielt, das Land wieder zu wechseln, um für Frankreich zu starten. Der Präsident des französischen Eiskunstlaufverbandes Didier Gailhaguet hat zunächst versichert, dass er alles Mögliche für sie tun würde – aber nach diesen Worten kam nichts mehr.

»Aber wieso muss ich eigentlich wieder wechseln? Ich mag Deutschland!«, sagte sie damals zu ihrer Mutter, als ihre Eltern sie zum ersten Mal in Oberstdorf besuchten.

»Ich meine auch, dass es für dich besser wäre, weiter für Deutschland zu starten«, ihre Mutter konnte überhaupt nicht verstehen, wie ihre Tochter auf den Gedanken kommen konnte, dass sie das Land wechselt und nicht Bruno.

»Ja, stimmt, irgendwie sitzt es bei mir fest im Kopf, dass ich in Deutschland bleiben muss, dass ich diese Entscheidung treffen muss – ich habe für Deutschland so viele Medaillen gewonnen und fühle mich hier jetzt zu Hause, und der deutsche Verband hat so viel für mich gemacht.«

Aber Frankreich wollte Bruno nicht so einfach freigeben und die Entscheidung wurde immer wieder vertagt und so lange dieses

Hin und Her dauerte, konnten sie wirtschaftlich keine großen Sprünge machen, abgesehen davon, dass sie nicht berechtigt waren, bei den Wettbewerben zu starten. Es war schon schwierig gewesen, als Weltmeisterin in der Zeit mit Robin Sponsoren zu gewinnen, jetzt konnte sie nicht mal daran denken. Von daher war sie echt dankbar, dass die Sporthilfe sie finanziell förderte. Ohne die Sporthilfe würden sie nicht überleben. Aber sie mussten nach weiteren Lösungen suchen.

***

Aljona betrachtete eine Weile die Patrone auf ihrer Hand, dann öffnete sie den Verschlusshebel, führte die Patrone in das Patronenlager ein und klappte das Gewehr zu. Sie schloss ein Auge, streckte den Arm nach vorne und drückte ab. Der Knall ließ sie selbst zusammenzucken. Getroffen! Noch ein Mal. Und wieder getroffen! Auch die dritte Kugel traf die Zielscheibe. Danach legte sie das Gewehr zur Seite und ging aus der Schießhalle. Wenigstens bei den Schießübungen war sie die Beste. Als sie wieder draußen war, holte sie ihr Handy aus der Tasche und rief Liam an.

»Ich kann es nicht mehr aushalten«, sagte sie statt einer freundlichen Begrüßung und schaute nach oben, damit die Tränen, die bereit waren, übers Gesicht zu rollen, dort blieben, wo sie hingehören – nämlich in den Augen.

»Noch drei Wochen und du hast es überstanden«, Liam versuchte sie zu beruhigen und ihr Mut zu machen. Er hatte Aljona noch nie in so einem Zustand erlebt und wenn sie schon weinen musste, dann war es wirklich hart für sie.

»Noch drei Wochen und ich bin tot – kann nicht mehr, alles tut mir weh, alles! Ich bin beinahe dabei, alles hinzuschmeißen! Ich kann nicht mehr!«, Aljona ging schnell Richtung Kaserne, wo sie ihre Stube hatte.

»Wirklich?

»Ja! Nein!« – Aljona seufzte. »Wozu mache ich das? Wer braucht das, dass ich hier ...« – mehr konnte sie nicht sprechen und schluchzte.

»Aljona, bitte, du hast doch selbst gesagt, dass es nur acht Wochen sind und jetzt sind schon fünf vorbei«.

Aljona konnte selbst nicht verstehen, was mit ihr los war. Sie hat so viel überstanden und erlebt, hatte vier Olympische Spiele hinter sich, hatte immer alle Probleme, Schwierigkeiten mit Bravour überwunden. Selbst wenn die Lage scheinbar aussichtslos war, hatte sie nie aufgegeben oder einen faulen Ausweg gesucht. Sie wusste immer, was sie wollte, und scheute sich vor nichts. Und jetzt erkannte sie sich selbst nicht. Vielleicht ging ihr alles doch zu schnell, es hatte sich so viel in ihrem Leben verändert.

In den letzten Jahren hatten sie und Robin sehr viele Auftritte in Shows gehabt, sie konnte in eine »Glamour-Welt« mit Glitzersteinen eintauchen, die schönsten Kostüme bei ihren Auftritten tragen und jetzt stand sie als uniformierte Soldatin auf einem Appellplatz.

Die Bundeswehr gilt als der größte Unterstützer des olympischen Sports in Deutschland. Und viele Spitzensportler, aber auch Trainer wurden als Sportsoldaten gefördert und waren in den Sportfördergruppen der Bundeswehr. Als Aljona mit Robin trainierte, durfte sie es nicht tun – zunächst wegen ihrer Staatsangehörigkeit und dann wegen Ingos Stasivorgeschichte. Jetzt aber konnte sie gefördert werden und war auf die Finanzierung angewiesen. Es war immer so schwierig mit der Finanzierung und den Sponsoren, als fünffache Weltmeisterin müsste sie eigentlich gute Sponsoren haben. Aber niemand kam auf sie zu und sagte etwas wie: »Wir glauben an euch und werden euch fördern«. Träum weiter, sagte sie immer zu sich selbst, dafür übten sie die eleganteste Sportart aus. Sportler, die nicht so viele internationale Titel hatten, aber in einer anderen Sportart aktiv waren, die populärer war, wurden quasi mit Angeboten überhäuft, und sie mussten um jeden mickrigen Cent kämpfen und immer daran denken, wie sie ihren Sport und ihr Leben finanzieren können.

Deshalb hatte sie sich in die Sportfördergruppe eintragen lassen. Bruno war in dieser Zeit zu Hause in Frankreich – als Franzose durfte er an diesem Programm nicht teilnehmen. Von daher war sie allein bei der Spitzensportler-Grundausbildung in Hannover, um anschließend in eine der Sportfördergruppen versetzt zu werden.

»Aljona, hörst du mich?«, Liam wunderte sich schon, warum Aljona so lange schwieg.

»Oh sorry, war irgendwie abgelenkt. Übrigens habe ich heute wieder alle Scheiben getroffen!«, teilte Aljona ihm stolz mit. »Bin die beste in unserer Gruppe«.

»Wenigstens das!«

»Ich sollte Biathletin werden!«, endlich lachte sie wieder, und so war es immer, wenn sie Liam anrief und das gelang ihr mehrmals am Tag. Das Training bei der Bundeswehr war wohl das Härteste, was sie in ihrem Leben bisher erlebte. Und heute mussten sie in der Nacht wieder einen Übungsmarsch durch einen Wald absolvieren. Allein bei dem Gedanken daran, schauderte es ihr. Und mehr noch: Diesmal musste sie die Führung der Gruppe übernehmen und mit einem Kompass und einer Karte den Weg für die ganze Einheit vorgeben. Nur: Sie konnte Karten schlecht lesen und mit einem Kompass konnte sie auch nichts anfangen …

»Attacke!«

»Schneller«

Aljona lag auf dem Rücken unter einem Baum und schaute nach oben. Es war stockdunkel im Wald, nur der Mond leuchtete irgendwo über den Baumwipfeln und sie konnte ihn gut von ihrem Platz sehen. Ihren fast 40 Kilogramm schweren Rucksack legte sie neben sich, die Karte und den Kompass hatte sie einem anderen Sportsoldaten gegeben, selbst konnte sie keinen Schritt weiter machen. Man könnte jetzt 1000 Mal zur »Attacke« aufrufen oder sonst was schreien – selbst, wenn neben ihr eine Bombe explodieren würde, würde Aljona nicht aufstehen können. Ihr Rücken schmerzte fürchterlich, sie spürte nichts und doch alles. Der Rucksack war etwas für Gewichtheber, aber nichts für sie, die zierliche Eiskunstläuferin. Sie wog selbst nicht mehr als dieses Ungetüm und was sie sonst noch mitschleppen sollte. Eine Thermoskanne mit Wasser, das sie nicht einmal ausschütten durfte, um das Gepäck zu erleichtern, denn falls eine Kontrolle käme, müsste sie vollständig ausgerüstet sein und alles vorzeigen können. Schwere Ersatzschuhe? Was hat sie noch alles mitgeschleppt? Egal. Aljona versuchte sich umzudrehen und der Schmerz bohrte sich wieder tief in ihren Rücken. Sie musste aufstehen. Irgendwie. Bruno und sie brauchten diese Finanzierung, um weiter trainieren zu können. Viele Shows konnten sie sich nicht leisten, denn wenn sie ernsthafte Absichten in Bezug auf Olympia haben wollten, mussten sie sich auf die Sport-Wettbewerbe konzentrieren und selbst wenn – so viele Einladungen hatte das neu gebildete Paar nicht. Und dass einige Firmen oder Unternehmer plötzlich auf sie zukommen und sagen »Wir möchten Sponsor werden«, war auch eine Utopie. Von daher musste sie alles selbst in die Hand nehmen und diesen Fußmarsch überstehen, weitere Schießübungen ablegen und kämpfen – koste es, was es wolle. Langsam drehte sie sich zur Seite und setzte sich zunächst auf. Ja, es war schwierig. Aber immerhin war sie der Bundeswehr sehr dankbar, dass sie diese Möglichkeit hatte und die Förderung beziehen durfte. Mag sein, wenn sie ein bisschen jünger wäre, würden ihr diese Übungen nicht so schwerfallen. Aber sie musste durchhalten. In ihrem Wortschatz gab es kein Wort »Ich will nicht« oder »Ich kann nicht«. »Ich muss«, befahl sie sich und stand auf. Aljona nahm den Rucksack und ging langsam weiter, Schritt für Schritt – dorthin, wo vermutlich die Attacke geführt wurde.

Ein Obdachloser oder der wahre König?

»Die Tat unterscheidet das Ziel vom Traum.«

»Ich habe damals sogar einen Brief an ihn geschickt«, Aljona ging mit Alexander König durch die Stadt und betrachtete die Schaufenster.

Er hatte sie nach dem Training eingeholt und so konnten sie zusammen ein Stück durch Oberstdorf laufen.

»An wen?«, fragte der Trainer und begrüßte jemanden, der ihnen entgegenkam.

Aljona merkte nicht mal, wer es war, weil König gefühlt jeden Dritten im Dorf kannte und herzlich begrüßte.

»Gailhaguet! Ingo wollte, dass ich für Frankreich starte und ich habe ihn in einem Brief gefragt, ob es denn möglich wäre. Er hatte eigentlich nichts dagegen, aber danach kam nichts von ihm zurück«, sagte Aljona und machte ihre Jacke zu.

Es war schon Anfang November und manchmal war es sehr windig zu dieser Jahreszeit in Oberstdorf. Dabei streifte sie mit ihrem Blick über die Jacken in einem Schaufenster, um eventuell später dort vorbeizuschauen.

»Verstehe. Jetzt muss er aber endlich handeln, wir haben nicht mehr so viel Zeit. Bruno muss seine Freigabe jetzt bekommen«, König lächelte nebenbei noch einem Mann und einer Frau zu und wurde wieder ernst. »Hoffentlich werden die Verhandlungen gut verlaufen«.

»Ich hoffe es auch, Gailhaguet hat neulich in einem Interview in Orleans gesagt, er habe nichts gegen mich und Bruno«, Aljona musste selbst lachen. »Er will aber 70 000 Euro für Brunos Freigabe haben.«

»Tja«, König schüttelte nur den Kopf. »Das ist eine große Summe.«

»Er habe, wie er sagte, eine gewisse Summe verlangt, die den Einsatz der öffentlichen Mittel widerspiegelt, die die Franzosen für Bruno ausgegeben haben«, Aljona richtete ihre Sporttasche an der Schulter zurecht und schmunzelte. »Aber selbst Bruno musste über diese Summe lachen.«

»70 000 für die Ausbildung?«, König konnte es auch nicht richtig nachvollziehen.

»Diese Summe wurde für Wettbewerbe, Kostüme, Schlittschuhe, Essen verwendet – so hat er es erklärt!«, Aljona lachte. »Aber wir haben gehört, dass die Summe inzwischen halbiert wurde.«

»Immerhin«, König blieb plötzlich stehen. »Du weiß ja, wenn ihr etwas braucht, sagt Bescheid, ich werde euch sofort helfen, auch finanziell!«

»Danke«, Aljona blieb auch stehen, sie schaute ihren Trainer an und lächelte. Sie staunte immer wieder, wie aufgeschlossen und hilfsbereit Alex König war. Sie konnte mit ihm über alles reden und er unterstützte sie nicht nur beim Training. Auch wenn sie privat Fragen hatte oder etwas klären musste, konnte sie sich jederzeit an ihn wenden. Und das schätzte sie sehr.

»Wenn es mit 30 000 Euro stimmt, wäre es schon machbar, schwierig, aber machbar«, antwortete sie schließlich.

***

Alexander König war als Trainer sehr ideenreich und sie war immer wieder überrascht, wenn er wieder etwas Neues ausprobieren wollte. Er schaute genau hin, welche Defizite er bei seinem neuen Paar erkennen konnte und arbeitete konsequent daran, diese zu minimieren. Sein Augenmerk lag auf den Schrittfolgen und er entwickelte aus dem Nichts komplizierte neue. Manchmal kündigte er spontan an, dass sie vor dem Training Badminton spielen sollten – und zwar alle zusammen. Und sie hatten richtig Spaß daran, abgesehen davon, waren sie dadurch bestens für die Arbeit auf dem Eis vorbereitet. Manchmal spielte er eine verrückte Musik vor, zu der kein Eiskunstläufer bei gesundem Verstand laufen würde. Aber er wollte, dass Aljona und Bruno spontan zu dieser Musik etwas auf das Eis zauberten und dadurch ihre Artistik weiterentwickelten. Manchmal lud er Bekannte heimlich zu einem »Wettbewerb« ein, sodass seine Sportler vor echtem Publikum liefen. Aljona konnte nie vorhersehen, was er als Nächstes aus dem »Hut« zog – aber sie freute sich umso mehr auf jedes Training, selbst wenn sie die ausgefallensten Sachen umsetzen musste. Außerdem engagierte er einen Mentaltrainer, der Aljona und Bruno helfen sollte, bei den Meinungsverschiedenheiten – und die hatten sie mehr als genug – immer einen Kompromiss zu finden. Dreimal pro Woche konnten sie mit ihm über alle Fragen offen diskutieren und Probleme und Missverständnisse unmittelbar ausräumen.

Ein neuer Athletik-Trainer wurde eingestellt. Zunächst trainierten sie mit Aljonas Vater, aber Bruno konnte sich mit ihm nur schlecht verständigen, deshalb holte Alexander König seinen ehemaligen Sportler Ben Burgess, der auch Paarläufer war, ins Team. Ben nahm seine Aufgabe sehr ernst und entwickelte ein spezielles Programm, wie er Aljona und Bruno motivieren konnte. Er nahm Rap auf und versuchte, durch diese Lieder mehr positive Energie ins Training zu bringen. Auch Bruno verstand sich gut mit Ben und so arbeiteten sie alle effektiv zusammen – Aljona, Bruno, Alex König, Jeff, Ben und Aljonas Vater. Allerdings hatten sie noch immer keine Startgenehmigung.

Und es musste jetzt wirklich schnell gehen, denn die neue Saison hatte begonnen, und wenn Aljona und Bruno wirklich ernsthafte Absichten hatten, noch in diesem Winter bei den größeren Wettbewerben anzutreten, mussten sie jetzt schon bei den kleineren der Challenger-Serie starten, damit sie wertvolle Rankingpunkte sammeln konnten. Den Wettkampf in Oberstdorf hatten sie bereits verpasst, aber im Herbst waren viele andere internationale Wettbewerbe ausgeschrieben und sie brauchten dringend ihre Startgenehmigung. Je früher sie diese Startgenehmigung hätten, desto früher konnten sie loslegen.

»Ich fahre morgen nach Paris und spreche mit Gailhaguet«, sagte Bruno am folgenden Tag vor dem Training, als sie sich am

Eingang vor dem Eisportzentrum trafen. »Ich werde alle Fragen klären!«

»Wie … warte mal … und ich?«, Aljona war nach dieser Ansage ein wenig irritiert. Sie war es gewohnt, selbst Probleme zu klären und für das Paar zu sprechen und ihre Meinung zu verteidigen. Sie war es, die nach vorne ging, die Ideen generierte und es war für sie kaum vorstellbar, dass sie bei so einer wichtigen Angelegenheit, bei der es im Grunde genommen um ihre Zukunft ging, außen vor bleiben sollte. Bruno war mit seiner Geduld am Ende, er nahm ihre und seine Zukunft in seine Hände, ohne sie – das war für sie völlig neu, ja sogar unvorstellbar, nicht selbst am Verhandlungstisch zu sitzen. Und das hatte ihr in all den Jahren so sehr gefehlt, dass sich jemand mal für sie einsetzen will – in diesem Augenblick wurden sie wirklich ein Team, ein Paar, das einen gemeinsamen Weg geht und nicht wie früher, als jeder nur für sich da war und sie sich so oft alleine gelassen gefühlt hatte. Erst später erfuhr sie, dass auch Robin das gleiche Gefühl gehabt hatte. Aber keiner von beiden hatte es wirklich angesprochen und vielleicht war das ihr Fehler gewesen. Bruno tickte anders – wenn ihm etwas nicht passte, sprach er das sofort an, wenn er anderer Meinung war, sprach er seine Ansichten sofort aus, er konnte sogar ausrasten. Auch jetzt empfand sie, dass er ein wenig aufgebracht war.

»Ich kenne ihn seit Jahren, das ist mein Verband und ich werde es klären! Ich muss morgen nach Paris«, Bruno schaute Aljona fragend an und ging zur Eingangstür. »Was guckst du so komisch? Meinst du, dass ich das nicht schaffe? Wir verlieren viel Zeit und glaub mir, ich weiß, dass ich das regeln kann.«

»Doch, warum … nur für mich ist es ehrlich gesagt neu …«, Aljona folgte Bruno in die Eishalle.

»Da musst du dich zukünftig daran gewöhnen«, Bruno zuckte mit den Schultern und ging Richtung Umkleideraum. »Dann bis gleich.«

Aljona blieb in Oberstdorf und Bruno ist nach Paris gefahren. Ihr Freund, Liam, erklärte sich bereit, Bruno nach Paris zu begleiten. Er wollte Bruno am Steuer ablösen, damit er nicht übermüdet in Paris ankommt.

Aljona hatte auf einer Bank vor der Eishalle Platz genommen und schaute tagträumend auf das Nebelhorn. Der Gipfel erstrahlte heute in gleißendem Sonnenlicht und sie beobachtete einige Paraglider, die vor dem Berg in der Thermik kreisten. Ihre bunten Gleitschirme verfolgte Aljona eine Weile mit ihrem Blick, insbesondere einen roten, bis er irgendwo hinter der Eishalle landete. Sie genoss die Herbstsonne, den blauen Himmel, den man am Nebelhorn nicht so häufig und vor allem nicht in dieser Jahreszeit sah und dachte nach. Es war für sie tatsächlich ein sehr merkwürdiges Gefühl. An diesem Tag musste etwas sehr Wichtiges für ihre Zukunft bzw. für ihre Karriere entschieden werden. Und sie saß hier ganz alleine in Oberstdorf, ließ die Sonne in ihr Gesicht strahlen, betrachtete den Gipfel und konnte nur abwarten.

Aljona dachte nicht nach, was passieren würde, falls die Verhandlungen doch platzten, oder wie sie demnächst nach Sponsoren suchen oder eine Ablösesumme zahlen müssten. »Ich lebe den heutigen Tag bewusst und wenn ich an das Morgen denke, lebe ich nicht mehr im Hier und Jetzt.« Diese Einstellung half ihr nicht zum ersten Mal in ihrem Leben und deshalb war sie zu hundert Prozent sicher, dass sich alles noch zum Guten regeln ließ. In diesen Jahren hatte sie Eines gelernt – man kann immer nach vorne gehen, selbst wenn der Weg versperrt ist, man muss möglicherweise Umwege in Kauf nehmen, aber nie aufgeben, nie jammern, nie auf Fremde hoffen, nie sich nur auf sein Glück verlassen. Ja, sie war durch und durch eine Optimistin und war fest davon überzeugt, dass eine positive Einstellung für ihr Leben entscheidend war.

In ihren Gedanken war sie viel weiter, sie dachte bereits an die kommende Europameisterschaft, an die Weltmeisterschaft, aber auch an andere kleine Wettbewerbe, bei denen sie demnächst laufen müssten. In den letzten eineinhalb Jahren hat sie die Wettbewerbsatmosphäre sehr vermisst. Sie vermisste das Gefühl, wenn der Adrenalinspiegel in einer Sekunde nach oben schoss, wenn das Herz vor Freude raste, sie vermisste ihre treuen Fans, die verwinkelten Gänge der Katakomben in den Eishallen, in denen Sportler von den Umkleidekabinen zum Eis gingen oder sich den Fragen der

Journalisten in der Mixed Zone stellten. Bald konnte sie dies alles wiederhaben und darauf freute sie sich. Diese Freude überwältigte sie und war sogar für diesen Moment viel wichtiger als die Platzierungen oder Medaillen, die sie gewinnen konnten. Sie wollte eislaufen. Sie wollte kämpfen. Sie wollte wieder dabei sein. Und sie wollte ab jetzt jede Sekunde genießen und trotz aller Anstrengungen Spaß haben.

Mit Bruno hatte sie einen gemeinsamen Traum: Bei den kommenden Olympischen Spielen ganz vorne zu sein. Und mit Liam – und das stand schon jetzt fest – wollte sie eine gemeinsame Zukunft gestalten. Er hatte ihr vor Kurzem einen Heiratsantrag gemacht. Aljona hat »Ja« gesagt. Natürlich »Ja«. Ihre Gedanken schwebten schon rund um die bevorstehende Hochzeit und sie konnte es selbst kaum glauben, wie schnell ihr Leben in den letzten Monaten auf Kopf gestellt worden war.

Sie fischte ihr Handy aus der Tasche, um eingegangene Nachrichten zu prüfen, aber es gab keine. Es war noch zu früh. Und Bruno hat versprochen, sie sofort anzurufen, wenn sie die Verhandlungen beendet hatten. Kaum hatte sie das Handy wieder in die Tasche gesteckt, vibrierte es.

»Wir haben die Startgenehmigung!!!!«, schrie Bruno erfreut, ohne Begrüßung. Und danach bedurfte es keiner Worte mehr. Liam und er waren bereits auf dem Rückweg und wollten ihr diese freudige Nachricht nicht vorenthalten.

Bereits ein paar Tage später durften sie bei dem ersten internationalen Wettbewerb in Tallinn starten. Aber sie mussten für Bruno unglaubliche 30.000 Euro Ablösesumme zahlen. 20.000 Euro davon hat die Deutsche-Eislauf-Union übernommen. Die restlichen 10.000 Euro mussten sie und Bruno selbst aufbringen und in Raten an den Verband zurückzahlen, weil er die ganze Summe vorgestreckt hatte. Aber immerhin, es war geschafft – dafür mussten sie jetzt so viel wie möglich Preisgelder bei den Wettbewerben gewinnen.

Die Tallinn-Trophy war keine Meisterschaft von großer Bedeutung, bei der sie auf Top-Läufer treffen würden. Es war eher eine Routine-Veranstaltung, bei der Sportler ihre Punkte sammelten, ihre Programme von den Preisrichtern checken ließen und damit war es auch getan. Leere Gänge. Leere Tribünen. Einzelne Fans. Aber es war ein Wettbewerb und das war das Wichtigste. Nach mittlerweile 18 Monaten Wettkampfpause konnten sie endlich wieder bei einem Wettbewerb starten.

Aljona und Bruno mussten unbedingt Wertungspunkte sammeln, die für eine Startberechtigung bei den Europameisterschaften nötig waren. Aber abgesehen davon, mussten sie ihren hohen Leistungsstand zeigen, alles, was sie beherrschen, und zwar nicht bei einer Show, wo man einige kleine Unsicherheiten noch kaschieren konnte, sondern nunmehr vor den Augen der Preisrichter, die ihre Küren genau anschauen werden, um zu prüfen, was das neue Paar drauf hat. Bereits vor diesem ersten Auftritt diskutierten selbst die Fans kontrovers, wie das neue Paar bei den Wettbewerben wohl abschneiden wird. Entweder starten sie durch und zeigen von Anfang an, dass sie bereits zu den Top-Favoriten bei den ganz großen Wettbewerben gehören – oder es wird eine herbe Enttäuschung, und zwar für alle Beteiligten.

Die Preisrichter werden sich definitiv nicht an den vorherigen Leistungen von Aljona Savchenko orientieren. Ja, sie war zwar fünffache Weltmeisterin – aber diese Titel gehörten der Vergangenheit an, und was sie jetzt und dann noch mit einem neuen Partner zeigen konnte, war für alle ungewiss. Aljona musste sich wie jede andere behaupten und alle aufs Neue überzeugen. Und zwar mit Bruno. Nicht, weil die Konkurrenz bei diesem Wettkampf in Tallinn sehr stark war, sondern weil Bruno und Aljona diesen allerwichtigsten Kampf für sich selbst gewinnen wollten – sie mussten vor allem sich selbst und einander zeigen, dass sie als Paar eine Einheit bilden. Trotz finanzieller Schwierigkeiten und persönlicher Reibungspunkte – die sie ab und zu hatten – trotz allem.

Das Kurzprogramm war nicht ganz fehlerfrei, aber immerhin belegten sie souverän den ersten Platz. »Im Kurzprogramm laufen wir nach einem Walzer des Cirque du Soleil. Wir interpretieren ihn als der Obdachlose und die Prinzessin. Das passt zu uns«, sagte Aljona zu den Journalisten, nachdem sie ihre Wertung bekommen hatten.

»Warum? Weil Bruno zurzeit von 200 Euro im Monat leben muss!«

Sie mussten in diesen Tagen wirklich sparen und jeden Cent zweimal umdrehen und warum sollten sie diese Wahrheit nicht interpretieren? Natürlich war dieser Vergleich mit der Prinzessin und einem Obdachlosen eine banale Erklärung für die Situation und vielleicht zu plakativ, aber im Grunde genommen stimmte diese Interpretation, die übrigens nicht von Aljona stammte, sondern von ihrem Trainer Alex König, der immer häufiger die Diskrepanzen zwischen den beiden schlichten musste. Es ging dabei nicht um die finanziellen Aspekte, vielmehr um Aljona, die mit all ihren Titeln und Medaillen eine unerreichbare Prinzessin, ein funkelnder Stern am Himmel war und Bruno hatte eben keine Titel, keine großen Erfolge vorzuweisen – und dieser gewaltige Unterschied spiegelte sich in der Interpretation des Walzers wider. Eine Prinzessin und ein Obdachloser, die trotz allem zueinander finden und eine Brücke über alle Diskrepanzen und Unterschiede zueinander schlagen.

Aljona lächelte wieder in die Kamera und hörte, wie Bruno bereits eine andere Frage beantwortete. Er schilderte in Englisch, dass er noch viel an sich arbeiten müsse. Aljona hörte, wie er von ihren leuchtenden Augen sprach, die, selbst wenn sie am anderen Ende der Eisfläche stand, strahlten; er erklärte, wie sehr er sie bewundert, wie sie ihr Publikum in Atem hält.

Aljona lächelte wieder in eine Kamera, dann noch in die andere und schloss den Reißverschluss ihrer Trainingsjacke. Es war ihr doch ein bisschen kalt geworden, denn es war zugig in der Mixed Zone. Aljona war auch danach innerlich noch nicht ganz runtergekommen und hatte nicht einmal ihre Schlittschuhe ausgezogen. Das Adrenalin schoss durch ihre Adern, ließ ihr Herz schneller pochen, und obwohl dieser Wettbewerb nicht so wichtig war, schien ihr die Regeneration nach der langen Wettkampfpause länger zu dauern als früher nach großen Wettkämpfen. Und morgen mussten sie noch ihre Kür laufen. Doch zuerst gingen sie mit dem Team noch gemeinsam zum Abendessen. Auch ihre Freunde aus Oberstdorf Amani und Christopher waren in Tallinn und zugleich ihre Konkurrenten in diesem Wettbewerb, aber das hatte auf ihre Freundschaft keinen Einfluss.

»Es geht mir schlecht«, Aljona wälzte sich paar Stunden später in ihrem Bett herum und setzte sich dann auf.

»Versuche einzuschlafen, denke an nichts«, Liam machte sich schon den ganzen Abend Sorgen um sie.

Nachdem sie in einem Restaurant Lachs gegessen hatte, ging es ihr nicht gut und mit jeder Stunde wurde es schlimmer und immer schlimmer. Sie versuchte, Liams Rat zu folgen und wieder einzuschlafen, wälzte sich im Bett und irgendwann stand sie auf, weil sie es nicht mehr aushalten konnte, im Bett zu liegen.

»Muss das sein? In dieser Nacht vor der Kür, bei unserem ersten gemeinsamen Wettbewerb?«, fragte sie sich und setzte sich auf den Rand der Badewanne. Wie lange sie dort ausharrte, konnte sie später nicht sagen. Eine Magen-Darm-Geschichte war das Letzte, was sie jetzt brauchte. Ausgerechnet jetzt. Ausgerechnet vor der ersten Wettkampfkür mit Bruno. Aljona erhob sich, wusch sich das Gesicht mit kaltem Wasser und legte sich doch wieder ins Bett.

»Wie geht es dir?«, fragte Liam sie als erstes, als sie früh morgens aus dem Badezimmer trat. Sie hatten ganz früh das Training in der Eishalle und in ein paar Stunden mussten sie die Kür laufen.

»Dreckig«, Aljona lehnte sich an die Wand und schloss kurz die Augen. »Ich habe höchstens eine Stunde geschlafen!«

»Wirst du die Kür absagen?«, Liam fragte sie sehr zurückhaltend, denn er wusste, dass seine starke Aljona so einfach nicht aufgeben würde. Jeder andere würde sich ohne zu zögern vom Wettbewerb abmelden lassen – nicht aber Aljona.

»Natürlich … NICHT«, Aljona setzte sich wieder auf das Bett und begann langsam ihre Jogginghose anzuziehen.

»Bis du sicher, dass du es schaffst?«, fragte auch Jean-François Ballester nach dem Training, das sie einigermaßen überstanden hatte. Sie konnte aber keine schwierigen Elemente zeigen und kam sich selbst eher wie ein Zombie als eine Sportlerin vor.

»Du bist total grün!«, der Franzose schüttelte den Kopf. Auch Alex König war der Meinung, dass es keinen Sinn macht, in so einem Zustand anzutreten.

»Ihr werdet die Kür nicht laufen!«, sagte er.

»Ich bin mir sicher, dass ich es schaffe, und ich habe nicht 18 Monate gewartet, um jetzt wegen eines blöden Lachses abzusagen!«, Aljona zog ihre roten mit Glitzersteinchen verzierten Handschuhe aus und schaute auf ihr Team. »Macht euch keine Sorgen, alles gut! Es wird schon! Ich habe noch«, sie schaute kurz auf ihr Handy, »ich habe noch drei Stunden, um mich zu erholen.«

»Okay, wenn du dir sicher bist und der Arzt nichts dagegen hat«, König schaute ihr tief in die Augen.

»Mein Gott ein bisschen Magendarm! Ich schaffe das, gebt mir Ruhe und ein bisschen Zwieback und dann wird es schon«, Aljona hatte keine Lust auf weitere Diskussionen. Schließlich konnte sie besser als alle Außenstehenden ihren Zustand einschätzen und wenn sie sagte, dass sie es schaffen würde, würde es auch gelingen.

Ein paar Stunden später stand Aljona Savchenko auf dem Eis, lächelte breit und umarmte ihren Bruno. Die Kür war ihnen beinahe perfekt gelungen. Sie hörte den Applaus und konnte nicht aufhören zu lächeln. Sie war glücklich. Und Bruno war glücklich. Sie haben es geschafft. Sie tätschelte Bruno liebevoll auf die Wangen, streifte mit ihrem Blick durch die Halle, über die Reihe der Preisrichter, die Fotografen an der Bande, schaute zu Liam und beiden Trainern an der Bande, die auch lächelten, und Jean-François schüttelte noch ungläubig mit dem Kopf.

»Nur du kannst so etwas, dich die ganze Nacht mit Magen-Darm herumschlagen und am Morgen danach beinahe eine perfekte Kür auf das Eis zaubern!«, sagte er ihr, indem er die beiden zu »Kiss and Cry« begleitete. Alex musste sich in dieser Zeit um das andere Paar aus seiner Trainingsgruppe kümmern.

Zu dritt setzten sie sich auf die Bank und warteten auf die Noten. Aljona schaute auf Bruno und lächelte. Sie wusste längst, was keiner wusste – neben ihr saß kein »Obdachloser«, Bruno war ihr wahrer Prinz, den sie so lange gesucht und jetzt gefunden hatte. Wie in einem Märchen, bei dem ein Prinz seine wahre Identität verborgen hält und sich als Bettler ausgibt. Und mit diesem Prinzen wollte sie bald die ganze Welt überraschen und zu einer Eis-Königin werden.

Wenn auf das Eis Gewitter kommt

»Wer ins Blaue zielt, wird kaum ins Schwarze treffen.«

»Herr König, ich verstehe ganz genau, was Sie meinen«, Aljona setzte sich an den Tisch im Café im Eissportzentrum und schaute ihren Trainer an. Sie setzten sich direkt ans Fenster und konnten von oben auf die Eisfläche herabschauen, wo gerade ein öffentliches Laufen stattfand. Hier, in diesem Restaurant konnte man zwischen zwei Trainingseinheiten immer etwas in Ruhe besprechen und dann direkt wieder trainieren, ohne das Gebäude zu verlassen. Die freundlichen Kellner kannten die beiden längst und lächelten ihnen zu. König setzte sich Aljona gegenüber, nahm kurz die Menükarte, schlug sie auf und dann schob er sie wieder beiseite.

»Du streitest zu häufig mit Bruno und das ist ineffizient und als Trainer muss ich mich darum kümmern und solche Probleme bereits möglichst vor dem Entstehen lösen«, begann Alex König ohne zu zögern das Gespräch und seufzte. »Ihr seid kein gewöhnliches Paar und ...«.

»Ja, ja, ich weiß – ich bin die fünffache Weltmeisterin und Bruno ist niemand, das habe ich mehrmals gehört! Aber ...«, Aljona blätterte in der Menükarte, ohne dabei wirklich darin zu lesen.

»Wie ich bereits gesagt habe und in eurem Programm ist es verankert, ihr seid wie eine Prinzessin und ein Obdachloser, aber ich meine das jetzt wirklich ernst, Aljona! Was war denn heute wieder beim Training los?«, König schaute Aljona direkt in die Augen.

»Soll ich es erklären? Ich habe seine Hand genommen, damit wir uns zusammen aufwärmen! Und das war es! Woher weiß ich, was ihm in diesem Moment in den Kopf gefahren ist?«, Aljona regte sich, alleine bei der Erinnerung an Brunos Ausbruch, wieder auf. Sie hat nicht verstanden, was los war. Sollte sie lieber warten, dass er als erster ihre Hand nimmt, damit sie zusammen über die Eisfläche gleiten? Aber das ist doch Kinderkram. Aljona richtete ihr Haar zur Seite, schaute kurz nach unten auf die Eisfläche, wo gerade ein kleines Mädchen eine Pirouette übte und dann wieder auf den Trainer.

»Anscheinend passte es ihm nicht, wie ich seine Hand genommen habe«, sagte sie und verdrehte die Augen.

»Das möchte ich heute auch mit ihm klären, ich werde mit Bruno nach dem Abendtraining sprechen und dann setzen wir uns alle zusammen«, König winkte kurz dem Kellner, der die ganze Zeit in der Nähe stand und das Gespräch wohl nicht unterbrechen wollte.

»Das berühmte Krisentreffen«, Aljona schmunzelte. »Ich weiß nicht, wie oft ich es sagen muss – wenn ich etwas sage oder empfehle, ich sage es nicht von oben herab! Niemals! Ich weiß nicht, wie er auf die Idee kommt. Vielleicht ist er es nicht gewohnt, dass eine Frau das Sagen hat! Keine Ahnung. Aber wenn ich was sage, heißt es lange noch nicht, dass ich es als Weltmeisterin sage – ich möchte einfach, dass wir als ein Paar, also zusammen, vorwärts kommen und unseren Traum gemeinsam verwirklichen. Nicht mehr und nicht weniger. Ich …ich habe in diesen Jahren so viel erlebt und mitgemacht und … ja, ich habe Erfahrung, viel Erfahrung und es ist doch logisch, dass ich anhand dieser Erfahrungen etwas sagen kann? Wenn ich weiß, dass etwas nicht funktioniert? Er muss es verstehen und akzeptieren! Ich möchte nicht die gleichen Fehler machen oder falsche Hoffnungen auslösen.«

»Aber Bruno hat es auch nicht leicht, du musst ihn auch verstehen«, König wollte noch etwas sagen, aber der Kellner stand bereits an ihrem Tisch. »Zwei Kaffee – oder willst du etwas anderes?«

»Kaffee ist gut«, Aljona nickte. »Ich verstehe ihn und kann nachvollziehen, dass er es schwer hat, aber Bruno muss auch an sich arbeiten«.

»Ihr beide müsst an euch arbeiten, würde ich sagen. Und diese Vorkommnisse sofort klären. Er sieht dich als Genie, als eine Paarlaufqueen mit vielen Titeln, du bist beliebt, und zwar nicht nur bei dem Publikum, sondern auch bei den Preisrichtern!«

»Und?«, Aljona schaute wieder auf die Eisfläche. »Jetzt aber bin ich nichts und ich verstehe es wohl – alles liegt in der Vergangenheit. Jetzt laufe ich mit Bruno und wir sind ein Paar, keine Einzelläufer. Und als ein Paar stehen wir am Anfang – beide!«

»Das verstehst du, aber für ihn ist es schwierig, deine Vergangenheit auszublenden. Bruno wirkt in den Augen der Preisrichter eher wie ein Holzfäller. Und wir müssen alle fleißig weiterarbeiten und ihm klar machen, dass er dein königliches Laufen anzunehmen versucht«, König streckte sich zurück an die Stuhllehne. Er kannte die beiden mittlerweile schon sehr gut und es war schwierig für ihn als Trainer, für die richtige Stimmung, Motivation, Atmosphäre und den passenden Ton zwischen den beiden so unterschiedlichen Sportlern zu sorgen. Er musste bei einem beginnenden Streit zwischen Bruno und Aljona immer darauf achten, was beide eigentlich sagen wollten, musste seine Antenne ausfahren und die Zwischentöne hören, um dann einzugreifen. Oft wurden in einer angespannten Situation nur sehr kurze Sätze und sehr emotionale Sätze gesprochen. Und momentan war es emotional! Und deshalb flogen viele Wortfetzen, in Englisch, Deutsch, Französisch … Allein die Tonlage reichte aus, dass er als Trainer und ausgebildeter Mentor eingreifen musste.

In dieser Zeit hatte König auch viel Kontakt zu seinem französischen Kollegen Jeff, der einen großen Einfluss auf Bruno hatte und ebenfalls das eine oder andere glätten konnte. Zusammen hatten sie bereits einige heikle Situationen geklärt und die beiden wieder miteinander versöhnt. Auch der von König engagierte Mentaltrainer kam häufig in die Eishalle und half dabei, Kompromisse zu finden. Aljona las zu diesen Themen sogar diverse Bücher, die sie motivierten und ihr verdeutlichten, dass ein Gespräch immer helfen würde.

König sah, dass letztendlich hinter allen diesen Streitigkeiten oder Ausbrüchen immer ein bestimmter Wunsch steckte. Sie wollten beide rasch nach vorne kommen und die 18 Monate Wartezeit hatten die Situation noch verschlimmert, weil die Anspannung aufgrund der langen Ungewissheit sich irgendwie Bahn brechen musste. Genau wie bei einem Gewitter – zunächst fallen aus heiterem Himmel Blitze und Donner, es kracht, dann regnet es heftig und dann strahlt die Sonne wieder.

Verstärkt wurde das Problem dadurch, dass für beide Deutsch nicht die Muttersprache war. König musste häufiger zwischen Aljonas und Brunos Ausdrucksweisen vermitteln. Dafür hatte er diese regelmäßigen Krisensitzungen eingeführt.

Aber jetzt, nachdem sie endlich die Startgenehmigung erhalten hatten, hofften die beiden Trainer, dass auch die kleinen Streitigkeiten keine große Rolle mehr spielen würden – jetzt konnten die beiden ihre Energie auf die Wettkämpfe lenken, sich auspowern, das Negative ins Positive verwandeln und es bei den Wettbewerben »krachen« lassen.

Später am Tage trat Aljona vor die Haustür und startete einen Trainingslauf. Sie joggte abends gerne in der Nähe ihrer neuen Wohnung durch Oberstdorf. Sie hatte bereits eine Lieblingsroute und beim Joggen konnte sie ihre Gedanken besser ordnen und heute hatte sie über vieles nachzudenken. König hatte Recht. Es kam inzwischen sehr oft vor, dass sie und Bruno sich beim Training zankten und einige Trainingseinheiten sogar deswegen abbrachen, was besonders schlimm war und keine gute Basis für die Zukunft darstellte.

Bruno Massot tickte total anders als Robin – Robin war eher ein sehr ruhiger Typ und man musste sich schon wirklich anstrengen, um ihn in Rage zu bringen, sodass er laut wurde. Aljona konnte sich nicht einmal erinnern, ob sie ihn je so erlebt hatte. Bruno hingegen konnte wegen jeder Kleinigkeit explodieren, andererseits mochte sie diese direkte Art, seine Gefühle zu zeigen. Vielleicht waren sie in dieser Hinsicht einander ähnlich und deshalb kam es überhaupt zu Reibungen.

Aljona konnte auch nachvollziehen, dass ihre Situation und vor allem die 18 Monate Ungewissheit ihren Partner enorm belasteten. Ja, sie hatte viel erreicht und war fünffache Weltmeisterin, aber nie und nimmer würde sie mit jemandem von oben herab sprechen. Sie wusste zwar, dass ihr Benehmen manchmal – vor allem früher – so wahrgenommen wurde, aber früher war es für sie auch eine ganz andere Situation gewesen. Aljona hatte sich nicht frei gefühlt und andere hatten bestimmt, wie sie sich präsentieren und was sie sagen sollte. Heute konnte sie endlich so sein, wie sie wirklich war. Aljona hatte in der Presse bereits gelesen, dass sie sich angeblich verändert habe, und die Journalisten suchten nach den Gründen dafür. Aber sie lagen mit ihren Spekulationen daneben – sie hatte sich nicht verändert, sie hat sich nur endlich erlaubt, sie selbst zu sein. Früher wollte sie sich immer nur rechtfertigen und kam sich selbst wie ein Igel vor. Jetzt hatte sie das nicht mehr nötig. Sie sagte, was sie fühlte, sie sprach aus, was sie für richtig hielt, und sie wünschte sich für Bruno und sie den bestmöglichen Erfolg. Und gerade das brachte sie zum Ausdruck. Es waren keine Starallüren. Aljona hatte in ihrer Karriere vieles ausprobiert und konnte daher sofort einschätzen, was funktioniert und was nicht.

Heute hat sie Herrn König verdeutlicht, warum sie einige Entscheidungen selbst traf – nicht um zu zeigen, dass sie die Beste sei und Bruno ihr zu folgen habe. Im Gegenteil. Sie lernte auch von Bruno viel und freute sich jeden Tag, dass sie ihn als Partner gewonnen hatte.

Das Einzige, was sie zugeben musste – sie ärgerte sich manchmal darüber, dass Bruno weniger Lust zu trainieren hatte als sie. Aljona war es gewohnt, viel und hart zu arbeiten und jede Bewegung mehrmals zu wiederholen, daran zu schleifen, zu perfektionieren – selbst wenn sie hundertmal ein und denselben Schritt wiederholte, dann musste es eben so sein. Vielleicht fiel Bruno das Techniklernen leichter als ihr? Aljona wunderte sich schon, dass er manche Schrittfolgen schon nach wenig Training gut beherrschte. Er war es wohl gewohnt so zu arbeiten und das intensive Training war ihm wahrscheinlich manchmal einfach zu viel. Aber immerhin, selbst wenn er zwischen den Trainingseinheiten irgendwo auf der Bank lag und meckerte, stand er nach einer Weile auf und trainierte weiter. Vielleicht war er nicht so auf das Training an sich fixiert und wollte ab und zu dabei nur ein bisschen Spaß haben … Das konnte Aljona auch gut nachvollziehen, früher war das Training für sie nur harte Arbeit gewesen, jetzt hatte auch sie viel mehr Spaß dabei.

Aber mit oder ohne Spaß, sie mussten jetzt gemeinsam einen Kompromiss finden und »eine Prinzessin« und »einen Obdachlosen« versöhnen und sich auf ein neues, das »königliche« Niveau bringen.

Daher war Aljona Herrn König sehr dankbar. Er konnte sehr gut schlichten und seine »Krisentreffen« waren keine Zeitverschwendung, auch wenn es auf den ersten Blick den Anschein hatte. Sie mussten nicht nur technisch, sondern auch mental zueinander passen. Und sie musste sich auf Bruno einstellen, genauso wie er auf sie.

In ihre Gedanken versunken lief Aljona ihre Lieblingsrunde, dachte nach, spielte wieder einige Situationen und Gespräche im Kopf durch und die Lösung … die Lösung lag auf der Hand: Jeder in ihrem neuen Team durfte so sein, wie er ist und etwas einbringen – und diese Vielseitigkeit, diese Freiheit, die ihnen Herr König gab, sowie die Unterstützung von Jeff erfüllten sie mit positiver Energie. Sie werden es gemeinsam schaffen, daran hatte sie keine Zweifel mehr. Aljona lächelte in sich hinein und sprintete zurück zu ihrer Wohnung.

***

Keine Zweifel hatte Aljona auch in Essen, als sie und Bruno bei der Deutschen Meisterschaft antreten sollten. Sie waren gut vorbereitet und es gab absolut keine Bedenken, dass sie einen anderen als den ersten Platz belegen werden. Genau das haben sie souverän vollbracht – sie sicherten sich den ersten gemeinsamen Titel.

»Wir wollen alles gewinnen, was es gibt«, sagte Aljona bei der anschließenden Pressekonferenz und diese Kampfansage war unüberhörbar. »Ich wusste, dass er kämpft«, sagte sie weiter und meinte natürlich Bruno.

»Wir sind beide große Kämpfer«, lächelte Bruno. »Und wenn Kämpfer gut zusammenarbeiten, stimmen auch die Ergebnisse«, fügte er hinzu, sodass auch Aljona lächelte. Aljona beantwortete routiniert weitere Fragen, lächelte in die Kameras und konnte es selbst nicht glauben, dass ein derart gutes Ergebnis nach den vielen

Monaten Wettkampfpause möglich war. Sie schaute kurz wieder zu Bruno, der, während ein anderes Paar auf die Fragen der Journalisten antwortete, sich das Protokoll anschaute. 222,22 Punkte hatten sie in Essen bei ihrer ersten deutschen Meisterschaft bekommen, eine magische Zahl – die in der Unendlichkeit enden konnte. 222,22 geteilt durch 2 … – sie wollten noch viele erste Plätze erringen.

Aljona drehte sich wieder um. Wie viele Pressekonferenzen hatten sie mit Robin erlebt? Wie viele Fragen in ihrer Karriere beantwortet? Aljona konnte selbst nach bitteren Niederlagen souverän Rede und Antwort stehen. Jetzt saß sie zwischen den Journalisten und Liam lächelte ihr zu, wenn sich ihre Blicke kreuzten. Kurz vor der Pressekonferenz holte er sie ein, nahm ihr ihre Schlittschuhe ab und teilte ihr mit, dass ihr ehemaliger Partner Robin auch da war. Während des Wettkampfs hatte sie ihn nicht gesehen, aber vermutlich war er irgendwo auf der Tribüne gewesen. Erst kürzlich hatte Aljona erfahren, dass er jetzt in Russland als Trainer arbeitete. Mit einem Paar, gegen das sie demnächst mit Bruno antreten sollte – mit anderen Worten gegen Robin, als Trainer. Aljona wünschte ihm dennoch von ganzem Herzen viel Erfolg bei seiner neuen Tätigkeit. Ihre Wege trennten sich zwar nach Sotschi 2014 und sie hatten bisher keine Möglichkeit gehabt, viel und ausführlich miteinander zu sprechen, desto mehr freute sich Aljona, dass Robin Szolkowy auch seinen Weg gefunden hatte, und wenn sie gegeneinander antreten sollten – sie als Sportlerin und er als Trainer des anderen Teams – dann müsste es wohl so sein – c'est la vie. Beim Sport kann man nie sagen, wer ganz vorne landet.

»Ja, ich bin froh, dass diese Situation jetzt geklärt ist, dass es für die Öffentlichkeit klar geregelt ist. Ich werde die nächste Woche den Wettkampf verfolgen … Weil es mich auch interessiert, weniger persönlich, das muss ich ganz klar sagen, aber sportlich, denn ein bisschen Sportler steckt noch immer in mir. Interessant ist, wie die beiden sich präsentieren, es ist ja Eiskunstlauf und auch viel Politik dahinter. Sagt man jetzt ›Das ist das neue Paar und auf euch haben wir gewartet!‹ oder sagt man ›Na schön, dass du noch einmal läufst‹«, hatte Robin kurz vor dieser Deutschen Meisterschaft in einem Interview gesagt. Aljona lächelte routiniert in die Kamera und stand auf. Die Pressekonferenz war beendet.

»Herzlichen Glückwunsch!«, plötzlich stand Robin vor Aljona, als sie den Raum nach der Pressekonferenz verlassen wollte.

»Danke«, Aljona wollte noch etwas sagen, aber sowohl Robin als auch sie hatten andere Verpflichtungen, es war in dem Flur ein reges Kommen und Gehen und so gingen sie wieder unterschiedliche Wege. Es war kein Gespräch, das man irgendwie zwischen Tür und Angel führen konnte. Und vielleicht war die passende Zeit für dieses Gespräch längst passé. Alles passiert zu seiner Zeit und diese Weisheit bewies sich immer wieder aufs Neue.

Höher, schöner, noch riskanter?

»Wer nichts riskiert, trinkt keinen Champagner.«

Aljona war wütend, sie kochte vor Ärger, dass ihr fast die Schädeldecke explodierte. Mittlerweile wusste sie, dass man Bruno nicht so leicht etwas ausschlagen konnte, wenn er sich das in den Kopf gesetzt hatte. Sie hätte auch gleich gegen eine Wand laufen können.

»Wir brauchen keinen Vierfachtwist«, erklärte er, von daher werde er ihn auch nicht trainieren. Er sagte es kurz und trocken und das vor der Olympischen Saison. Und gerade dieses Element könnte im Kampf um den Olympiasieg den entscheidenden Unterschied ausmachen. Das sei zu riskant und die Wahrscheinlichkeit, sich eine schlimme Verletzung zuzuziehen, sei größer, als der imaginäre Erfolg. Ein fehlerfreies Programm würde mehr hergeben. Bla! Bla! Bla! Und noch mal Bla!

Ja, sie trainierten zwar immer noch den dreifachen Wurf-Axel, den sonst kein anderes Paar aus der Weltelite zeigte, aber Aljona und Bruno brauchten noch weitere schwierige Elemente in dieser Saison. In der Olympischen Saison. In diesem Jahr wird sich der Schwierigkeitsgrad noch einmal bei allen Sportlern erhöhen, die Choreografien werden noch ausgeschliffener, die Schritte noch komplizierter, die Hebungen noch spektakulärer und einige Top-Paare hatten bereits Vierfach-Würfe in ihre Programme eingebaut. Aljona und Bruno wollten stattdessen mit dem dreifachen Wurf-Axel toppen. Aber sie wollte zusätzlich ein weiteres Ass »im Ärmel« haben und ein vierfacher Twist würde bei der Höhe, auf die Bruno Aljona warf, das Spektakel schlechthin sein.

Aljona atmete tief durch. Jean-François Ballester, der als Co-Trainer den besten Draht zu Bruno hatte und auf dessen Meinung Bruno viel gab, konnte ihr diesmal auch nicht helfen.

»Aljona, ihr braucht es wirklich nicht«, versicherte Jeff, blickte ihr tief in die Augen und lächelte.

»Doch!«, antwortete sie kurz und ohne auf eine Antwort zu warten, nahm Anlauf, um einen dreifachen Toeloop zu springen. Sie waren extra in dieses Trainingslager in Megève gekommen, um neue Impulse zu bekommen, aber bisher hatte es nicht viel gebracht. Bruno hatte sich bei einem medizinischen Test auf einem Laufband eine Muskelverletzung zugezogen und musste sich schonen. Bei Sprüngen sackte sein Bein immer noch ab, von daher trainierten sie nur Würfe, Hebungen und Pirouetten. Aljona trainierte zusätzlich ihre Sprünge, um in Form zu bleiben.

»Das ist ein unnötiges Risiko«, sagte ihr Ballester, als sie wieder zu ihm an die Bande kam. Mit dieser Aussage bestärkte er nun also Bruno in dessen Meinung. Aber zum Glück hatte Aljona noch Alexander König an ihrer Seite, der bei diesen Streitpunkten immer wieder als Schlichter fungierte. Aber in diesem Fall war die Meinung innerhalb des Teams komplett gespalten.

Aljona war sich auch bewusst, dass das Verletzungsrisiko sehr hoch war – aber »wer nichts riskiert, trinkt keinen Champagner«, sagt ein russisches Sprichwort, und man müsste bei den Vorbereitungen auf die wohl wichtigste Saison in ihrer Karriere doch alles genau abwägen. Aljona setzte auf Risiko und Bruno auf die Sicherheit und keiner von den beiden wollte nachgeben.

»Wenn nur einer verletzt ist, müssen sich beide von den Wettkämpfen abmelden«, brüllte Bruno auf ihre Einwände hin.

»Wie willst du gewinnen, ohne etwas Außergewöhnliches zu zeigen, die Konkurrenz ist enorm stark geworden!«, schrie Aljona zurück.

»Wir können auch so gewinnen!«, Bruno wollte noch etwas hinzufügen, aber Aljona war schneller.

»Ach was! Es reicht jetzt! Dann gibt es keinen Sinn, hier überhaupt noch etwas zu trainieren«, Aljona konnte sich nicht mehr halten. Bei diesem Trainingslager stritten sie mehr als dass sie trainierten. »Ich fahre zurück nach Oberstdorf!«

»Halt, halt, halt ...«, versuchte Jeff sich in den Streit einzumischen.

»Ich glaube, es ist besser, wenn wir jetzt alle zusammen abreisen, später können wir darüber reden«, schlichtete König. Auch er sah, dass die beiden in Megève mehr diskutierten als an sich arbeiteten. Brunos Verletzung machte die Situation nicht besser, da er dadurch viel zu genervt war. Er brauchte eventuell eine kleine Auszeit. Bruno war so gereizt, dass er selbst seine Trainer anschrie. An eine konstruktive Arbeit war deshalb nicht mehr zu denken. Keiner der beiden wollte nachgeben und die Töne wurden mit jedem Tag aggressiver.

Bruno schaute die drei kurz an – »Und Tschüss!«

Aljona stand neben der Eishalle mit ihrem kleinen Koffer für Schlittschuhe und beobachtete, wie kleine Mädchen auf dem Gelände Trockenübungen machten.

Aljona würde Bruno gerne glauben, aber es war nicht ihre Art, den leichteren Weg zu wählen. Und sie wollte auch nichts unversucht lassen, um ihren Traum zu verwirklichen. Warum sollte sie auf etwas verzichten, was in ihren Kräften und Macht lag, um ihren Traum wahr werden zu lassen? Aljona schüttelte nur den Kopf. Sie wollte nichts mehr dem Zufall überlassen, sie und Bruno brauchten diesen Trumpf, diese Einzigartigkeit, womit sie andere Paare abhängen konnten. Früher konnten sie mit dem Wurfaxel »pokern«, die Rivalen verunsichern und es kam tatsächlich oft vor, dass vor den wichtigen Wettbewerben Journalisten und Fans rätselten, ob Aljona das volle Risiko eingeht und den schwierigen und spektakulären Axel zeigt oder ihm einen einfacheren Wurf vorzieht. Von daher war der Wurfaxel ihr »Lottozettel« im Wettbewerb, entweder bekam man den Jackpot oder man verlor. Jetzt wollte Savchenko aber ein noch höheres Risiko eingehen und den Vierertwist einstudieren. Die Zuschauer raunzten jedes Mal vor Begeisterung beim Dreifachtwist, wenn Bruno Aljona in die Höhe warf, sie wieder auffing und sanft auf der Eisfläche absetzte. Und Aljona fühlte, dass sie bei dieser enormen Wurfhöhe noch eine zusätzliche Drehung hinzufügen könnte, was dem Paar das Quäntchen an zusätzlichen Punkten zum Sieg einbrächte.

Immer wieder spielte sie das Gespräch in ihrem Kopf durch und immer wieder war sie fest davon überzeugt, dass sie Recht hatte. Deswegen stritten sie wirklich häufig und es schien, dass sich die beiden im Kreis drehten. Aber heute knallte es richtig, sodass Aljona tatsächlich vorhatte, ihren Koffer zu packen und abzureisen. Lieber gar nicht bei den Olympischen Spielen antreten, als Statistenrollen zu spielen.

»Wir gewinnen auch so«, wiederholte Aljona seine Worte flüsternd. Wie denn? Sollten sie nun hoffen, dass alle anderen Paare wie verwunschen bei den Olympischen Spielen patzen, stürzen und Sprünge unterdrehen? Doch gerade bei den Olympischen Spielen sind alle Sportler in bester Verfassung und laufen völlig konzentriert. Und bei den Olympischen Spielen auf Fehler der anderen zu setzen, wäre eine Sackgasse, da war sie sich so sicher, wie dass die Sonne früh morgens aufgeht und am Abend untergeht.

»Beruhige dich«, in Gedanken versunken, hatte Aljona nicht bemerkt, wie Alexander König zu ihr gekommen war und ihren Arm leicht antippte.

»Seine Gelassenheit macht mich wahnsinnig! Wie können wir bitte schön ›auch so‹ gewinnen?«, fragte Aljona, ohne wirklich auf eine Antwort zu warten.

»Wenn ihr aber weiter streitet, dann startet ihr gar nicht bei den Olympischen Spielen.«

Aljona schaute auf ihren Trainer und sagte nichts. Was konnte sie dazu noch sagen? Ja, es wäre dumm nach drei Jahren harter Arbeit alles abzublasen. Ja, natürlich. Und das wusste nicht nur sie, sondern auch Alex, Bruno und Jeff. Aber es war genauso dumm, dorthin zu fahren und zu hoffen, dass alles glattgehen wird und sie »auch so gewinnen«. Sie wollte riskieren und als Sportlerin konnte sie wie kein anderer den olympischen Slogan verstehen »schneller, höher, weiter«. Deshalb wollte Aljona in den vergangenen Jahren zunächst diesen schwierigen Wurfaxel beherrschen.

Die Geschichte um den »verflixten« Wurfaxel begann noch in den Zeiten, als sie mit Robin arbeitete. Die optimale Technik dafür hatte sogar das Leipziger Institut für Angewandte Trainingswissenschaft für sie herausgearbeitet. Sie wollten den Wurfaxel immer am Ende eines Programms bringen – als Ausrufezeichen Richtung der Preisrichter. Er sollte eine Pointe darstellen und in Erinnerung bleiben.

Damals hatte Aljona noch mehr riskiert, denn Robin und sie trainierten dieses Element fast gar nicht, was ihren Vater auf die Palme brachte. Als erfahrener Sportler konnte er diese Einstellung seiner Tochter nicht nachvollziehen. Einmal war die Landung beim Training besonders schmerzvoll, sie stürzte in den Spagat und konnte sich nach diesem Aufprall kaum erheben. Der Wurf war ihre persönliche Herausforderung, sie wollte diesen Wurf unbedingt beherrschen. Von daher gehörten der Schmerz sowie das Risiko dazu.

Seitdem trainierte Aljona den Axel fast gar nicht mehr, aber sie bauten ihn in die Programme ein – buchstäblich auf gut Glück! Dabei sah ihre Rechnung simpel aus: Landet Savchenko ihn perfekt, ist das Gold für das Paar fast sicher, stürzt sie – muss sie mindestens zwei Wochen Pause einlegen und eine Verletzung auskurieren, abgesehen davon, dass der Fehler die Wertung nach unten zog. Beim Training gewinnt man kein Gold, also lohnte es sich nicht, etwas zu riskieren. Denn es gab ja nur zwei Möglichkeiten: landen oder stürzen und »ihren Lottozettel« zog Savchenko ausschließlich bei den wichtigen Wettbewerben. Mal ging die Rechnung auf, mal nicht. Aber alleine die Tatsache, dass sie nach Bedarf und je nach Ausgangssituation den Wurfaxel als Schlusspointe in das Programm einbauen konnten, gab Aljona mehr Sicherheit, und es war wirklich wie ein Trumpf-Ass im Ärmel, das sie gerne ab und zu zog und auf dem Eis zauberhaft präsentierte.

»Ich werde gleich noch mal mit Bruno sprechen.« König sagte noch etwas, sprach von Kompromissen, vom Entgegenkommen – nicht zum ersten Mal musste er vermitteln, aber seine ruhige Art zu sprechen, Akzente zu setzten, entspannte sie irgendwie. Aljona hat längst verstanden, dass Bruno ganz anders als Robin gestrickt war und es schwierig war, bei solchen Meinungsverschiedenheiten überhaupt einen Kompromiss zu finden.

»Ja«, seufzte Aljona. »Wir müssen den Weg bis zu Ende gehen«. Wie oft sagte sie diese Worte zu sich selbst? Wie lange sollte der Weg noch sein? Und wie viele Hindernisse musste sie noch überwinden? Aber jetzt zu stoppen, wäre einem Verrat gegenüber dem eigenen Traum und dem eigenen Herzen gleichgekommen.

Als Alexander König gegangen war, setzte sich Aljona in ein nahe gelegenes Café und dachte nach. Eigentlich kam sie mit Bruno immer gut zurecht und sie könnte ihn sogar als einen guten Freund bezeichnen, sie feierten zusammen, sie unternahmen viel miteinander, auch außerhalb der Eishallen. Massot hatte immer gute Ideen, was die Programme betraf. Und er hatte großes Talent. Das hatte Aljona sofort bemerkt und wusste es zu schätzen. Nur seine Art zu arbeiten, machte sie zuweilen wahnsinnig. Er wollte einfach nicht so viel arbeiten wie sie. Um etwas perfekt zu zeigen, musste sie es hunderte Male wiederholen, trainieren – und für ihn war das zu viel. Sie hatte ihre Ziele bisher nur durch viel Arbeit erreicht, durch vielfaches Wiederholen, durch ihren enormen Willen, in allem erfolgreich zu sein, was sie tat. Bruno? Er wollte nicht so viel trainieren, er kam auch zum Warm-up später und seine Einstellung – »wir gewinnen auch so, es wird schon« – machte sie schlicht wahnsinnig. Waren diese Gelassenheit und Lässigkeit typisch für Franzosen? Das wusste Aljona nicht. Aber immerhin, bei all seinen Macken und dieser Trägheit – wenn er etwas machte, dann machte er es richtig! Allerdings ärgerte es sie auch enorm, dass er sein außergewöhnliches Talent nicht noch mehr entfalten wollte. Er war wirklich begabt! Nur wenige Eiskunstläufer waren so begabt wie er, aber er trampelte auf diesem Talent herum. Bruno konnte mit seiner Begabung schlicht und einfach aufstehen und den Sprung sauber zeigen und so lange er es hinkriegte, war auch für sie alles in Ordnung.

Tja, an diesem Tag standen sie als Paar fast vor dem Aus. Diese unterschiedlichen Auffassungen waren das Problem und nicht, wie viele Fans unkten, die fehlenden Sprachkenntnisse von Bruno. Um überhaupt eine Starterlaubnis bei den Olympischen Spielen zu bekommen, musste er einen deutschen Pass erhalten. Und den deutschen Pass durfte er erst dann beantragen, wenn er ein gewisses Sprachniveau nachweisen konnte und eine Deutschprüfung bestand. Zweimal war er bereits durchgefallen, beim dritten Mal musste er die Prüfung bestehen, sonst würde er keinen deutschen Pass bekommen. Und dann wäre alles passé. Aber hinsichtlich dieses Problems war Aljona gelassen und lächelte nur, wenn die Journalisten sie danach fragten. Diese Frage konnte sie schlicht mit einem »Es wird schon« beantworten und davon war sie überzeugt. Das Einzige, was ihr Sorgen machte, war ihr fehlender Trumpf bei den Wettbewerben. Aljona winkte dem Kellner zu, bezahlte ihren Kaffee und schlenderte Richtung Eishalle. Sie mussten miteinander sprechen, einander die letzte Chance geben und den Weg bis zu Ende gehen. Und zwar – gemeinsam.

Wenn das Infinity-Zeichen in den Händen liegt

»Auch im Alphabet kommt Anstrengung vor Erfolg.«

Aljona stand mit Bruno in der überfüllten Eishalle in Oberstdorf, ihre Hände und Arme bildeten das Zeichen der Unendlichkeit in Form einer waagerechten Acht, das Herz pochte – ihre neue Kür sollte nun ihre Premiere bei der Nebelhorn-Trophy feiern. Mit ihrer Stirn konnte Savchenko deutlich spüren, wie auch Brunos Herz schlug. Ihr Kopf war an seine Brust so angelehnt, dass sie jede Regung in seinem Brustkorb fühlen konnte. Sie schloss die Augen und hörte, wie das Publikum ihnen applaudierte, wie der Applaus immer leiser wurde, sie nahm einzelne Zurufe aus dem Publikum wahr und spürte anschließend beinahe physisch die »laute Stille« in der Eishalle sowie die Schläge seines Herzens – oder schlug ihr Herz so laut? Die Millisekunden vor dem Beginn des Programms schienen unendlich lang zu sein, alles drumherum wurde in diesem Moment nichtig und die ganze Welt verkleinerte sich auf einen Mann und eine Frau, die mitten auf der Eisfläche standen. Nur das gemeinsame Atmen, das Vibrieren ihrer Körper und die Herzschläge …. »Hoffentlich wird mein Make-up nicht an sein Kostüm geschmiert«, dachte Aljona nur kurz, bevor die ersten Klaviertöne in der Halle ertönten und das Infinity-Zeichen sich in Bewegung setzte.

Aljona konnte sich genau an den Tag erinnern, an dem Jean-François Ballester ihnen die Musik für die olympische Kür vorschlug. Sie wollte ihn bitten, dass er nach verschiedenen Musikstücken Ausschau halten möge und ihnen Vorschläge unterbreitete. Aber er wusste genau und zwar sofort, dass nur diese und keine andere Musik zu den beiden in diesem wichtigen Jahr passen würde.

»Das ist die Musik für eure Olympische Kür!«, Jeff legte sein Handy auf den Tisch, schaltete es auf laut und schwieg eine Weile.

Es war keine Frage, es war eine Feststellung, so sicher wirkte er bei seiner Wahl.

»Dieses Stück hast du schon vor zwei Jahren vorgeschlagen«, sagte Aljona nachdenklich, als das Stück zur Hälfte abgespielt war. Dabei wusste sie selbst nicht so genau, warum sie damals diese Musik abgelehnt hatte, so faszinierend wirkte sie jetzt auf sie.

»Ich glaube, ihr seid jetzt soweit, dazu zu laufen«, fügte der Franzose hinzu und schaute fragend in die Runde.

»Gefällt mir gut«, sagte Aljona, als die letzten Töne von »La terre vue du ciel« – »Die Erde vom Himmel aus betrachtet« – von Armand Amar ertönten.

»Mir auch«, stimmte Bruno zu. Alexander König nickte nachdenklich. Es war etwas in diesen ruhigen Tönen, was jedem sofort den Atem raubte, faszinierte, die Seele wandeln ließ und die Fantasie belebte. Man konnte es kaum beschreiben, in Worte fassen oder verstehen, wieso und warum – aber diese Musik hatte wirklich etwas Harmonisches und Bewegendes zugleich. Etwas, was auf Anhieb fesselte und nicht mehr losließ.

»Lass sie uns noch einmal hören«, sagte Aljona und schloss die Augen.

Mag sein, dass damals vor zwei Jahren, als sie das Stück zum ersten Mal hörte, es noch nicht der richtige Zeitpunkt für eine Kür nach dieser Melodie war. Aljona war fest davon überzeugt, dass alles im Leben zur richtigen Zeit passieren wird, und wenn sie nicht zu »La terre vue du ciel« vor zwei Jahren gelaufen sind, dann eben heute. Sie brauchten diese zwei Jahre, um »soweit« zu sein.

Aber wie sieht man eigentlich die Erde vom Himmel? Auf welche Gedanken kommt man dabei? Welche Geschichte steckt hinter diesen magischen Tönen? Es ist oft so, dass man unvermittelt, ob man will oder nicht, mit vielen existenziellen Fragen konfrontiert wird, wenn man aus dem Fenster eines Flugzeugs nach unten Richtung Erde schaut, den vorberauschenden Wolken zusieht, das Gold der aufgehender Sonne genießt oder die letzten rosa-gelben Strahlen des Tages im Dunkelblau des Horizontes verabschiedet. Die Gedanken kommen, wie von selbst, offenbaren wahre Gefühle, trennen das Wichtige vom Unwichtigen, das Schwarze vom Weißen, das Gute vom Bösen und schleichen wie die Wolken am Himmel, bis ins Herz hinein. Diese Gedanken, genauso wie der Blick vom Himmel auf die Erde, werden nie identisch sein. Alle Probleme werden hier oben klein und nichtig, die Größe und die Schönheit der Natur treten in den Vordergrund, und die Erde mit ihren Menschen und deren Schicksalen erstrahlt, von oben betrachtet, in immer neuen Farben. Es gibt mal Sonne, mal Wolken, mal Freude, mal Trauer – es wechselt sich ständig ab. Auch im Sport gibt es Ups und Downs, Siege und Niederlagen, helle und dunkle Tage, die einem das Schicksal bereitet. Noch vor einem halben Jahr wusste Aljona nicht, wie es weitergehen sollte. Sie hat sich in Frankreich bei einem Grand Prix bei dem dreifachen Wurfaxel an einem Fuß verletzt und konnte einige Monate lang nur noch im Schongang trainieren. Diese Verletzung verhinderte ihre Teilnahme am Grand-Prix-Finale, für das sie sich mit zwei ersten Plätzen in der Serie qualifiziert hatten. War sie enttäuscht? Ja. War sie verzweifelt? Nein. Zum Glück hatten sie in Oberstdorf ein wunderbares Physiotherapeuten-Team, das sie damals buchstäblich auf die Beine stellte. Auch Bruno litt häufig unter Rückenschmerzen und das Team um Harald Martin machte ihn in kurzer Zeit wieder fit. Die Physiotherapeuten konnten wahre Wunder bewirken. Als sie vor einem Jahr einen Innenbandriss am Landefuß erlitten hatte, konnte sie sich nicht vorstellen, dass sie sie so schnell wieder auf die Kufen stellen könnten. Jeder Mensch hat eigene Träume, eigene Vorstellungen, folgt der eigenen Fügung und geht seinen eigenen Weg, der nicht immer gerade verläuft. So war es immer, so ist es und so wird es immer sein – bis in die Unendlichkeit. Von daher war diese Verletzung nur ein kleiner Schritt zurück und jetzt war Savchenko bereit, wieder voran zu gehen.

Vor Aljonas inneren Augen liefen bereits beim Hören der Musik Bilder ab, sie stellte sich vor, wie sie und Bruno sich bewegen, wie sie einzelne Elemente durch die verzaubernden Töne der Musik und die wechselnde Geschwindigkeit zur Geltung bringen, wie sie Hand in Hand über die Eisfläche gleiten. Wird das Schicksal bei den kommenden Olympischen Spielen mitspielen? Aljona wusste es nicht. Und wollte es auch nicht wissen – sie wollte in dieser Olympischen Saison nur den Moment leben und jeden einzelnen Augenblick genießen, egal wie die Saison am Ende ausgehen sollte. Auch die schwarzen Wolken haben ihre faszinierende Schönheit und hinter ihnen verbergen sich immer das Gold der Sonne, das durchbrechende Licht und die Hoffnung. Will man die schwarzen Wolken nicht sehen und meidet sie, wird man auch die dahinter stehende Sonne in ihrer Faszination nicht erleben können, wenn das Gold das Schwarze durchbricht und alles mit dem warmen Licht durchflutet.

»Ja, ich finde die Musik super«, wiederholte Aljona nachdenklich.

Auch Bruno und Alexander König fanden die vorgeschlagene Musik sehr schön. Allerdings entschieden sie sich, nicht voreilig bei dieser wichtigen Wahl zu sein. Jeder aus dem Team durfte mehrere Vorschläge unterbreiten und dann wollten sie die Musik endgültig festlegen. Und sie hörten sich tatsächlich mehrere Stücke an, diskutierten viel, aber auch nach zwei Wochen war »La terre vue du ciel« immer noch der Top-Favorit für die Olympische Kür.

Bereits vor der Wahl der Musik wusste Aljona, wem sie die Choreografie der olympischen Kür anvertrauen wollte. Sie träumte immer davon, mit dem Olympiasieger Christopher Dean zu arbeiten, aber irgendwie dachte sie früher, dass sie noch nicht so weit war, mit dieser Legende des Eiskunstlaufens zu arbeiten. Aber wann denn dann, wenn nicht jetzt? Die Tanzkür von Christopher Dean und Jayne Torvill bei den Olympischen Winterspielen in Sarajevo 1984 nach der Musik zu Maurice Ravels Boléro ging um die Welt. In diesem Jahr, als Dean und Torvill ihre Namen in die Geschichtsbücher des Eiskunstlaufens einschrieben, war Aljona gerade einmal einen Monat alt. Die beiden Eistänzer erhielten damals die höchste Wertung, die nur möglich war – neun Mal gab es für die Briten die beste Note 6,0.

Zum Glück durften Aljona und Bruno die Choreografen frei wählen und das Trainerteam unterstützte sie bei dieser Entscheidung. Deshalb hatte König Deans Adresse herausgefunden und per

Mail eine Anfrage an die Legende des britischen Eiskunstlaufens geschickt.

Ein paar Tage später erschien Alexander König zum Training in der Eishalle und gab den beiden ein Zeichen, sofort zu ihm zu kommen. Aljona machte gerade ihre Trockenübungen, aber sie stand auf und ging zu ihrem Trainer. Es könnte etwas Wichtiges sein.

»Christopher Dean hat geantwortet. Ich hatte ihn angefragt, wie ihr es wolltet, die Kür zu choreografieren«, sagte König, als Aljona und Bruno zu ihm kamen.

»Und? Ist er einverstanden?«, Aljona war sehr ungeduldig.

»Er war ziemlich überrascht, dass wir mit ihm zusammenarbeiten möchten, denn er hatte ja nie mit Paarläufern gearbeitet, aber er will es probieren«, sagte König.

»Coool«, Aljona sprang auf und lächelte. »Es wird großartig!«

»Dean wird auch zunächst noch einmal nach passender Musik schauen, vielleicht schlägt er auch etwas anderes vor«, berichtete König weiter. König mochte es, wenn seine Schützlinge zufrieden waren, und freute sich auf die bevorstehende Arbeit.

***

Aljona freute sich enorm, neue Dinge zu lernen, von der Erfahrung der legendären Tänzer zu profitieren, und spürte bereits jetzt, dass die kommende Saison großartig sein würde. Beide Programme für die Olympische Saison wollten sie in Miami choreografieren, dafür sollte auch John Zimmermann extra aus Colorado anreisen, um mit den beiden an dem neuen Kurzprogramm zu arbeiten.

Christopher Dean hat auch noch weitere Musikideen für die Kür vorgeschlagen, aber nichts konnte die Musik, die Jeff brachte, übertreffen. Eine Woche vor dem Abflug nach Miami, wo das künftige Programm choreografiert werden sollte, gab es dennoch eine Schreckenssekunde. Dean hatte eine Mail geschickt und gefragt, ob sie die Zusammenarbeit eventuell auf eine spätere Zeit verschieben sollten. Schließlich sei sich das deutsche Paar nicht einmal mit der Musikwahl sicher gewesen.

»Wir sind sicher«, schrieb Aljona sofort zurück. »Wir nehmen diese Musik! Wir werden zu ›La terre vue du ciel‹ laufen«, fügte sie hinzu. Und mehr noch: Sie wusste bereits jetzt, welche Anfangsposition sie in dieser Kür haben wollte. Es musste etwas sein, was in der Erinnerung haften bleibt – etwas für die Ewigkeit. Aljona hatte kürzlich bei Facebook ein Bild von zwei Balletttänzern gesehen, die mit ihren Armen das Unendlichkeitszeichen bildeten – so etwas Ähnliches wollte sie unbedingt auf dem Eis zeigen.

»Ich bin mir nicht so sicher, dass ihr diese waagerechte Acht, die Infinity mit euren Armen hinbekommt«, musste sie Christopher sofort enttäuschen, als sie in den USA angekommen waren und in der Eishalle die ersten Bewegungen einstudierten. »Bruno hat längere Arme als du und es wird nicht so harmonisch aussehen«, sagte Dean und schüttelte mit dem Kopf.

»Aber wir können es versuchen …«, blieb Aljona hartnäckig. Sie wollte diese Idee nicht so schnell verwerfen und sich Gedanken machen, wie sie es trotz ihrer unterschiedlichen Armlängen doch schaffen, dass die zwei aus ihren Armen gebildeten Kreise einigermaßen gleich aussehen, dass Bruno und sie zum einen harmonisch wirken und zum anderen die dargestellte Figur nicht statisch bleibt und anschließend sofort in eine fließende Bewegung übergeht.

Nach der Rückkehr aus Miami stellten sie und Bruno viel in ihrem Programm um.

Zusammen schauten sie sich immer wieder einzelne Videos an, die sie während der Arbeit mit Christopher aufgenommen hatten. Er hatte ihnen viele tolle Ideen und Bewegungen vorgeschlagen, half ihnen bei der Umsetzung – aber für den Anfang der Kür hatte er eine andere Position vorgeschlagen. Das Unendlichkeitszeichen war in dieser Version leider nicht vorgesehen, womit Aljona nicht einverstanden war. Die Idee ließ sie einfach nicht los.

»Bruno, warte, und wenn wir uns so stellen und die Hand so ausstrecken und dann …«

»Ah, verstehe, aber dann könnten wir so von diesem Zeichen in eine andere Position übergehen …«

»Stimmt, aber ich würde noch hier an dieser Stelle …«

»Ja, und dann drehst du dich um!«

Aljona und Bruno mussten nicht mal die Sätze bis zu Ende sprechen, ihre Körper und die Musik zeigten ihnen den Weg zu den besten Lösungen. Sie tauschten einige Elemente aus, ersetzten einige Bewegungen und Übergänge, wechselten ihre Reihenfolge, sodass sie besser damit klarkamen und noch mehr Harmonie zwischen ihnen zu spüren war. Stundenlang werkelten sie alleine an der Kür auf der Eisfläche in Oberstdorf, lachten, schrien einander an – aber es war kein richtiger Streit, es war die harte, konstruktive und konzentrierte Arbeit zweier Menschen, die tief in einem Kreativsprozess steckten, die um sich herum nichts mehr wahrnehmen konnten und so tief in ihrer Konzentration versunken waren, dass sie jegliches Zeitgefühl verloren. Sie probierten immer neue Varianten, um das von Aljona so innig gewünschte Unendlichkeitszeichen doch in das Programm einbauen zu können, bis sie die Lösung gefunden hatten. Sie mussten ihre Arme von oben nach unten bzw. von unten nach oben wechseln, sodass das Zeichen einer wellenartigen Bewegung folgte und das Programm damit starten konnte.

»Hey, ihr beide, ich meine, es ist genug für heute, oder?« – selbst die Stimme von Alexander König konnte sie an dem Tag, als sie diese Lösung gefunden hatten, nicht aus ihrem Schaffensprozess herausholen. Bruno und Aljona waren wie in einem Tunnel – jetzt waren sie keine Sportler, keine Eiskunstläufer, sie waren Künstler, die ein gemeinsames Werk kreierten, und jede neu geschaffene Bewegung war wie ein genialer Pinselstrich, der das Bild zu einem Meisterwerk formte.

»Ja, ja wir kommen«, rief Aljona ihrem Trainer zu und winkte. Nun spürte sie deutlich, dass Bruno und sie wirklich zwei Partner waren, die eine Einheit darstellten. Es war ein gegenseitiges Nehmen und Geben und Bruno ließ sie noch stärker werden. Sie zogen beide an einem Strang und die kreativen Ideen, die sie generierten, die neuen Bewegungen, die sie gemeinsamen kreierten, machten sie enorm glücklich.

An einem Tag, kurz nach der Rückkehr aus den USA, wollte Aljona etwas ganz besonderes ausprobieren. Schließlich fühlte sie sich fit genug. Eigentlich. Und das Wort »eigentlich« war hier entscheidend: Sie hatte die Folgen des Jetlags nicht bedacht, der sich immer auf ihren Körper auswirkte, und beschloss, eine Kombination aus drei dreifachen Sprüngen zu probieren. Das wäre doch was, dachte sie und nahm Anlauf auf den ersten Sprung. Sicher gelandet. Absprung, sich drehen – sicher gelandet, Absprung – sich drehen und dann ist wohl etwas schiefgegangen. Mit voller Wucht knallte Aljona mit dem Gesicht auf die Eisfläche … »Das wird sch… ße aussehen«, dachte sie nur noch, bevor sie sich aufrappelte und zur Bande lief, um nach einem Eisspray zu suchen. Denn sonst bräuchte sie demnächst keine Lidschatten mehr zu schminken – die dunkelblaue Farbe war garantiert. Das Auge schwoll rasend schnell an. Bruno konnte nur mit Entsetzen den Kopf schütteln. »Das war Autsch ….«, flüsterte er, aber beim besten Willen konnte er Aljona nicht mehr helfen.

***

Aljona lächelte dem Publikum zu, ihr Herz raste nach dem ersten Auftritt mit der neuen Kür, sie spürte die Wärme von Brunos Hand auf ihrem Rücken, während sie zur »Kiss and Cry«-Ecke glitten, um dort auf die Wertung der Preisrichter zu warten. Nein, es war kein fehlerfreier Auftritt in Oberstdorf, aber die Kür wirkte auf die Preisrichter. Und diese Erkenntnis war für sie viel wichtiger als die Wertung. An den Sprüngen und Würfen konnten sie noch arbeiten, dafür hatten sie genug Zeit. Bei diesem ersten Wettbewerb konnten sie aber deutlich sehen, woran sie noch zu arbeiten hatten und wo die Schwachstellen lagen. Auch mit dem Unendlichkeitszeichen waren sie noch nicht ganz zufrieden, es musste eventuell verändert werden, wie auch die Schlussposition. Aber die Kür wirkte und das war das Wichtigste. Sie wirkte und mehr war an dieser Stelle nicht hinzuzufügen.

Mit dem Kurzprogramm waren sie hingegen noch unsicher. Für das Kurzprogramm hatten sie Flamenco gewählt, einen sehr temperamentvollen und heißen Tanz. Einen Tanz mit viel Leidenschaft und Liebe und gerade in der Olympischen Saison könnte dies beim Publikum gut ankommen, vor allem weil sie so noch mehr Tanz in ihr Paarlauf-Programm einbauen konnten. Die Zuschauer in Oberstdorf schienen das Programm zu mögen. Aljona fühlte sich wohl dabei, sich in eine spanische Diva zu verwandeln und den feurigen Tanz, den John Zimmermann in Miami für sie gestaltet hatte, auf das Eis zu zaubern. Bruno hingegen hatte damit Probleme. Es fiel ihm schwer, diese Idee auf dem Eis umzusetzen, und er fühlte sich nicht so sicher.

»Es passt einfach nicht«, sagte er jedes Mal, wenn sie das Programm trainierten. Es kam zwar zu keinem Streit, aber Aljona konnte es ihm deutlich anmerken, wie unzufrieden und sogar unglücklich er mit diesem Programm war. Er quälte sich damit.

»Wir müssen noch härter üben und dann bekommst du diese Sicherheit und dieses Gefühl«, versicherte Aljona ihm. Aber Bruno wollte dergleichen nicht hören. Er machte zwar weiter, ohne viel zu diskutieren, aber glücklicher wurde er anscheinend nicht, was sich auf die kommenden Wettbewerbe auswirkte. Kein einziges Mal sind sie das Programm sauber gelaufen, was auch Aljona mit der Zeit unruhig machte.

Sie erinnerte sich kurz an die ähnliche Situation, als sie und Robin kurz vor den Olympischen Spielen das Programm wechseln mussten. Damals konnte sie sich nicht mit dem Programm anfreunden und deshalb konnte sie jetzt Brunos Befinden sowie seine Einwände komplett nachvollziehen. Ja, sie mochte Flamenco, aber Bruno und sie waren ein Paar und wenn sich ein Partner nicht wohl fühlte, musste sofort reagiert werden. Diese Erfahrung hatte sie verinnerlicht und sie wollte keinen Fehler wiederholen.

»Heute laufen wir zu unserem alten Programm aus dem letzten Jahr«, sagte Aljona und suchte die CD mit Lindy Hop »That Man« heraus.

Bruno schaute sie eine Weile an, ohne etwas zu sagen. »Was ist los mit dir, warum auf einmal das?«, wollte er endlich wissen.

»Wir versuchen es halt«, sagte Aljona und lud ihn mit einem freundlichen Blick auf die Eisfläche ein. Schließlich waren sie das letzte Mal das Programm vor fast einem Jahr gelaufen und jetzt auf einmal alle Bewegungen zu wiederholen, könnte schwierig werden. Aber es klappte. Der Körper hatte wohl sein eigenes Gedächtnis. Alle Bewegungen saßen perfekt und bei diesem Probelauf hatten sie keinen einzigen Fehler gemacht. Bereits während dieses ersten Laufens konnte Aljona in den Augen ihres Partners die Funken sehen, die sie beim Flamenco bei ihm so vermisste. Jetzt war Bruno voll dabei. Jetzt brannte auch in ihm dieses Feuer und sie konnte beinahe spüren, wie dieser Funke sie beide ansteckte. Sie hatten zwar nur eine Woche Zeit bis zum Grand-Prix-Finale, um das »neue alte« Programm zu beleben, aber es lohnte sich, dieses Risiko einzugehen. Es blieb nur zu hoffen, dass der spontane Programmwechsel mitten in der Saison die Preisrichter überzeugen und der Funke auch auf die Zuschauer überspringen würde.

Mit jedem Wettbewerb boten sie etwas Neues an. Mal war es eine neue Bewegung, mal der Anlauf zu einem Sprung, Schlusspose oder ein Übergang. Beim Grand Prix »Skate America« vor einer Woche probierten sie wieder eine neue Schlussposition in der Kür aus: Aljona saß auf Brunos Schultern und wies mit ihren Händen Richtung Himmel. Das wirkte deutlich schöner, aber reichte trotzdem noch nicht aus – die Perfektion war noch nicht erreicht.

Auch das neue Kleid für Aljona traf endlich ein. Bei den ersten Wettbewerben der Saison trug sie ein Kleid, das nicht ihren Vorstellungen entsprach, sie hatte ein eigentlich ganz anderes bestellt. Bei »Skate America« konnte sie endlich das neue Kleid tragen und es war einfach nur schön. Die Farben, die Leichtigkeit, keine Überladung mit Glitzersteinen – federleicht, wie die Wolken am Himmel, wenn die Sonne untergeht und das Gold und Violett ineinander übergehen und verschmelzen – sehr passend zu der Kür.

Im Grand-Prix-Finale wollten sie einige grundsätzliche Änderungen in der Kür präsentieren. Zum einen gab es wieder eine neue Schlusspose – Bruno musste Aljona nur leicht anheben, anstatt auf seine Schultern zu setzen und Aljona musste mit einer Hand wieder Richtung Himmel zeigen. Zum anderen hatten sie einen anderen Anfang vorbereitet. Die Diskussion um das Unendlichkeitszeichen hatten sie fast täglich geführt, denn sie wollten es weiter verbessern und probierten immer wieder neue Positionen aus. Das Problem war, dass sie mit ihrer Stirn – und sie hatte ja Make-up aufgetragen – Flecken an Brunos Kostüm hinterlassen konnte und insgesamt sah es noch nicht so gelungen aus. Im Finale wollten sie das Unendlichkeitszeichen erneut anders formen. Dafür musste Aljona sich umdrehen und nicht mit dem Gesicht, sondern mit dem Hinterkopf zu Bruno stehen, ihr Gesicht seinem Gesicht zuwenden, sodass ihre Blicke sich kreuzten, bevor es losging.

»Wir haben gewonnen!«, rief Bruno freudig und lächelte glücklich. Und sie hatten allen Grund zur Freude. Als Gewinner des Grand-Prix-Finales hatten sie wirklich eine gute Ausgangsposition für die Olympischen Spiele.

Dabei war dieser Sieg alles andere als einfach. Bei dem sechsminütigen Warm-up vor dem Kurzprogramm riss bei Aljonas Kleid der Reißverschluss und sie hatte keine Möglichkeit bzw. Zeit zur Reparatur. Bruno und sie mussten in ihrer Gruppe als Erste das Eis betreten. Zum Glück hatte sie eine Sicherheitsnadel dabei und konnte das Kleid damit halbwegs zusammenhalten. Sie wollte gar nicht daran denken, was passieren könnte, wenn der Reißverschluss beim Laufen aufgerissen wäre. Ein Desaster für jede Eiskunstläuferin und ein Hingucker für die lauernden Fotografen und die Boulevardpresse.

Beim Anlauf zur Hebefigur zischte Bruno ihr zu, dass sein Schnürsenkel gerissen sei. »Los! Weiter«, zischte sie zurück, ohne dabei darüber nachzudenken, dass sie sich bei voller Geschwindigkeit in eine hochgefährliche Situation begeben konnten. Sie spürte, wie steif und vorsichtig er bei den letzten Elementen wirkte, denn ohne festen Halt des Fußes konnte diese Aktion für die beiden dramatisch werden. Eigentlich mussten sie das Programm unterbrechen, zu den Preisrichtern laufen, das Problem schildern, es schnell beheben und erst dann das Programm fortsetzen. Die Unterbrechung würde sie zwar einige Punkte kosten, aber all diese Gedanken kamen ihnen erst später in den Kopf, als sie das Programm beendeten. Mit einem gerissenen Schnürsenkel eine Kür zu laufen, war mehr als ein waghalsiges Unterfangen, Aljona in die Höhe zu heben – nein, Aljona wollte gar nicht mehr daran denken. Gut, dass alles gut ausgegangen ist.

Es war die richtige Entscheidung gewesen, das Kurzprogramm zu wechseln, es funktionierte – trotz der Widrigkeiten. Auch mit der neuen Anfangsposition in der Kür war sie glücklich, es sah wirklich viel schöner aus und die Kür schien jetzt endgültig perfekt zu sein.

»Ich hatte Recht, siehst du?«, sagte Bruno.

Aljona schaute ihn nur fragend an.

»Wir haben gewonnen – OHNE den vierfachen Twist«, erklärte er.

»Warum wohl? Weil die anderen Fehler gemacht haben!«, sagte Aljona und verdrehte die Augen. Sie hatte schon geahnt, dass er damit um die Ecke kommt und die Diskussion wieder losgeht.

»Und wenn die anderen sauber laufen?«, wollte Aljona wissen.

»Wenn … wenn … wenn …«, entgegnete Bruno.

»Bei den Olympischen Spielen bekommen wir so ein ›Geschenk‹ kaum und da kann es entscheidend sein – ohne Wenn und Aber!«, resümierte Aljona.

»Wir werden schauen«, Bruno wollte sich die Freude nach dem Sieg im Finale nicht nehmen lassen und lächelte weiter.

»Ja, werden wir …«, sagte Aljona und lächelte selbst. Sie konnte nicht anders, schließlich hatten sie wirklich allen Grund zur Freude und eilten zur Medaillenzeremonie.

In Glitzer, Strass und Seide gekleidet – das Leben feiern?

»Glück ist das einzige, was wir anderen geben können, ohne es selbst zu haben.«

Das Kratzen im Hals war nicht mehr zu ignorieren. Das Schlucken tat weh und der Kopf fühlte sich mit jeder Minute schwerer an. Zuerst dachte Aljona, es sei nur Einbildung und diese Beschwerden kämen vom langen Flug nach Korea und seien spätestens am nächsten Morgen wieder weg. Aber am nächsten Tag war es kein Kratzen mehr, sondern richtige Halsschmerzen. Dazu kam noch Schnupfen – also das volle Programm einer heftigen Erkältung. Zum Glück war der Verbandsarzt Dr. Sven Authorsen mitgeflogen und konnte sich sofort um Aljona kümmern, wenn es ihr schlechter gehen sollte.

Die Nacht nach der Ankunft konnte Aljona kaum schlafen, der Jetlag und die Halsschmerzen machten ihr zu schaffen. Sie wälzte sich im Bett herum, versuchte immer wieder zu schlucken, in der Hoffnung, dass der Schmerz irgendwann vergeht, aber es wurde immer schlimmer. Dazu kam die Sehnsucht nach ihrem Mann, sie verreiste in der letzten Zeit immer mit Liam und sie vermisste ihn sehr.

Am Tag der Abreise nach Korea mussten Liam und Aljona Bruno in seiner Wohnung abholen, um zum Flughafen zu fahren. Bruno schrieb eine kurze Nachricht, dass sie nicht unten auf ihn warten, sondern kurz in die Wohnung kommen sollten.

»Will er etwa nicht fliegen oder was will er uns mitteilen?«, Aljona konnte es nicht einschätzen. Auf jeden Fall müsste es schon etwas Wichtigeres sein, sonst würde er einfach unten mit seinem Gepäck stehen, um schnell ins Auto einzusteigen. Er wohnte ja mitten in der Stadt und es war problematisch länger bei ihm zu parken, wenn man keinen Anwohnerausweis hat.

»Warte mal ab, ich denke nicht, dass es etwas nicht Gutes ist, eher umgekehrt«, meinte Liam und parkte sein Auto neben dem Haus, in dem Bruno und seine Freundin ein Appartement hatten.

Noch jetzt, nach zwei oder drei Tagen, musste Aljona schmunzeln, als sie sich daran erinnerte, wie Liam und sie zu ihm reingegangen waren und Bruno sie mit einer freudigen Überraschung begrüßte. Er werde Vater! Nein so: ER WERDE VATER! Und diese Freude und dieses Glück wollte er mit ihr und Liam unbedingt noch vor der Abreise teilen. Es war so viel Freude, so viel Stolz in seiner Stimme, er strahlte vor Glück und Aljona freute sich riesig für ihn und seine Verlobte. Ja, die Olympischen Spiele waren immer mit irgendwelchen Überraschungen verbunden, immer kam etwas dazwischen und jetzt – war es ein freudiges Ereignis!

»Schön, wenn solche freudigen Überraschungen uns auch weiterhin in Korea begleiten«, sagte Aljona, als sie wieder in das Auto einstiegen.

»Mal sehen!«, erwiderte Bruno und setzte sich auf den Rücksitz.

»Doch, ich bin mir sicher, wir werden gewinnen, wir haben es uns ja Silvester versichert«, Aljona drehte sich im Auto zu Bruno um und lächelte. Silvester hatten sie zusammen bei Aljona und Liam gefeiert: viel gespielt, geredet, das alte Jahr verabschiedet und das neue begrüßt. Dabei hatten Aljona und Bruno sich gewünscht und zugleich einander versichert, dass das kommende Jahr großartig sein werde. Und es fing schon großartig an!

»Ich freue mich so sehr für euch«, sagte Aljona noch einmal zu Bruno auf dem Weg zum Flughafen.

»Danke«, Bruno strahlte nur noch.

Leider mussten Liam und die Freundin von Bruno, Sophie, zunächst zu Hause in Oberstdorf bleiben, sie sollten erst zum eigentlichen Wettbewerb nach Korea anreisen und dann auch nur für drei Tage bleiben. Es lohnte sich nicht, dass sich die beiden so lange in Pyeongchang aufhielten. Zum einen waren die Sicherheitsvorkehrungen im Olympischen Dorf so streng, dass Liam Aljona nur zu bestimmten Zeiten besuchen durfte, und schon gar nicht hätte er bei ihr über Nacht auf dem Zimmer bleiben dürfen. Und zum anderen war es einfach zu teuer. Auch ihre Eltern blieben zu Hause und wollten ihren Auftritt im Fernsehen mitverfolgen. So war es besser. Klar, sie würde so gerne ihre liebsten Menschen in ihrer Nähe haben, aber der Alltag im Olympischen Dorf war streng reglementiert. Sie mussten den Dopingkontrolleuren sogar einen minutiösen Plan mit ihren Aufenthaltsorten zusenden und wehe den Sportlern, wenn sie zu den angegebenen Zeiten und Orten nicht anzutreffen sind.

Es war schon ungewöhnlich, ohne Liam irgendwo anzukommen. Und sie war nicht irgendwo im Nirgendwo – Bruno und sie sind gestern in Korea eingetroffen. Zu dem wichtigsten Wettbewerb ihres Lebens – ihren fünften und wahrscheinlich letzten Olympischen Spielen. Der Tag X näherte sich. Der Teamwettbewerb, bei dem sie das Kurzprogramm präsentieren sollten, startete in zwei Tagen. Und was hatte sie? Einen üblen Jetlag, eine Erkältung und als Folge – permanente Müdigkeit, die sie punktgenau zum Training übermannte. Im Teamwettbewerb hatten sie zwar keine Aussichten auf den Erfolg – im deutschen Team waren sie die Stärksten und zu hoffen, dass die Deutschen gegen starke Chinesen, US-Amerikaner, Russen und Kanadier, die die besten Eiskunstläufer ihrer Länder und zwar in jeder Disziplin aufgestellt hatten, zu gewinnen, war utopisch. Aber es war ein gutes Training für Bruno. Schließlich war er bisher nie bei Olympischen Spielen gelaufen. Für sie waren es ja die fünften. Dieser Unterschied war gewaltig, aber so war es eben und umso besser war es, dass Bruno bei diesem Teamevent seine »Taufe« auf olympischem Eis erlebt. Ja, es ist zwar eine ganz normale Eishalle, das Eis, die Fans, die Preisrichter – genauso wie bei jedem anderen Wettbewerb –, aber die Atmosphäre und das Drumherum sind anders, und vor allem ist der Druck enorm und nicht jeder kann diesem Druck, dem Druck der Olympischen Spiele standhalten.

Seinen deutschen Pass hatte Bruno erst Anfang Dezember bekommen, sodass er als Deutscher stolz zum Grand-Prix-Finale anreisen durfte. Und seitdem hatten sie auch den Weg nach Korea »frei« – die offizielle Starterlaubnis lag vor. Vor vier Jahren, als er noch mit Daria Popova für Frankreich lief, scheiterten sie gerade an diesem Punkt. Daria und Bruno sollten in Sotschi starten und dort Frankreich vertreten, aber Daria bekam die französische Staatsbürgerschaft leider nicht und das Paar wurde zu den Olympischen Spielen nicht zugelassen. Aljona konnte sich kaum vorstellen, wie schmerzvoll es sich für einen Sportler anfühlt, wenn man sich vier Jahre auf den wichtigsten Wettbewerb der Karriere vorbereitet und dann nicht wegen einer Verletzung – was schon schlimm genug, aber irgendwie nachvollziehbar ist und immer passieren kann –, sondern an den Behörden scheitert. Aber diese Geschichte ist längst Vergangenheit.

Liam hatte sie vor zwei – oder waren es bereits doch drei? – Tagen zum Flughafen gefahren. Wegen des Jetlags konnte Aljona noch kein richtiges Zeitgefühl entwickeln und sich auf diese Zeitzone umstellen. Aljona wusste noch, wie sie einmal, als sie noch ein Kind gewesen war und in der Ukraine lebte, von einem Wettbewerb nach Hause zurückkam und sich auf ihr Bett gelegt hatte. Sie wollte nur kurz die Augen schließen, ein Stündchen schlafen. Allerdings schlief sie so tief ein, dass ihre Eltern, nachdem sie mehrmals erfolglos Sturm geklingelt hatten, über den Balkon in die Wohnung klettern mussten, weil Aljona die Wohnung von innen verschlossen hatte. Und Aljona hatte von alldem nichts mitbekommen.

Aljona schluckte wieder, es schmerzte immer noch und sie spürte wie ihre Nase »zu laufen« begann. Sie stellte den Wasserkocher ein und setze sich auf das Bett. Die Erkältung und der Jetlag – ja sie brauchte die beiden gerade jetzt – typisch, es lässt sich nicht ändern –, schließlich waren es die Olympischen Spiele und vor diesem Wettbewerb passierte immer etwas, womit man gar nicht rechnen konnte. Aber die freudige Nachricht für Bruno überstrahlte alles und sie war sich auch sicher, dass sie die Folgen des blöden Jetlags und die Erkältung noch rechtzeitig in den Griff bekommt.

Aljona machte sich einen Tee, legte sich wieder auf das Bett und schloss die Augen. »Ich bilde es mir nur ein, es ist ein Witz, mein Körper wird morgen wieder fit sein«, redete sie sich ein. Nicht zum ersten Mal. Sie musste alle Reserven ihres Organismus aktivieren, um diese Tage zu überstehen und volle Leistung zu zeigen, und erst dann erlaubte sie sich krank zu werden. Eigentlich sollte sie schlafen, um morgen fit beim Training anzutreten, aber der Schlaf stellte sich nicht ein. Auch Bruno war vom Jetlag geplagt, sodass in ihrem jetzigen Zustand an den Wurfaxel gar nicht zu denken war.

Von der Europameisterschaft im Moskau im Januar hatten sich Aljona Savchenko und Bruno Massot abgemeldet, um an ihrer »Wunderwaffe Wurfaxel« zu arbeiten und mehr Sicherheit zu bekommen. Dafür trainierte Aljona mit einer speziellen Sicherung, Angel genannt, die sie eigentlich nicht mochte. Aber beim Teamwettbewerb wäre es so oder so ein unnötiges Risiko gewesen, von daher sollte bei diesem Auftritt nur ein Wurf-Flip ausgeführt werden.

In ihrem neuen Kleid zum Kurzprogramm aus dem Vorjahr sah sie beim Teamwettbewerb wirklich schick aus. Der knallrote Lippenstift kaschierte einigermaßen ihr blasses Gesicht, sodass niemand bemerken konnte, wie geschwächt Savchenko war. Der Flair der Zwanziger Jahre des letzten Jahrhunderts war bei ihrem Kurzprogramm allgegenwärtig – sie und Bruno wirkten nicht so, als ob sie erst vor wenigen Tagen vierzehn Stunden im Flieger aus Europa hierher in die Gangneung Eisarena geflogen wären, sondern als ob sie sich direkt von einer der berühmten Gatsby-Partys in die Eishalle verirrt hatten: dekadent und glamourös – Aljona in Glitzer, Strass und Seide gekleidet, mit einem Frapper-Haarband, und Bruno ein Dandy in einer stilvollen Weste und mit roter Fliege.

In der Zeit zwischen dem Ersten Weltkrieg und der Weltwirtschaftskrise strebten die Menschen in Europa und den USA nach Spaß und Freiheit, sie wollten die Welt entdecken und ihr Leben in vollen Zügen genießen. Diese Stimmungen spiegelten sich in diesen Partys und der entsprechenden Kleidung wider. Es fehlte Aljona bei ihrem Outfit, um den damaligen Zeitgeist noch genauer zu treffen, nur noch eine lange Zigarette mit Spitze zwischen den Fingern oder ein Cocktailglas, das ihr ihr Partner in diesem imaginären »Spiel« anreichen könnte, um die Synthese aus Dekadenz und Geschmack, Sehnsucht und Liebe, Reichtum und Raffinesse zu vervollständigen. Aber stattdessen hatten Aljona und Bruno ihre Schlittschuhe, um ihren Spaß am Leben, diese ungezwungene Freude, mit allen Zuschauern in der Halle und vor den Fernsehern zu teilen und zusammen diesen Moment mit ihrem lustigen Lindy Hop auf dem »Eisparkett« zu feiern. Dafür waren sie hier!

»Flip?«, wollte Bruno noch kurz vor dem Auftritt für alle Fälle wissen.

Aljona nickte. Vor den Olympischen Spielen haben sie zwei Varianten ihres Wurfes für dieses Programm trainiert – die eine war der Flip und die zweite war der Axel. Beide mussten gut sitzen und sie konnte frei wählen, welchen Aljona springen würde – Flip!

Aljona fühlte sich deutlich besser, das Adrenalin, die Atmosphäre eines Wettbewerbs und nicht irgendeine – sondern die der Olympischen Spiele – waren die beste Medizin. Sie war zwar noch ein wenig müde, aber sie wollten ihren Lindy Hop ausdrucksvoll tanzen und das Publikum mitreißen und für sich gewinnen. Das Publikum war emotional sofort dabei und applaudierte im Takt der Musik, die ersten Schritte, die Freude, ihr spektakulärer Twist und das dazu bereits übliche Ächzen des Publikums, ein Anlauf, der Sprung, die sichere Landung , wieder Anlauf – Aljona schaute in diesem Augenblick kurz zu Bruno und fuhr zusammen. Er blickte sie ärgerlich bzw. total entsetzt an, aber es war zu spät. In dieser Millisekunde, in der sie bereits in der Luft war, verstand sie, was er ihr mit seinem vielsagenden Blick mitteilen wollte. Es sollte, verdammt noch mal, ein Wurf-FLIP sein! Kein Wurf-AXEL! Aljona lief den falschen Anlauf, es fehlte ihr an Geschwindigkeit – unglaublich wie viel man in diesen Millisekunden denken kann, und dann antwortet die harte Eisfläche …

»Mist«, huschte der Gedanke vorbei, Aljona sprang schnell von der Eisfläche auf, und ohne an diesen Sturz weiter zu denken, lief sie weiter. Sie durfte sich nicht an einem Fehler aufhalten, das wäre fatal gewesen – viele Eiskunstläufer können ihre Fehler nicht ignorieren und leisten sich deshalb in einer Kettenreaktion weitere Fehler. Aber Aljona hatte sich und ihre Gedanken im Griff. Sie konnte den Fehler sicherlich auf die Folgen des verdammten Jetlags oder die Erkältung schieben, aber es war allein ein Konzentrationsfehler. Und es war ein dummer Fehler! Nach dem Kurzprogramm musste Aljona sogar ein wenig über sich selbst lachen, so unglaublich kam ihr der Fauxpas vor. Ein Fehler, der so unrealistisch war wie die Tatsache, dass im Hochsommer Weihnachten gefeiert wird. »Ich habe das mit dem Axel verwechselt. Es hat mir Schwung gefehlt, das darf nicht passieren«, erklärte sie gegenüber den Journalisten. Sie hatten den Axel als letztes Element intensiv in Oberstdorf trainiert, daher nahm sie instinktiv diesen Anlauf. Der Kopf wollte den Flip und der Körper ... sprang den Axel.

»Es ist ein gutes Training, speziell für mich, auch wenn es physisch hart ist. Wir sind erst vor drei Tagen angekommen«, fügte Massot in der Gangneung Mixed Zone hinzu. Auch er musste sich zusammenreißen und mehr konzentrieren. Schließlich stand die größte Herausforderung in einigen Tagen noch bevor. Und dann durften sie sich keinen Fehler erlauben. Absolut keinen. Selbst der kleinste Wackler war tabu.

***

Liam konnte seinen Blick nicht von Aljona lassen, er und Sophie waren vor Kurzem angekommen, um den wichtigsten Wettkampf in der Karriere ihrer Liebsten live zu erleben und ihnen beizustehen. Aljona und Bruno standen Hand in Hand an der Bande und warteten, bis sie zum Kurzprogramm im individuellen Wettbewerb aufgerufen wurden. Ein Dandy und eine Diva streiften wie vor ein paar Tagen beim Teamwettbewerb zunächst mit ihren Blicken durch die gesamte Eishalle, lächelten einander an, liefen zu ihrer Startposition – bereit zu »Thats man« die besagte Lebensfreude und Glück auf das Eis zu zaubern. Diese Freude mussten sie nicht einmal spielen. Aljona freute sich enorm, hier bei ihren fünften Olympischen Spielen wieder auf dem Eis zu stehen und ihre Leidenschaft zu leben. Als sie vor vier Jahren nach Sotschi angekündigte, weiterzumachen, hielt das kaum jemand für möglich. Und trotzdem stand sie wieder bei Olympia auf dem Eis, alleine das war schon ein großer Sieg – über sich selbst, über die Zeit und über alle Hindernisse, die sie auf ihrem Weg nach Korea überwand. Sie war wieder da, wo sie sich wohl fühlte. Sie war für ihren fünften olympischen Wettkampf bereit. Sie fasste Brunos Hand ganz fest und hatte ein unglaubliches Vertrauen in ihn. In diesen vier Jahren hatte sie das für unmöglich Gehaltene möglich gemacht – nicht sie alleine, sondern sie beide – Aljona und Bruno, der jetzt an ihrer Seite stand. Er freute sich, sein Debüt zu feiern und seinem privaten Glück noch ein sportliches hinzuzufügen.

Ihre liebsten Menschen, Liam und Sophie, saßen unter den Zuschauern und fieberten mit. Aljona wusste, dass Liam vor ihrem Auftritt pfeifen wird, um sie anzufeuern. Sie hat es in der großen Arena aber nicht wahrnehmen können, aber das Wissen, dass er da war, reichte ihr. Jetzt konnte nichts mehr schiefgehen und durfte auch nicht!

Liam konnte genau sehen, wie seine Frau und Bruno über die Eisfläche glitten, wie sie sich in die Startposition stellten, wie sie einander anguckten und in diesem Augenblick vergaß er fast selbst zu atmen, so sehr fieberte er für seine liebe Aljona mit. Wie kein anderer wusste er, was hinter diesen Glitzer- und Glamour-Auftritten stand, wie hart sie dafür trainiert hatte und wie sehnsüchtig sie nach diesem Auftritt hier in Korea strebte. Viele verbinden Eiskunstlauf mit Glamour, Glitzern und Shows; das stimmt, aber nur für diese drei bis fünf Minuten, in denen man sein Programm vor großem Publikum präsentiert – aber wie viele entbehrungsreiche Stunden, Tage, Monate und Jahre vergehen für diese wenigen Minuten des Glamours? Wie viel Schweiß, hartes Training und unzählige schmerzhafte Stürze bleiben verborgen? Wie viele blaue Flecken und blutige Wunden werden für diese drei Minuten mit Glitzer verziert? Aljona hat es niemandem gezeigt oder erzählt, was sie, »die eiserne Aljona, seine starke Aljona« in den zurückliegenden Jahren durchgemacht hatte.

Liam schaute kurz zu Sophie, sie war auch aufgeregt. Er sah, wie Aljona und Bruno sich in Bewegung setzten. Er applaudierte bei dem gewaltigen Wurf, er presste seine Fäuste zusammen bei dem

Anlauf zum Sprung, er atmete wieder auf, als er realisierte, dass sie ihn toll ausführte und sicher landete. Eigentlich müsste das Publikum lauter bei der Landung reagieren, denn Bruno landete ja auch! Liam blendete seinen Gedanken gleich wieder aus. Aljona brauchte jetzt seine Unterstützung, seine gesamte Energie. Er wusste auch, dass seine Eltern, sein Bruder, Aljonas Eltern und ihre Brüder vor den Fernsehern saßen, ohne sich zu bewegen, wie sie alle bei diesem Sprung schrien – »steh, steh, steh«. Und sie stand. Sophie schaute irgendwie zu ernst und schien wie erstarrt zu sitzen. Sein Herz raste in Takt der freudigen Musik, die beiden gaben auf dem Eis richtig Gas und alle Zuschauer im großen Rund applaudierten. Aber ein mulmiges Gefühl wollte nicht weichen. Warum? Wieso? Etwas stimmte nicht. Aber was?

Seine Aljona lächelte, sie strahlte vor Freude, schaute in die Menschenmenge, um ihn, Liam, nach dem Programmende mit ihren Augen zu suchen. Sie wusste ungefähr, wo er und Sophie saßen. Liam wollte sie von jetzt auf gleich mit den Händen greifen, fest umarmen und nicht mehr loslassen. »I love you«, flüsterte er und fing ihren Blick. Dann schaute Aljona wieder auf Bruno, aber er strahlte nicht wie sie. Er strahlte gar nicht. Sein Gesicht war verloren und betrübt. Er sagte etwas und Aljonas Lächeln huschte aus ihrem Gesicht. Es war so, als ob jemand ein Lämpchen kurz ausschaltete und wieder anschaltete, ein kleiner Kurzschuss – doch dann war ihr Lächeln ganz anders. Liam wusste es, etwas war da … er schaute immer zu Aljona … seine liebste Aljona. Seine über alles geliebte Aljona, die jetzt mitten auf der Eisfläche stand und lächelte, aber er wusste, dieses Lächeln war nur ein Muss. Er kannte ja ihr richtiges Lächeln. Dann schaute Liam auf den großen Bildschirm, der unter der Decke hing und auf dem in Zeitlupe die Elemente des Programms wiederholt wurden. Der Sprung. Eins … zwei … bei Bruno gab es keine drei Drehungen bei dem Salchow. Er hatte den Sprung nur doppelt geschafft. »Nur doppelt«, flüsterte Liam leise vor sich hin und schaute auf Sophie. Sie hatte es auch verstanden.

»Nur doppelt«, flüsterte Bruno und blickte kurz und verzweifelt auf Aljona. »Nur doppelt« ließ die Chinesen, die Russen und die Kanadier an ihnen vorbeiziehen, sodass das deutsche Paar, das unbedingt Gold bei diesen Olympischen Spielen gewinnen wollte, vorübergehend auf den vierten Platz nach dem Kurzprogramm rutschte.

Im Auge des Wirbelsturmes: La terre vue du ciel

»Am Ende wird alles gut werden, und wenn es noch nicht gut ist, dann ist es noch nicht am Ende.«

Nach den Interviews und der Erledigung aller Formalitäten ging Aljona sofort auf ihr Zimmer. Sie freute sich, dass Liam sie dort erwartete, und dachte gar nicht mehr daran, dass der »nur doppelte« Toeloop sie heute möglicherweise das Gold gekostet hat. Sie hatte den Eindruck, dass alle Menschen um sie herum wegen Brunos Patzers entsetzter und aufgeregter waren als sie selbst. Sie blieb ruhig. Ja, sie sagte gegenüber den Journalisten, sie sei konzentriert gewesen, aber Bruno wohl nicht – aber es stimmte ja auch. Was sollte sie noch dazu sagen? Bruno war am Boden zerstört und tat ihr aufrichtig leid. Ihn plagten große Sorgen, aber sie war für ihn jetzt keine gute Ratgeberin. Jeff nahm ihn sofort in seine Obhut und das war gut so. Ohnehin wohnten sie alle im selben Haus – sie, Bruno, das Trainerteam und einige Vertreter der Deutschen Eislauf-Union. Und sie hatten alle zu einem Gespräch am Nachmittag eingeladen. Sie, Bruno, Jeff Ballester, Alexander König und Martin Skotnicky, der ihnen auch viel bei den Vorbereitungen auf den Wettbewerb geholfen hatte und generell für das gesamte Team wichtig war. Sie alle wollten sich treffen. Mit diesen Gedanken öffnete Aljona die Tür zu ihrem Zimmer, rollte ihren Koffer hinein und blieb stehen. Liam saß auf dem Bett und schaute sie an, ohne ein Wort zu sagen.

»Hey!«, Aljona ging auf ihn zu und setzte sich neben ihn auf das Bett. »Ist was? Alles gut?«, fragte sie ihn und runzelte die Stirn.

»Aljona«, sagte er nur und schaute ihr tief in die Augen. »Ich weiß nicht, was ich dir sagen soll, ich … wie geht es dir?«, platzte es aus ihm heraus.

»Alles gut«, antwortete Aljona ein wenig verwirrt und lächelte.

»Aber der Sprung war nur doppelt und dein Traum …«

»Liam, es ist noch nicht alles vorbei! Morgen laufen wir unsere Kür«, hörte Aljona ihre eigene Stimme. Dabei konnte sie sich selbst nicht erklären, warum sie so ruhig blieb und zuversichtlich war, dass sich alles doch noch zum Besten wendet. Sie war kein bisschen aufgeregt und es waren auch keine hohlen Worte, um Liam zu beruhigen, der sich offenbar große Sorgen um ihren Zustand machte.

Aljona konnte sich bildlich vorstellen, welche Überschriften in den deutschen Zeitungen am nächsten Morgen stehen würden. »Der Traum ist geplatzt«, »Vierter Platz – Goldmedaille wieder unmöglich«. Aber wenn sie immer resigniert hätte, als ihr andere sagten, etwas sei unmöglich, hätte sie die meisten Erfolge in ihrem Leben gar nicht erreicht.

»Wir haben gleich noch eine Teambesprechung. Wie war dein Flug?«

»Gut«, Liam nahm sie in den Arm und so saßen sie eine Weile zusammen. »Und bei dir ist wirklich alles okay?«, wiederholte er immer wieder.

»Wirklich. Alles gut«.

Bei der Teambesprechung wirkte Bruno in der Tat sehr betrübt. Nach seinem Fehler machte er sich heftige Vorwürfe und kritisierte sich wohl selbst am stärksten. Das Meeting hatte aber nicht das Ziel, jemanden für irgendetwas verantwortlich zu machen. Ja, Aljona hätte viel dazu sagen können, aber es kam alles auf einmal und es konnte etliche Gründe dafür geben, warum er den Sprung, den er 99 von 100 Mal sicher stand, vermasselte. Aber all das würde jetzt eh nichts mehr ändern. Sie lagen etwa sechs Punkte hinter den erstplatzierten Chinesen zurück. Sui Wenjing und Han Cong hatten 82,39 Punkte erreicht. Die Russen Evgenia Tarasova und Vladimir Morozov, die amtierenden Europameister, die unter anderem mit Aljonas Ex-Partner Robin Szolkowy lange Zeit trainiert hatten und jetzt unter neutraler Flagge antreten mussten, hatten 81,68 Punkte von den Preisrichtern bekommen. Und Eric Radford und Meagan Duhamel aus Kanada lagen mit 76,82 Punkten auf Platz drei. Mit 76,59 Punkten war der Abstand für Aljona und Bruno also gar nicht so groß und mit einer toll ausgeführten Kür hatten sie gar nicht so schlechte Karten, aber dann musste morgen alles stimmen. Dass Aljona am nächsten Tag die »Chance« hatte, eine dritte olympische Bronzemedaille zu bekommen – was für sie vermutlich noch härter wäre als irgendeine Niederlage –, hat an diesem Abend niemand laut ausgesprochen …

Es gab jetzt auch nichts mehr zu planen. Es gab jetzt nur noch eine Möglichkeit: zu laufen, so gut sie können, und das Beste zu zeigen, was in ihnen steckt.

»Attacke!«, sagte Alexander König schließlich und schaute die beiden Sportler, die morgen vor der größten Herausforderung ihres Lebens standen, eindringlich an.

»Alles geben!«, wiederholte er.

Und es blieb den beiden eh nichts anderes übrig.

»Ihr seid ein Team!«, beschwor sie Martin Scotnicky.

»Ihr schafft das«, bekräftigte Jeff.

»Ihr müsst eure Energie bündeln und in den vier Minuten auf den Punkt bringen«, ergriff wieder König das Wort.

»Heute ist heute, nicht zu ändern. Morgen ist ein neuer Tag. Wir müssen kämpfen«, wiederholte Aljona die Quintessenz der Besprechung.

***

Am nächsten Morgen ging es im Sinne der abendlichen Losung aus der Teamsitzung weiter. Der Tag X war gekommen. Der Tag, auf den sie vier Jahre gewartet haben, und nun musste jede Stunde, jede Minute, sogar jede Sekunde möglichst konstruktiv genutzt werden. Schon am frühen Morgen beim Training waren die beiden voll konzentriert. Sie liefen so, als ob sie bereits jetzt und nicht erst am Abend die volle Leistung aus sich herausholen sollten, obwohl sie zu dieser Zeit üblicherweise noch schliefen. Aber ihre Körper schienen den Ernst der Lage und der bevorstehenden Herausforderung zu verstehen und spielten mit. Jeder im Team verstand, dass sie an diesem Tag entweder alles gewinnen oder alles verlieren werden, es stand viel zu viel auf dem Spiel und jede winzige Ablenkung könnte sie jetzt um den Erfolg bringen.

»Es wird gut sein«, sagte Aljona zu sich selbst nach dem Frühstück. Irgendwie hatte sie in ihrem Inneren dieses Wissen, das sie von der vorausgegangenen Unruhe befreite, ihr Sicherheit und mitten im Trubel Stabilität einflößte. Ihre Geschichte, ihr Weg voller Schwierigkeiten über die Jahre hinweg konnte nicht an einem Doppelsalchow scheitern. Sie spürte, dass sie vor einer Wende stand. Sie holte ihr Handy aus der Jackentasche, las kurz die eingegangenen Nachrichten und lächelte – ihre Freunde, Eltern und Fans schickten ihr die besten Grüße und wünschten ihr und Bruno viel Erfolg. Aljona konnte jetzt keine Antworten mehr schreiben, aber jede einzelne Mitteilung gab ihr die zusätzliche Kraft.

Fokussiert bleiben, motivierte sich Aljona, als die letzte Gruppe für das sechsminütige Warmlaufen aufs Eis ging. Bruno und sie glitten über die Eisfläche, Hand in Hand, jeder in seine eigenen Gedanken versunken. Gleich sollten sie in eine eigene Welt eintauchen, in der nur sie zwei existierten – sie zwei, die durch die gleiche Leidenschaft verbunden waren, das gleiche Ziel hatten, die in diesen Jahren zusammengewachsen waren und die in den nächsten Minuten ihr Maximum geben wollten. Das sechsminütige Warm-up gab allen Paaren der letzten Gruppe noch einmal die Möglichkeit, einzelne Sprünge und Würfe für die entscheidende Kür zu proben, die Muskeln zu lockern und aufzuwärmen und sich auch mental auf ihre Kür einzustellen. Da Aljona und Bruno als erste starten mussten, hatten sie keine nervenaufreibende Wartezeit, aber das hieß auch, sie konnten nicht mehr auf die Leistungen der anderen Paare reagieren und gegebenenfalls etwas ändern. Aber da sie eh keine Varianten hatten und von dem vierten Platz aus starteten, gab es auch keine anderen Optionen, als zu kämpfen, zu kämpfen und noch einmal zu kämpfen – einfach das Beste zu zeigen und alles zu geben, was sie konnten. Nicht mehr und nicht weniger. Von daher war es sogar gut, dass sie die erste Startnummer gezogen hatten.

»The first skater in the final group, representing Germany – Aljona Savchenko and Bruno Massot«, hörte Aljona die weibliche

Stimme aus dem Lautsprecher. Nachdem ihre Namen ausgesprochen wurden, existierte ihre gewöhnliche Welt nicht mehr – sie tauchten in ihre Eislaufwunderwelt ein. Einzelne aufmunternde Zurufe wurden leiser und es schien, als ob eine transparente Kuppel Bruno und sie behutsam umhüllte und von der übrigen Welt abtrennte. Sie stellten sich auf die Olympischen Ringe, die in die Eisfläche eingezeichnet waren, und atmeten tief durch. Die Zeit für ihre wichtigste Kür – »La terre vue du ciel« – war gekommen. Arm in Arm, Auge in Auge, einatmen, ausatmen, einatmen – starten.

Zwei Kreise aus ihren Armen setzten sich bei den ersten Tönen der Melodie langsam in Bewegung und grenzten die beiden Sportler endgültig von der restlichen Welt ab. Sie wurden in eine andere Sphäre versetzt, in die Welt der Magie und des unsichtbaren Zaubers, die Welt, die so ephemer und zerbrechlich ist, dass jede falsche Kufenführung, ja sogar ein ausgelassener Atemzug sie in Sekundenschnelle zerstören könnte. Die imaginäre Kuppel, die sie vor der Außenwelt schützte, könnte auch als Seifenblase gesehen werden, die zwar in leuchtenden Spektralfarben glänzte, mit jedem Windzug ihre Form änderte, aber in jedem Augenblick zu zerplatzen drohte. So stieg die imaginäre Blase der Magie um die beiden, auf der olympischen Eisfläche leise gleitenden Figuren immer weiter nach oben und nahm mit jeder weiteren Bewegung des Paares an Kraft und Schönheit zu.

Mit dem begeisterten Ächzen des Publikums wurde die Magie beim wahnsinnig hoch ausgeführten Twist noch größer und intensiver. Mit dem steigenden Tempo der Musik umfasste die magische Blase mittlerweile die gesamte Eishalle samt der beiden Trainer an der Bande, die ihre Schützlinge mit Argusaugen verfolgten, ihre Fäuste ballten, mit ihren Händen dirigierten, jede Bewegung der beiden Sportler auf dem Eis hinter der Bande zu spiegeln schienen. Die mit jeder weiteren Sekunde kräftiger werdende Magie mit ihren Hoffnungen und Illusionen, Träumen und Vorstellungen strömte weiter zu den Zuschauern auf den Tribünen, hielt eine Weile bei Liam und Sophie an, die ihre Hände vor ihre Gesichter pressten und wie versteinert saßen, umrundete sie und flog weiter zu den

Zuschauern, die die deutschen Fahnen fest auf ihren Knien hielten, floss zu dem Mann mit der Trommel, der die deutschen Sportler vor ihren Auftritten immer mit lauten Schlägen begrüßte, zu den Preisrichtern, die die technischen Levels für die einzelnen Elemente in ihre Laptops tippten, zu den Journalisten, die mit ihren Laptops und ausgedruckten Papieren zu den geplanten technischen Elementen der Paarläufer auf den Tribünen saßen. Die Magie umrundete die Fotografen an der Bande, die immer wieder vergaßen, den Auslöser zu drücken – sie alle beobachteten fasziniert die zwei im Tanz verwobenen Figuren auf dem Eis.

Und dann verließ der Magiestrom die Eishalle und erreichte in Millisekunden jeden, der vor einem Fernseher oder Computer saß und Aljona Savchenkos und Bruno Massots Auftritt verfolgte. Sobald der Live-Stream aufgrund der schlechten Verbindung einfror, wechselten sie ungeduldig mit zittrigen Fingern zu einem zweiten Tab im Internetbrowser, um nichts zu verpassen und dann erleichtert aufzuatmen. Dann strömte die Magie nach Obukhov, wo Aljonas Mutter beim Anlauf zum Wurfflip die Augen schloss, wieder öffnete und »steh, steh!« schrie, während ihr Mann ihre Hand festhielt und ihre Tochter weit weg im Epizentrum des Stromes, im Auge dieses magischen Hurrikans diesen Wurf so sicher landete, als ob imaginäre Hände sie wie eine kleine Porzellanpuppe wieder behutsam auf die Eisfläche setzten. Dann splitterte der magische Strom weiter in Tausende, Millionen Ableger, lief weiter nach Caen in die Normandie, umkreiste Brunos Familie, die sich gemeinsam die Live-Übertragung anschaute. Brunos Eltern atmeten erleichtert auf, als ihr Sohn im weit entfernten Pyeongchang seine Sprungkombination aus den 3S 2T 2T – also einem dreifachen Salchow und zwei darauf folgenden zweifachen Toeloops sicher landete –, und zwar so synchron mit Aljona, dass diese Sprungkombination in allen Eiskunstlauflehrbüchern als Paradebeispiel stehen könnte. Dann setzte ein Teil des Magiestromes seinen Weg nach Deutschland fort, wo viele Freunde und Fans zitternd vor den Bildschirmen saßen, floss nach Russland und weiter in die Ukraine, sprang nach Japan und die USA über, nach Kanada, Mexiko, die Schweiz, Großbritannien – es schien, als ob der Magiestrom den gesamten Planeten umfloss.

Die Magie, die unter den Kufen der beiden Eiskunstläufer entstand, erreichte jeden Menschen, der diese Kür live verfolgte, umrundete sie, floss in ihre Herzen hinein, legte Nerven blank und ließ sie wie unter Hochspannung mitfiebern. So strich der Strom einem kleinen Mädchen über den Kopf, das wie gebannt vor dem Fernseher hockte und die kleine zierliche blonde Frau auf dem Eis verfolgte. »Mama, ich will auch so!«, sagte das Mädchen immer wieder und zeigte auf den Fernseher. Dann berührte die Magie einen älteren Mann, der seiner Enkelin zum Geburtstag Schlittschuhe geschenkt hatte, drehte eine Runde um einen sechsjährigen Jungen, der nun so stark und elegant wie der große Mann auf dem Eis sein wollte, schlich weiter zu einer älteren Dame in Japan, die vorsichtig eine Träne von der Wange wischte. Vielleicht erwischte der Strom dabei auch zukünftige Olympiasieger und Weltmeister, angehende Schriftsteller oder Ärzte, Musiker, Künstler, Wissenschaftler, Piloten und Astronauten – motivierte sie alle, ihren Träumen zu folgen, Hindernisse zu überwinden und ihre Ziele zu erreichen.

Die Magie von »La terre vue du ciel« vereinte unzählige Menschen über Grenzen, Zeitzonen und Nationalitäten hinweg, ungeachtet von Religion, Alter oder politischer Einstellung.

Selbst die schärfsten Kritiker von Aljona und Bruno sowie die Fans der anderen Paare konnten dem unter den Kufen entstehenden magischen Strom nicht widerstehen, der nun seinen Lauf änderte und langsam wieder die Form einer umgekehrten Acht einnahm. Als Bruno mit einer Hand Aljona wie ein Federchen über die Eisfläche hob und sie sicher wieder absetzte, hatte der Zauber keinen Anfang und kein Ende mehr, er wurde eingeschlossen und bewegte sich immer schneller im Zeichen der Unendlichkeit.

Die Eiskunstläufer drehten sich parallel zueinander in einer dicht aneinander ausgeführten Pirouettenkombination, wechselten ihre Positionen, wurden immer schneller. Es schien, als ob sie mitten auf dem olympischen Eis unmittelbar im Auge eines heftigen Wirbelsturmes rotierten und dem Strom der Magie noch mehr Kraft verliehen. Von einer transzendenten Kraft durchdrungen, beschleunigte der Strom, gefangen in der Bahn der liegenden Acht, auch beide Sportler auf dem Eis. Sie nahmen weiter Geschwindigkeit auf, drehten sich – jeder Griff, jeder Schritt, jeder Übergang, jede Kufenkante saß.

Und dann hob Bruno Aljona kurz an, sodass sie vom olympischen Eis nach oben, Richtung Himmel schauen konnte, um vielleicht eine Weile die Blicke derjenigen zu treffen, die uns jeden Tag von oben betrachten. Vielleicht waren es Blicke der Menschen, die nicht mehr bei uns sind, aber in unseren Herzen weiterleben. Vielleicht hat selbst der olympische Gott Zeus dieser Performance von oben zugeschaut und den Sportlern mit einem Auge zugezwinkert, weil sie all diese Menschen rund um den Globus in diesen vier Minuten an die verbindende Kraft des Sportes erinnerten, auf die eigentliche Bedeutung der Olympischen Spiele hinwiesen. Vielleicht kreuzten sich ihre Blicke für eine Weile, vielleicht war es aber nur pure Fantasie.

Das Paar nahm noch mehr Tempo auf, Aljonas Kleid flatterte und erinnerte an federleichte Wolken am Himmel, die vom Wind getragen immer wieder ein neues Bild entstehen lassen. Ein Bild, das jeder anders wahrnimmt und interpretiert. Bei steigender Windgeschwindigkeit, wenn die Wolken immer schneller verfliegen oder sie immer dunkler werden, wirken sie noch faszinierender, bevor es blitzt und donnert. Auch auf dem Eis gab es kein Halten mehr, Aljona und Bruno drehten auf den fünf in das Eis gezeichneten Olympischen Ringen die Todesspirale, die die ohnehin hohe Anspannung in der Eisarena weiter ansteigen ließ. Bei den letzten Akkorden von »La terre vue du ciel« erreichte sie den emotionalen Höhepunkt – als Bruno Aljona in der letzten, seit dem Grand-Prix-Finale geänderten Schlusspose, anhob, entlud sich die gesamte Energie auf einmal und setzte die beim Publikum angestauten Emotionen wie durch einen heftigen Donnerschlag frei.

Erst danach kehrten die üblichen Töne zurück: tosender Applaus, laute Zurufe, begeisterte Schreie, permanentes Klicken der Fotoapparate. Und Aljona und Bruno? Sie sackten entkräftet auf dem Eis zusammen und durften befreit atmen …

Die goldenen Tränen von Aljona Savchenko

»Alles nimmt ein gutes Ende für den, der warten kann.«

Aljona drehte sich um, ohne dabei mit dem Rücken die kalte Eisfläche zu spüren, und schaute auf Bruno, der völlig entkräftet neben ihr auf dem Eis kniete. Mit seinen Händen stützte er sich auf dem Eis ab und atmete tief durch. Dann umarmte er sie und brauchte dabei gar nichts mehr zu sagen. Sie hörte seinen Atem, hörte, wie die Zuschauer tobten und konnte es immer noch nicht realisieren, was sie beide eben geleistet hatten. Sie lagen auf der Eisfläche, vielleicht nur eine oder zwei Sekunden, aber diesen Moment brauchten sie, um wieder in der Realität anzukommen. Sie sind diese Kür so perfekt gelaufen wie noch nie in ihrem Leben. Alles, wirklich alles, stimmte heute und selbst die Elemente, bei denen Aljona immer sagen würde, man könnte dies und das besser laufen, waren perfekt. Aljona lag auf der Eisfläche und tausende Gedanken rasten in Sekundenschnelle durch ihren Kopf, ohne dass sie jeden einzelnen fassen konnte. Sie umarmte Brunos Hals ganz fest und konnte nichts anderes realisieren, als dass es vorbei war – so schnell, unglaublich schnell raste die Kür vorbei.

Sie konnte sich nicht daran erinnern, wie und vor allem wann sie auf die Eisfläche gefallen sind. War es die pure Erschöpfung oder waren sie an der Schlusspose gescheitert und auf die Eisfläche gestürzt? Eine Sekunde könnte entscheidend gewesen sein, denn wenn es noch zur Musik passiert war, würde es als Sturz gewertet werden und die beiden könnten zwei Punkte Abzug »Deduction« bekommen. Bei den Olympischen Spielen können selbst Zehntelpunkte eine Medaillenaussicht zerstören und durch einen Sturz – falls es denn einer war – würden sie zwei volle Punkte verlieren.

»Was ist passiert?«, fragte sie Bruno leise.

»Weiß ich nicht«, er schien im gleichen emotionalen Zustand zu sein wie sie. Völlig erschöpft, geleert, ausgepumpt, aber … glücklich. Glücklich, dass sie das, was sie sich vorgenommen haben – diese Kür so perfekt zu laufen, wie sie nur konnten, wirklich umgesetzt hatten.

Sie erhoben sich langsam.

»WE DID IT, wir haben es geschafft«, keuchte er.

»Yes«, stieß sie hervor.

Er umarmte sie.

Sie umarmte ihn.

Sie brauchten nichts mehr zueinander zu sagen, die feuchten Augen und das glückliche Lächeln sprachen für sich. Das war ein Moment, zu dem keine Worte mehr nötig waren. Und wieder hörte Aljona die gleiche weibliche Stimme sagen – »Representing Germany – Aljona Savchenko and Bruno Massot«.

Zwischen diesen beiden Ansagen lagen nur wenige Minuten, für Aljona und Bruno aber Welten. Es war so unglaublich – einerseits dauerte die Kür nur viereinhalb Minuten, die so schnell vorbeirasten –, andererseits hatte Aljona den Eindruck, dass das erste »Representing Germany, Aljona Savchenko and Bruno Massot« bereits vor Jahren erklungen war. Ihr Zeitgefühl war völlig durcheinandergeraten. Es waren viereinhalb Minuten und drum herum – eine Ewigkeit. Sie aber wollte diese viereinhalb Minuten noch verlängern, so lange sie konnte.

Sie drehten sich zu einer Tribüne, bedanken sich, dann zu der anderen. Die Zuschauer feierten sie mit begeisterten Zurufen. Aljona wollte sich am liebsten bei jedem Einzelnen bedanken, ihr unfassbares Glück nach der erfolgreichen Kür mit allen teilen und die Zeit auf dem Eis anhalten. Das war der eine schöne Augenblick, den man gerne festhalten möchte, um ihn ein bisschen länger genießen zu dürfen. Sie beugte sich vor und presste ihre Hand auf die kalte Eisfläche – nur einen kleinen Augenblick –, um das Eis, auf dem sie diese Kür gelaufen sind, durch diese kurze Berührung ewig in ihrem Herzen zu spüren. In diesen Sekunden dachte sie gar nicht mehr daran, wie der Wettbewerb eventuell ausgehen wird, schließlich mussten noch drei weitere Paare ihre Kür präsentieren. Es war noch lange nicht entschieden, wer an diesem Abend das olympische Gold bekommt, aber Bruno und sie hatten nun wirklich alles gegeben, was sie überhaupt leisten konnten. Jetzt war für sie schon klar, dass diese Kür für immer in ihrem Herzen bleibt, und deshalb wollte sie sich immer wieder bedanken – bei den Zuschauern, bei den Trainern und vor allem bei Bruno.

Bruno verbeugte sich vor ihr – Aljona verbeugte sich vor ihm.

Wortlos, alleine mit ihren Gesten und Bewegungen wollten sie einander viel mehr als nur »Danke« sagen. Denn ohne ihn – wäre es nicht möglich gewesen. Ohne sie – wäre es nicht möglich gewesen. Zusammen – haben sie es möglich gemacht.

Zusammen verließen sie die Eisfläche, zusammen winkten sie ihren liebsten Menschen auf der Tribüne zu, zusammen umarmten sie die Trainer Alexander König und Jeff Ballester. Wie im Rausch stolzierten sie auf den Kufenschonern zur »Kiss and Cry«-Ecke und warteten auf die Noten, während auf dem großen Bildschirm einzelne Elemente noch einmal in Zeitlupe liefen. Bruno sprach Grüße in eine Kamera, Aljona war aber noch so von ihren Emotionen gefangen, dass sie kaum realisierte, was um sie herum passierte. 159.31 leuchtete auf dem Bildschirm, 159.31 verkündete man per Lautsprecher. Bruno jubelte, die Trainer jubelten – Aljona lächelte und kämpfte gegen ihre Freudentränen – ein Weltrekord! Auf dem Eis stellten sich Eric und Meagan in die Anfangsposition, bereit für die nächste Kür in der riesigen Eisarena.

»Ich kann es mir nicht anschauen«, sagte Aljona und setzte sich in dem extra vorbereiteten Green Room auf das Sofa, auf dem die Podiumsanwärter unter Beobachtung von TV-Kameras und zahlreicher Fotografen auf die nächsten Entscheidungen warteten. Und dieses Warten könnte gefühlt viel länger ausfallen, als auf der Uhr abzulesen war. Aljona wollte die Auftritte der anderen nicht sehen, so aufgeregt wie sie war. Sie kannte die anderen Sportler seit vielen Jahren und wünschte allen immer nur das Beste. Nur hier und heute war es anders. Es war ein inneres Dilemma: Einerseits wollte sie ihren Sportkollegen die Daumen drücken, dass auch sie perfekt laufen und auch ihnen alles gelingt. Andererseits wäre es für sie und Bruno natürlich besser, wenn ihnen Fehler unterliefen. Aljona hatte nie auf Fehler anderer gewartet oder gehofft, das war nicht ihre Art. Deshalb schloss sie jetzt die Augen und drehte sich zur Seite.

»Nein, ich werde nicht zusehen«, sagte sie noch einmal und schaute auf den Boden.

»Ich werde es mir aber anschauen«, antwortete Bruno und krempelte seine Hose hoch. Aufgeregt umfasste er mit den Händen seine Wangen.

Aljona hingegen war tief in ihre Gedanken versunken. Immer wieder dachte sie an die Kür, ging einzelne Elemente im Kopf durch. Es gelang ihnen alles und sie spürte beinahe, wie unsichtbare Hände sie bei den Landungen gerade hielten, sie spürte die unglaubliche Energie durch ihren Körper fließen, und trotzdem durfte sie für keinen einzigen Augenblick ihre Konzentration verlieren. »Fokussiert bleiben«, sagte sie nach dem ersten Wurf zu sich, nach der Sprungkombination. Ihr Körper wusste aber, was er zu tun hatte. An einer Stelle wollte sie noch mehr Schwung geben, stoppte sich aber in den Gedanken selbst. Sie durfte sich nicht erlauben, in Euphorie zu verfallen und durch eine unbedachte Bewegung alles zu ruinieren. »Aljona, ruhig bleiben, konzentrieren«, sagte sie immer wieder zu sich selbst. Ja, sie konnte noch mehr Schwung geben, noch mehr Tempo erreichen, aber würde das Bruno nicht eventuell aus dem Konzept bringen? In seinen Augen las sie zwar, dass er in dem Moment genauso tickte wie sie, und es ihm wohl nichts ausmachen würde und er auch dazu bereit wäre – aber es war ein unnötiges Risiko, das ihnen zum Verhängnis werden könnte, wenn sie sich überschätzten und sich zu früh freuten. Stürzen konnte man ja nicht nur nach einem Sprung oder bei einem Wurf – eine kurze Ablenkung und selbst die einfachste Drehung könnte fatal werden. Aljona träumte immer davon, ein perfektes Programm auf das Eis zu zaubern, und heute klappte es – die Kür ihres Lebens.

Aljona schaute kurz zu Bruno, der gebannt auf den Bildschirm guckte, sie traute es sich immer noch nicht.

Aljona hatte den Eindruck, dass die Kanadier eine Ewigkeit auf dem Eis waren, bis Bruno irgendwann sagte, sie seien hinter ihnen gelandet. Jetzt stand fest, dass sie mindestens Bronze bekämen. Es wäre eine dritte für sie – eine Medaille, die in den Keller verfrachtet werden würde.

»Sui und Han sind auf dem Eis«, sagte Bruno. Die Chinesen führten nach dem Kurzprogramm und galten als die heißesten Anwärter für das olympische Gold.

Aljona nickte. Noch zwei Paare, noch zwei Küren. Aber ihre Gedanken kreisten immer wieder um die eigene Kür, die sie und Bruno vor einigen Minuten zelebriert hatten. Schön, dass sie heute, gerade heute den Twist mit den Händen über dem Kopf schaffte, das brachte ihnen zusätzliche Punkte. Aber wie unglaublich … In ihrem Kopf flogen die Elemente immer wieder vorbei und sie konnte nichts entdecken, was sie hätten besser machen können.

»Es sieht gut aus«, hörte sie Brunos Stimme, die sie aus den Gedanken riss.

Aber was ist gut? Die Kür der Chinesen? Die beiden konnten wirklich toll laufen und ihre Kür war schön gestaltet. Oder meinte Bruno, dass es für sie – also für Aljona und ihn – gut aussah? Haben sie sich etwa Fehler geleistet? Schließlich mussten sie auf ihren Auftritt länger warten und dem Druck der Olympischen Spiele standhalten. Aljona fragte gar nicht nach, was er meinte. Sie musste nur diese Wartezeit irgendwie überbrücken.

»Wir sind immer noch die Ersten«, sagte er wenig später und Aljona spürte, wie ihr Herz zusammensackte. Sie schluckte und atmete tief aus. Die Bronze wurde nun versilbert. Jetzt konnten nur noch die Russen ihnen Gold streitig machen und die amtierenden Europameister hatten eine gute Ausgangsposition. Nach dem Kurzprogramm lagen sie auf dem zweiten Platz. Aber sie mussten noch länger auf den Auftritt warten, sich warmhalten, ihre Nerven unter Kontrolle halten und als letzte in der stärksten Gruppe auf die Eisfläche gehen. Das Schicksal ist so – Aljona konnte das passende Wort nicht finden – ironisch? Tückisch? Launisch? Ihr langjähriger Partner Robin, mit dem sie genau vor vier Jahren die Nussknacker-

Kür in Sotschi als letztes Paar in der letzten Gruppe präsentiert hatte, stand an der Bande und feuerte das russische Paar an. Robin und sie waren wieder bei den Olympischen Spielen – jetzt aber in verschiedenen Funktionen und gehörten zu unterschiedlichen Teams. Evgenia und Vladimir mussten zwar unter der neutralen Flagge antreten – Russland war als Team von diesen Olympischen Spielen ausgeschlossen –, doch sie waren als sog. »Olympische Athleten aus Russland« am Start. Es wäre sonst auch unfair gegenüber den Athleten gewesen, die sich so intensiv auf diesen Wettbewerb vorbereitet hatten und für die Fehler anderer hätten büßen müssen. Es war für Robin als Co-Trainer des Teams bestimmt nicht leicht gewesen, die beiden während der Vorbereitungszeit, als unklar war, ob sie überhaupt antreten dürfen, zu motivieren. Russische Paare waren immer sehr stark und über die gesamte Karriere hinweg galten sie stets als die härtesten Rivalen für Aljona. Sie trat gegen Tatiana Totmjanina und Maxim Marinin, gegen Maxim Trankov und Maria Muhortova, und später gegen ihn und Tatiana Volosozhar, gegen Yuko Kavagutti und Alexander Smirnov an – heute waren es Evgenia und Vladimir. Aber ohne sie wäre es nicht spannend, wäre es kein richtiger Kampf.

In fünf Minuten wird es klar sein… fünf Minuten… oder sechs… oder vier – Aljona hatte jegliches Zeitgefühl verloren. Aljona sah, dass rechts und links Eric, Meagan und die Chinesen saßen und warteten. Alle schauten auf den Bildschirm – nur sie nicht. Dann spürte sie plötzlich, wie Bruno ihre Hand nahm und festhielt. Seine Hand war wie der Anker in diesem Wartechaos. Ein Anker, an dem sie sich festhielt und der sie durch diese unendliche Zeitschleife führte.

»Ich glaube, wir haben es geschafft«, flüsterte er zu ihr. Aber sie konnte es immer noch nicht glauben, bis die letzte Kür auf dem Eis beendet war. Aljona hörte keine Musik mehr, sondern nur die lauten Schläge ihres Herzens. Dann hörte sie wie Meagan vor Freude schrie … und das hieß, die Kanadier wurden nicht von den Russen verdrängt … und das hieß …

Und das hieß … Ihr fehlte plötzlich die Luft … Das hieß… Sie atmete ganz tief durch… Das hieß …

Das hieß, dass das Mädchen aus dem Schrank, das vor vielen, vielen Jahren von olympischem Gold geträumt hatte und sich vor seinen Eltern versteckte, um früher in der Eishalle zu sein, jetzt fast 25 Jahre später Olympiasiegerin wurde. Wie in einem Zeitraffer rauschte in Gedanken ihr ganzes Leben an ihr vorbei. Sie dachte an die langen Fahrten mit dem Bus von Obukhov nach Kiew, an den Hund Steve, den ihr Stas schenkte, an das erste Telefonat mit Steuer, als er sie fragte, ob sie nach Deutschland kommen wolle. Sie erinnerte sich an ihren allerersten Flug nach Chemnitz mit zehn Dollar in der Tasche, an die ersten Trainings, selbst der mit McDonalds-Verpackungen überfüllte Briefkasten kam ihr in den Sinn. Auch die erste gemeinsame Medaille mit Robin bei der Deutschen Meisterschaft. Sie erinnerte sich an die Tage im Bett, wenn sie im Kopf alle Bewegungen der neu einstudierten Kür wiederholte, um sie nicht zu vergessen. An ihre Enttäuschung in Sotschi, an die ersten Trainings mit Bruno und das Desaster in Florida, als alle Drähte zu ihrem vorherigen Leben zu reißen schienen und sie alleine am Strand stand und verzweifelt nach einer Lösung suchte. Bruno hatte ihr Leben komplett verändert – ohne ihn hätte sie ihren über alles geliebten Liam nie getroffen. Ohne ihn hätte es diesen Tag nie gegeben. Selbst Brunos Katzen, die nachts über sie geklettert waren, als sie bei ihm auf dem Fußboden geschlafen hatte, kamen in diesem Filmstreifen vor. Für eine kurze Weile sah sie sich wieder im Wald mit 40-Kilo-Gepäck unter dem Baum, sie dachte an ihre beiden Bronzemedaillen, die im Keller lagen. Diese Bilder, Gesichter, kleine Szenen kamen völlig ungeordnet in den Kopf, chaotisch, unsortiert – wie kleine Blitze. Fast 30 Jahre für diese viereinhalb Minuten, diesen Triumph.

Sie dachte an Stas, mit dem sie die ersten Erfolge feierte und der ihr die Grundlagen des Paarlaufens beibrachte; an ihre ersten Trainer in der Ukraine; an Robin, mit dem sie so viele Jahre lief und fünffache Weltmeisterin wurde; an Ingo, der so viel für ihre Eiskarriere getan hatte und von dem sich ihr Weg so abrupt getrennt hatte. Und sie war ihnen allen dankbar, trotz allem – ohne sie wäre aus dem kleinen Mädchen keine Aljona Savchenko geworden, die die Eiskunstlaufwelt so lange kennt. Ihre Eltern, ihre Brüder, ihr

Mann Liam, ihre Freunde, Alex König und Jeff Ballester, ihre Fans – und nicht zuletzt Bruno, mit dem sie diesen Moment teilen konnte. Aljona schaute auf Bruno, er weinte hemmungslos.

Aljona sprang auf, sie hörte, wie Meagan jubelte, aber alles schien weit, weit weg zu sein. Sie umarmte Bruno und spürte, wie seine großen Hände sanft auf ihrem Rücken lagen. Die Anspannung unendlicher Jahre, alle Enttäuschungen, Entbehrungen und Rückschläge, die sie auf ihrem Weg motivierten … Sie konnte sich nicht mehr halten. Sie spürte eine wahnsinnige Erleichterung und plötzlich merkte sie, dass auch ihr Gesicht nass war. Da waren sie – die goldenen Tränen von Aljona Savchenko.

Sie weinte, sie schluchzte, sie konnte nicht anders, die Tränen strömten aus ihr heraus. Es schien, als ob das Eis, über das sie in all den Jahren gelaufen ist, zu tauen begann und jetzt als Tränen einen Ausweg suchte. Und wenn sie dachte, es sei vorbei, und lächelte, kullerten schon die nächsten Tränen wieder. Sie lächelte und weinte. Sie weinte und lächelte. Und die ganze Welt weinte mit – in der Ukraine, in Deutschland, in Frankreich, in Russland, in Japan, in den USA und Kanada, in China und Mexiko – vor den Fernsehern und anderen Bildschirmen. Millionen Menschen konnten an diesem frühen Morgen oder an diesem Abend – je nach Zeitzone – live mitansehen, wie ein großer Traum in Erfüllung ging. Und sie weinten mit – sie konnten nicht anders. Das kleine Mädchen, das sich vor vielen Jahren im Schrank versteckt hatte, hat bewiesen, dass man nie aufgeben darf und den eingeschlagenen Weg immer bis zum Ende gehen muss.

Epilog und Danksagung

»Kannst du über mich ein Buch schreiben?«, fragte Aljona mich im Januar 2019 am Rande einer TV-Sendung, zu der sie mich als Zuschauerin eingeladen hatte. Mit dieser Frage überraschte sie mich, trotzdem sagte ich sofort »Ja«, ohne überhaupt nachzudenken. Erst danach bewegte mich die Frage, ob ich es schaffe, den großen Weg dieser außergewöhnlichen Sportlerin zu beschreiben? Wie kriege ich es hin, vor allem die Gefühle, die diesen Weg pflasterten, in Worte zu fassen und die Leserinnen und Leser mit auf diesen Weg zu nehmen? Und die wichtigste Frage, die mich beschäftigte – warum eigentlich ich? Aber Aljona sagte nur »Dir traue ich das zu« und strahlte dabei eine unfassbare Sicherheit aus, sodass auch ich davon überzeugt war und alle weiteren Fragen ausblendete.

Kurz darauf trafen wir uns in Zürich, wo Aljona und Bruno in der Show »Art On Ice« auftraten. Dort begleitete ich Aljona den ganzen Tag und führte erste Gespräche mit ihr. Klar, das war nicht ausreichend, um Aljonas Leben auch annähernd zu beschreiben. Wir verabredeten uns für März in Oberstdorf. Wir trafen uns in Cafés, fuhren gemeinsam auf das Nebelhorn, bewunderten die Alpen von oben, besuchten eine Eishütte und haben viel miteinander geredet. Es waren keine gewöhnlichen Interviews, es waren persönliche Gespräche, und keine von uns ahnte, was wir als Nächstes besprechen würden. Wir redeten, redeten und redeten, manches wusste ich bereits, einiges war für mich neu und bei vielen Geschichten musste ich tief durchatmen, so beeindruckt war ich von Aljonas Erzählungen und Erinnerungen. Bei Aljona in der Wohnung durfte ich ihre Medaillensammlung bewundern und habe auch »diese eine«, die wichtigste ihres Lebens, in der Hand gehalten. Aljona erinnerte sich an viele Begebenheiten ihres Lebens, ich stellte viele Fragen und so lernte ich Aljona Savchenko, die deutsche Olympiasiegerin im Paarlaufen als Mensch immer besser kennen.

Ja, ich kannte Aljona von zahlreichen Wettbewerben, ich hatte sie oft auf dem Eis fotografiert, mit ihr Interviews geführt, auf sie nach ihren Auftritten mit meinem Diktiergerät in der Mixed Zone gewartet und sie bei Pressekonferenzen erlebt. Mit anderen Worten: Ich kannte sie als Sportlerin gut, aber als Person kaum. Nun lernte ich die andere Aljona kennen und wollte, dass auch die Leserinnen und Leser dieses Buches sie kennenlernen, wie ich sie in dieser Zeit erlebte.

Im Sommer trafen wir uns wieder in Oberstdorf und gingen die Texte, die zu dem Zeitpunkt fertig waren, akribisch durch. Einiges strichen wir, anderes fügten wir hinzu – es war eine intensive und konstruktive Zusammenarbeit. Im Herbst trafen wir uns in Köln und überlegten, welchem Verlag wir unser Buch anvertrauen. Kurze Zeit später konnten wir nach sorgfältiger Auswahl mit dem Arete Verlag einen Vertrag abschließen. An dieser Stelle bedanke ich mich bei unserem Verleger Christian Becker herzlich für die kompetente Zusammenarbeit.

Und wenn ich schon bei den Danksagungen angekommen bin, möchte ich mich bei Olga und Hans-Werner Engel bedanken, die meine ersten Leser und strengsten Kritiker zugleich waren. Ich möchte mich bei meinen Freunden bedanken, die mich bei diesem gewagten Vorhaben unterstützt haben. Ich danke für euer Verständnis, dass ich in diesem Jahr wenig mit euch unternehmen konnte und meine freie Zeit ausschließlich dem Buch widmete. Ein besonderes Dankeschön geht an Liam Cross, der das Cover veredelte und dem Buch goldenen Glanz verliehen hat.

Und nicht zuletzt möchte ich mich bei Aljona Savchenko bedanken, die von Anfang an an mich geglaubt hat und mir ihren »Weg zum olympischen Gold« anvertraute. Mit Aljona habe ich in dieser Zeit eine wunderbare Freundin gewonnen. Danke Dir, Aljona!

Alexandra Ilina, Dezember 2019